중국불교의 거사들

거사로
보는
중국불교사

중국불교의 거사들

거사, 중국불교를 일으키다

김진무 지음

운주사

서문

서역에서 중국에 전래된 불교는 문화가 다른 중국 본토의 사상 및 습속과 끊임없이 충돌, 의부依附, 융합하는 과정을 통해 중국적 변용을 이루기 시작한다. 그리하여 최종적으로는 인도 및 서역의 불교와 상당한 차별을 보이는 중국적 변용에 성공한다. 이 과정은 각 시대의 복잡한 정치사회적 상황에 따라 다양하고 복합적인 통섭을 통하여 진행되었으며, 당연히 유구한 시절인연을 필요로 하였다.

불교가 중국에 전래되어 받아들이는 과정은 결코 자연스러운 전파가 아니었다. 고대의 중국인들은 농경을 중심으로 하여 "닭이 울고 개가 짖는 소리가 들려도 백성들이 늙어 죽을 때까지 서로 오고 가는 일이 없는" 안거낙업安居樂業의 폐쇄적 성향을 갖고 있었다. 더욱이 그러한 자급자족의 농경은 점차 수준 높은 문화를 이루어 주변국보다 우월하다는 자부심을 갖게 되어 '오랑캐(夷)'의 저급한 문화가 '중국민족(夏)'의 우월한 문화를 망치기 때문에 막아야 한다는 이른바 '이하지방夷夏之防'의 방어의식을 형성하게 되었다. 이러한 '이하지방'은 인도에서 발원한 불교를 받아들이는 데 가장 커다란 장벽이 될 수밖에 없었다. 그럼에도 불교가 중국에 뿌리내리고 역사 속에서 화려하게 전개될 수 있었던 원인은 바로 거대한 제국의 통치에 절대적으로 필요했기 때문이다. 따라서 초전불교는 민중으로부터 신앙된 것이 아니라 황권에 의해 의도적으로 이식되었다고 하겠다. 중국불교, 특히 거사불교를 이해하기 위해서는 이러한 과정에 대한 이해가 어느 정도 필요하므로, 간략하게 이에 대한 필자의 견해를 피력하고자 한다.

흔히 중국인의 사유에 있어서 가장 큰 특징을 '현세적'이라고 하는데, 이는 『주역』의 사유양식과 깊은 관계가 있다. B.C. 12세기 이전에 이미 그 사상적 원형이 출현하여, 대체로 B.C. 7세기경에 기록되기 시작하고 서한 시기에 지금의 모습으로 완성된 『주역』은 각각의 시대적 변화에 따라 끊임없이 변화하고 보충되어 왔다. 따라서 『주역』은 중국민족의 사유양식과 문화를 총체적으로 반영하고 있다고 할 수 있다. 『주역』의 대표적인 사유양식은 기본적으로 자연의 변화와 그로부터 발생하는 다양한 '변화(易)'를 논하는 것으로, 『계사전』에서 "한 번은 음으로 한 번은 양으로 변화하는 것이 도"라고 규정하는 것처럼 음양의 조화에 따라 끊임없는 변화를 이루게 된다. 또한 그러한 변화 과정 가운데 '강건剛健'으로 대표되는 양극陽極에 이르면 이른바 '절대絶對'의 경지에 도달하는데, 다시 "반은 도의 움직임(反者, 道之動)"이라는 변화의 원칙이 적용되어 그 자리가 영원할 수 없게 된다. 이러한 『주역』의 사유에 따르면, 세속적 군주나 유일신과 같은 절대적인 자리는 있으되, 그것이 하나의 존재로 고정되는 것은 있을 수 없는 일이다. 또한 이를 역으로 본다면, 일반 백성들도 군주의 자리에 오를 수 있는 가능성이 열려 있는 것이고, 수행을 통하여 '궁극'의 영역에 도달할 수 있다고 하겠다. 이러한 까닭에 중국에는 고래로 "평범한 사람이라도 우임금이 될 수 있다"(『순자』), "사람들은 모두 요, 순임금 같은 성인이 될 수 있다"(『맹자』)는 주장들이 나타나게 된 것이다. 또한 이러한 사유양식은 '중생이 모두 성불할 수 있다'

고 말하는 불교가 중국인들에게 받아들여질 수 있는 기본적인 조건이 되었던 것이다. 한편으로 이러한 사유양식은 중국인들에게 현실 자체를 변화하는 정체整體로 받아들이게 하는 작용을 하였고, 나아가 끊임없이 변화하기 때문에 역으로 '현세'만을 중시하게 되었다고 하겠다.

이렇게 '현세'를 중시함은 다시 '경세經世'의 전통을 확립하게 된다. 중국에서 이른바 '백가쟁명'으로 표현되는 제자백가의 사상들이 출현하기 시작한 것은 바로 중국 천하가 열국으로 나뉘어 패권을 경주하던 전국시대부터이다. 제자백가의 사상은 기본적으로 열국의 경쟁에서 효율적으로 패권을 차지할 수 있는 전략전술을 포함한 전방위적인 통치술을 논한 것이라고 할 수 있다. 유가는 기본적으로 "수신제가치국평천하修身齊家治國平天下"(『대학』)를 논하고 있으며, 묵가조차도 '겸애兼愛'의 실현을 위해서 고도의 병법과 무기제조술을 익혔다는 것은 잘 알려진 사실이다. 나아가 '무위자연無爲自然'을 논한 도가 역시 『노자』의 논리를 통하여 '무위이치無爲而治'를 통치술로 하는 황로학黃老學을 출현시켰고, 『장자』에서도 이른바 '내성외왕內聖外王'의 기치를 세우고 있는 것이다.

결론적으로 말하여 중국인들의 기본적인 사유에는 '경세'에 대한 전통이 내재되어 있고, 특히 전국시대에 출현한 제자백가는 그를 더욱 구체화시켰던 것이다. 사실상 불교를 비롯한 모든 사상과 철학은 결국 최종적으로 '경세'를 제창할 수밖에 없는 사상적 구조를 가진다고 할 수 있다. 물론 중생들의 괴로움은 기본적으로 개인적으로 전도된 견해로부터 발생한 것이지만, 전체적인 관계로부터 발생하는 구조적인 문제도 결코 간과할 수 없기 때문이다. 이러한 까닭에 불교에서 '불국토'의 개념이 출현하였고, 유가에서는 대도가 행해지는 '대동사회'(『예기』)가 제창되었으며, 도가에서도 '무하유지향無何有之鄕'(『장자』) 등의 이상국가론이 나타나는 것이라 하겠다.

이렇게 '경세'를 전통으로 하는 중국인들, 특히 절대권력을 가진 황권에서 불교를 받아들이게 되는 원인은 바로 '경세'의 철학, 즉 통치이념의 필요성 때문이었다. 간략히 설명하면 다음과 같다.

주지하다시피 전국시대의 열국은 제자백가 가운데 '법가'를 통치이념으로 채택한 진秦에 의하여 통일된다. 그러나 진의 가혹한 법치주의는 진시황의 죽음 이후 바로 진을 몰락시키는 계기가 되었다. 그 후, 다시 중국을 통일한 서한 왕조는 통치사상으로 황로학을 채택한다. 도가로부터 나타난 통치술인 황로학은 상당한 성과를 거둬 서한 초기에 이른바 '문경의 치'라고 칭해지는 장기적인 안정과 발전을 가져온다. 또한 이 과정에서 황로학은 중국의 일반 민중에 도가의 사상을 깊이 스며들게 하는 작용을 하였고, 이는 이후 동한 말 도교의 흥기에 커다란 밑받침으로 된다.

그러나 '무위이치'를 제창하는 '황로학'은 점차로 그 한계를 노정하여 서한의 무제는 "백가를 배척하고, 유가만을 숭상한다"는 정책을 채택하게 되었다. 무제의 중앙집권을 노린 이 정책은 아주 빠르게 유학의 지위를 견고하게 확립시킨다. 또한 한漢을 일시적으로 세계 최대의 제국으로 번영시키는 작용을 한다. 그러나 서한 대의 유학은 기본적인 문제를 안고 있었는데, 그것은 바로 진시황의 '분서갱유'를 통하여 소실된 유가 전적들의 복원이었다. 이러한 복원 과정에서 이른바 '금고문논쟁今古文論爭'이 발생하고, 그것은 결국 경학화經學化라는 도그마에 빠져들게 되었다. 또 한편으로 서한의 유학은 흔히 '천인

감응론天人感應論'으로 표현되는데, '태일신'으로부터 '상제' 등에 대한 제사를 중시하여 각 군현에 사당을 세워 그를 행하고 있었다. 이러한 종교적 제사는 말할 것도 없이 종교사상을 통하여 민중을 통치하려는 의도를 가진 것이라고 하겠고, 이는 민중의 통치에 상당한 효과를 보였다고 하겠다. 그러나 경학에 치중한 유학은 점차 주석학에 빠져들면서 통치사상이 지녀야 할 기능을 잃게 되었고, 경학은 다만 관직을 얻는 수단으로 전락해 버리고 만다. 이는 결국 서한의 몰락으로 이어지게 되었다.

서한을 계승한 동한의 황실에서는 새로운 통치사상을 찾고자 다양하게 모색하게 되는데, 그것은 진의 법가, 서한 초의 황로학(도가)과 유학이 모두 한계를 노정했기 때문이다. 그에 따라 점차 중국에 전파되기 시작한 불교에 깊은 관심을 보이게 되었고, 또한 불교의 교의가 대제국의 통치에 적합한 사상적 내용을 충분하게 갖추고 있음을 빠르고 충분하게 파악했던 것으로 볼 수 있다.

그러나 한편으로 앞에서 언급한 뿌리 깊은 '이하지방'의 장벽으로 인하여 직접적으로 불교를 통치이념으로 삼기에는 시절인연이 아직 이르지 못했음을 인식했다고 하겠다. 서한 초기의 통치이념이었던 황로학은 당시 '신비감응론'적인 유학의 종교적 성격에 영향을 받아 점차 종교화되어 '황로도'로서 새롭게 구성되기 시작하였으며, 동한에 이르러서는 민중에 상당히 유행하였다. 따라서 황실에서는 황로도와 불교를 융합시키는 작업을 진행하는데, 『후한서』 등에 등장하는 초왕영과 환제의 '황로黃老(黃帝와 老子)'와 '부도浮圖(佛陀)'를 함께 숭배했다는 사서들의 기록은 바로 이러한 상황을 대변해 준다고 하겠다. 이렇게 백여 년의 준비작업을 거쳐 드디어 황실에서는 본격적으로 불교를 민중에 '이식'하기 위한 작업을 진행하는데, 그 표지가 바로 안세고와 지루가참의 역경이라고 하겠다. 무엇보다도 민중이 이해할 수 있는 경전이 존재해야만 이른바 '이식'이 가능하기 때문이다.

이렇게 중국불교는 그 초전의 상황부터 철저하게 '경세'의 필요에 의하여 수용된 것이고, 이러한 성격은 전체적인 중국불교사를 통하여 견지되고 있다고 하겠다. 결론적으로 이러한 '이식'은 완전한 성공을 거두어 불교는 오늘날까지 대다수의 중국민중이 깊이 신앙하는 대종교의 면모를 이루고 있다.

이러한 중국불교의 형성 과정에 있어서 당연히 뛰어난 고승대덕들의 활약이 두드러지지만, 그에 못지않게 재가 거사들의 역할도 중요한 의미가 있다고 하겠다. 그것은 앞에서 설명한 바와 같이 절대권력을 가진 황권에서는 교의의 발전보다는 '경세'의 유용성에 더욱 관심을 기울였을 것이고, 그것을 중재할 수 있는 입장을 가진 이들이 바로 '거사'들이기 때문이다.

이 책은 불교계 신문에 2008년 1월부터 2010년 5월까지 2년 5개월 동안 격주로 연재된 원고를 수정한 것이다. 본래 본 기획은 팽제청 거사의 『거사전』으로부터 시작된 것이다. 『거사전』은 역대 중국의 거사들을 시대별로 상세히 정리한 의미 있는 책이지만, 아직 우리말로 번역되어 있지 않아 흔쾌히 연재를 수락하였다. 그리고 덤으로, 중국불교의 기라성 같은 거사들의 행적을 추적하는 과정은 필자에게 전체적인 중국불교를 새롭게 인식하게 되는 계기가 되기도 하였다. 비록 중국 거사들을 소개했지만 현대를 사는 한국의 재가불자들에게도 자못 시사하는 바가 상당히 클 것으로 생각된다. 다만 필자의 능력의 한계로 뛰어난 거사들의 혜명에 흠집을 내지 않았을까 두려움이 있다. 이후 보다 눈 밝은 이가 나타나 필자의 오류를 교정해 주었으면 하는 바람이다. 또한 이를 계기로 우리 한국불교에도 눈 푸른 거사들이 보다 많이 나타나 불법을 더욱 살아 있게 해 주었으면 한다.

한편 본서에 언급된 거사들은 단지 각 시대의 대표성을 지니는 인물들에 국한되어 있고, 또한 신문연재라는 특성상 한정된 지면에 논술할 수밖에 없어 보충되어야 할 내용이 상당히 있어 출판을 미루어 왔었다. 그러나 여러 가지 개인적 사정으로 더 이상 출판을 미룰 수 없어 미흡하지만 중국 거사불교의 면목을 소개한다는 마음으로 본서의 출간을 결정하였다.

본 지면을 빌려 오랜 기간 연재해 준 신문사와, 특히 당시 본 연재를 기획하고 게으른 필자를 독촉하며 함께해 준 조동섭 기자님께 진심으로 감사를 표한다. 또한 이십여 년을 한결같은 마음으로 우정을 나누며 열악한 시장성에도 흔쾌히 출판을 허락한 운주사의 김시열 사장님에게도 온 마음으로 감사를 드리며 서문을 마친다.

2013년 2월
절강사회과학원 철학연구소에서

서문 _5

서론 _17

1장 중국불교의 토착화와 거사불교

    1. 불교의 중국 토착화와 불유도 삼교융합의 선구자 _25

    2. 중국 초기 불경의 번역과 서역 출신의 거사 _32

    3. 여산 혜원 문하의 거사들 _39

        1) 돈오의 예찬자 사령운 _39

        2) 백련결사의 주역 유유민 _45

2장 남북조 시대의 거사들

    4. 북조 황제들의 봉불과 폐불 _53

    5. 남조의 거사불교 _59

        1) 황제보살 양 무제 _59

        2) 초기 선종의 명숙名宿 부 대사 _65

    6. 남북조 시기 배불논쟁과 거사불교 _71

        1) 이하夷夏의 논쟁과 거사들의 반론 _71

        2) 신불멸 논쟁과 거사들의 반론 _76

3장 수·당대의 거사들

7. 수의 건국과 문제의 불교 부흥 _89

8. 불·유·도 삼교정립과 이사겸, 왕통 _95

9. 『역대삼보기』의 저자 비장방 거사 _100

10. 당대의 불도 논쟁과 이사정 거사 _105

11. 『신화엄경론』의 저자 이통현 거사 _111

12. 심성론의 불·유 회통론과 거사들 _117

   1) 『지관통례』의 저자 양숙 _117

   2) 『복성서』의 저자 이고 거사 _124

   3) 유종원·유우석의 유불회통론 _130

13. 선사 문하의 거사들 _137

   1) 우두종의 이화 거사 _137

   2) 우두선에 귀의한 거사들 _142

   3) 보당선에 귀의한 거사들 _147

   4) 북종선에 귀의한 거사들 _153

   5) 하택 신회 선사에게 귀의한 거사들 _158

   6) 남악 문하에 귀의한 거사들 _164

   7) 남악 문하에 귀의한 방 거사 _169

   8) 남전 보원 선사 문하의 육긍 _175

   9) 황벽 희운 선사 문하의 배휴 _180

   10) 민중과 함께한 시인 백거이 _186

14. 구화산 김지장 스님과 비관경 _193

4장 오대·십국과 양송의 거사들

15. 오대·십국 군신들의 폐불과 봉불 _201

16. 양송 군주들의 불교정책 _207

17. 송대 사대부들의 배불과 귀불 _214

    1) 설숭 스님의 유불융합과 사대부들의 귀의 _214

    2) 조사선에 귀의한 사대부들: 부필, 양억, 이준욱 _219

18. 소동파 _226

19. 『호법론』의 저자 장상영 _232

20. 대혜 종고 선사 문하의 사대부 거사들 _239

21. 『용서정토문』의 저자 왕일휴 _245

22. 송대 이학가들의 불교에 대한 비판과 흡수 _251

    1) 불교의 불성론과 수행론이 이학에 끼친 영향 _251

    2) 거사전에 등장하는 송대 이학가들: 주돈이, 소옹, 장재 외 _256

5장 요·금·원대의 거사들

23. 요·금·원대 제왕들의 불교정책 _265

24. 『명도집설』의 저자 이순보 _270

25. 원 제국의 공신 야율초재 _276

26. 유밀 거사의 『삼교평심론』 _282

6장 명·청대의 거사들

27. 명대 제왕들의 불교정책 _291

28. 희대의 기승 도연 선사 요광효 _297

29. 유가의 이단자 이탁오 _303

30. 원굉도 _309

31. 명대의 양명학과 거사불교 _315

    1) 양명학의 흥기와 조사선 _315

    2) 태주학파의 거사들 _320

32. 명대 사대고승 문하의 거사들 _326

33. 청대 황제들의 불교정책과 봉불 _332

34. 『거사전』의 찬술자 팽제청 _338

7장 근대의 거사들

35. 중국 '근대불교의 아버지' 양문회 _347

36. 지나내학원의 구양경무 _353

37. 어학의 천재 여징 _359

38. 『한위양진남북조불교사』의 탕용동 _365

서론

전통적으로 불교 교단은 이른바 '칠중七衆', 즉 비구·비구니·사미·사미니·식차마나·우바새·우바이 등으로 구성된다. 이러한 칠중은 다시 재가와 출가의 둘로 크게 분류할 수 있다. 불교교단의 전개와 전파에 있어서 그 주체는 출가의 뛰어난 스님들이 담당했던 것은 분명한 사실이지만, 재가도 결코 무시할 수 없는 역할을 하였다. 최근 이러한 재가, 그 가운데서도 '거사불교居士佛敎'에 대한 관심이 깊어지고 있다. 그에 따라 필자의 전공인 중국불교에 있어서 유명한 거사들에 대하여 그 역할과 생애에 대하여 소개하고, 그를 통하여 오늘의 거사들이 참다운 불법의 실현을 위하여 어떠한 신행과 역할을 할 것인가에 대한 귀감으로 제시하고자 한다.

우선, 무엇보다도 '거사居士'라는 용어에 대한 설명이 필요할 것이다.

근본불교에서 거사의 호칭은 당시 인도의 사성계급과 관련하여 나타나고 있다. 『장아함경』 권22에 바라문종과 찰리종 등을 언급하고, "거사종居士種은 여러 가지 기예를 익혀 생활한다"라고 설명하고 있다. 이러한 설명으로부터 거사는 사성계급 가운데 평민에 해당하는 '바이샤(vaiśya)'에 속하고 있음을 알 수 있다. 하지만 대승불교가 흥기하고 거사는 점차로 '장자長者'와 혼용하기 시작한다. 거사를 나타내는 범어는 'gṛha-pati'인데 이를 중국에서는 '가라월迦羅越'로 음역하고, 의역으로는 '장자·가주家主'로 하고 있는데, 이로부터 이미 의미가 변화하였음을 짐작할 수 있다. 그러나 후대로 갈수록 '거사'와 '장자'는 그 의미가 다르게 쓰인다. 『유마경』에서는 분명하게 '거사'와 '장자'를 구분하여 사용하고 있는데, 거사는 '백의白衣거사'라고 하여 일반적인 평민을 의미하고, '장자'는 불교를 깊이 이해하고 비교적 부유하며 사회적으로 영향력이 있는 사람을 의미하고 있다.

그러나 중국에 불교가 전래되면서 '거사'의 호칭은 인도에서처럼 거사와 장자로 구분되지 않게 된다. 본래 중국에서는 『예기禮記』의 「옥조편玉藻篇」에 "거사는 도와 예술에 머무는 선비이다(居士, 道藝處士也)"라고 주석되어 있으며, 『한비자韓非子』의 「외저설좌外儲說左」에는 "학문에 머무는 선비(居學之士)"라는 말이 있어 그로부터 거사라는 용어가 출현하였다고 본다. 따라서 중국에 불교가 전래되기 이전의 거사는 세속적인 관직과 부, 명예를 초탈하여 학예와 도를 즐기는 선비라는 의미로 사용되었다고 하겠다. 이러한 거사의 용어는 비록 인도불교의 번역어로 사용되었지만, 본래 지닌 함의를 그대로 간직하게 된다. 그에 따라 주석이 필요하게 되었는데, 승조僧肇의 『주유마힐경注維摩詰經』에 실려 있는 구마라집鳩摩羅什의 주석에는 "거사"에 대하여 "외국(즉 인도)에서는 많은 재산이 있어 즐기는 사람을 거사라고 한다"라고 설명한다. 또한 천태 지의智顗대사는 『관음의소觀音義疏』에서 "거사란 재화를 많이 축적하고, 가업이 풍부하여 이루어진 이름이다"라고 말한다. 이러한 주석은 중국인들이 본래 지니고 있는 거사의 개념과 약간 다르게 나타난 것이라고 볼 수 있다. 이후, 수대隋代 혜원慧遠의 『유마의기維摩義記』에는 "거사는 두 가지이다. 첫째는 재산을 많이 축적한 '재물에 머무는 사람(居財之士)'으로서의 거사이고, 둘째는 재가에서 수도修道하여 '집에 머무는 도사(居家道士)'로서의 거사이다"라고 설명하고 있다. 여기서 중국적인 '학문(불교의 가르침)에 머무는 선비'로서의 거사 개념이 불교에 스며들었음을 추론할 수 있다.

거사는 일반적으로 남성을 의미하는 것으로 인식하고 있다. 그러나 경·율이나 중국에서 찬술된 전적에 '거사'는 남성만을 지칭하지는 않는다. '여거사女居士'라는 표현도 있다. 따라서 '거사'의 개념을 설정하고자 한다면, 남·녀의 양성을 모두 포괄하여야 할 것이다. 또한 중국에 있어서는 일반 민중으로부터 고관대작, 군왕·황제에 이르기까지 불교에 깊은 이해를 가지거나 혹은 거대한 재시財施를 일으켰다면 모두 거사의 범주에 포함시켜야 할 것이다.

거사가 있어야 '거사불교'가 성립할 수 있다. 거사불교라는 개념에는, 거사의 교의에 대한 학습과 수행, 신행활동, 그리고 여러 가지 호법 등을 모두 포괄해야 할 것이다. 중국불교사에서 거사들의 역할은 어느 정도 비중을 차지할까? 실제적으로 불교가 중국에 뿌리내려 화려한 꽃을 피우는 과정에서 거사불교의 역할은 거의 결정적이었다고 말할 수 있다. 중국 역대의 거사와 거사불교에 관한 자료를 일람한다면 바로 긍정할 수 있을 것이다. 따라서 여기에서 거사와 거사불교에 관련된 자료를 소개하고자 한다.

거사불교와 관련된 자료는 대체적으로 다섯 종류로 분류할 수 있는데, 그 가운데 첫 번째가 바로 '거사전居士傳'의 유형이다. 가장 유명한 것은 청대 팽소승(彭紹升, 法名 際淸)의 『거사전』과 『선여인전善女人傳』이고, 명대 도명잠陶明潛의 『선각집先覺集』, 원신圓信·곽응郭凝의 『선각종승先覺宗乘』·『우바이지優婆夷志』와 주시은朱時恩의 『거사분등록居士分燈錄』, 심태心泰의 『불법금탕편佛法金湯編』과 하수방夏樹芳

의 『명공법희지名公法喜志』 등이다. 이 가운데 『거사전』은 56권의 방대한 저작으로 가장 전형적인 거사의 전기이다. 총 217명의 거사를 표제로 설정하고, 그 내용에 등장하는 인물까지 포함한다면 거의 삼백여 명에 이르는 거사들의 전기를 신고 있으며, 각 전기에 출전 근거를 설명하고 있다. 『거사분등록』은 거사전의 형식이나 그 인물의 범위를 참선 수행한

팽제청의 『거사전』

거사로 한정하고 있으며, 약 110명의 거사들의 전등을 다루고 있다. 『불법금탕편』은 제왕帝王·명신名臣·거유巨儒 등이 행한 불교의 호법과 관련된 전기이고, 『명공법희지』는 '명공名公', 즉 유명한 관료와 충의열사 등의 거사불교 활동을 기술한 책이다. 이러한 자료는 중국 거사불교와 관련된 가장 중요한 자료라고 하겠다.

둘째는 명승의 사적을 기술하면서 거사들의 저술 및 사적을 함께 기재한 자료이다. 승우僧祐의 『홍명집弘明集』, 도선道宣의 『광홍명집廣弘明集』·『집고금불도론衡集古今佛道論衡』, 언종彦悰의 『집사문불응배속등사集沙門不應拜俗等事』 등을 비롯한 수십 종이 있다. 이들의 문헌은 불교와 도교·유교 등과의 논쟁 및 여러 가지 사건을 기록하면서 거사들이 찬술한 저작이나 행적 등을 기록하고 있어 거사불교의 면목을 파악하는 데 중요한 자료를 제공하고 있다.

셋째는 거사들이 스스로 찬술한 호법론護法論이다. 주로 『홍명집』과 같은 문집에 게재되어 있는데, 이사정李事政의 『내덕론內德論』과 장상영張商英의 『호법론護法論』, 유밀劉謐의 『삼교평심론三教平心論』 등이 대표적이다. 이러한 저작들은 그 사회적 영향이 매우 지대하여

불교가 중국에 뿌리내리는 데 결정적인 역할을 하였다.

넷째는 각 종파의 사서史書와 전기이다. 예를 들어 도원道原의 『경덕전등록景德傳燈錄』과 보제普濟의 『오등회원五燈會元』, 구여직瞿汝稷의 『지월록指月錄』 등으로 각 고승의 전기에 거사들의 행적이 구체적으로 기록되어 있어 또한 거사불교를 파악하는 데 중요한 자료이다.

다섯째, 각종 소설과 개인 문집이다. 유의경劉義慶이 찬술하고 유효표劉孝標가 주석한 『세설신어世說新語』와 안지추顔之推의 『안씨가훈顔氏家訓』 등이 대표적으로, 당시 시대적 상황과 거사들의 불교사상이 반영되어 있는 참고자료라고 할 수 있다.

이러한 자료를 통해 보면, 전체적으로 중국의 거사불교는 크게 세 가지 측면에서 그 역할을 하였다고 하겠다.

우선, 여러 가지 형태의 호법활동이다. 중국에 불교가 처음 전래되었을 때, 그 현저한 문화의 차이로 인하여 중국인들은 불교를 극렬히 배척하여 그 존립 자체가 커다란 문제였다. 이러한 상황에서 거사들, 특히 제왕과 대신, 귀족, 관료, 문인 등의 지배계층에서 적극적인 호법으로 불교의 사원과 승단이 보호되고 점차 전 사회로 확대해 갈 수 있었던 것이다.

둘째, 막대한 재물의 보시이다. 거사들은 정치·사회적인 호법과 동시에 사찰의 건립과 유지, 보수에 많은 재물을 시주하여 통치자에 의하여 자행된 폐불·멸불의 시련에도 불교는 면면히 그 맥을 전승할 수 있었다.

셋째, 교의에 대한 다양한 개진이다. 학문적 소양이 깊은 여러 거사들에 의하여 교의가 발전할 수 있었고, 나아가 새로운 교의가 거사로부터 제시되기도 하였다. 위진魏晉 시기 도생道生의 '돈오성불론頓

悟成佛論'은 당시 유명한 문인이었던 사령운謝靈運의 적극적인 지지에 의해 그 내용이 더욱 풍부해졌고, 부 대사傅大士는 초기 선사상禪思想에 깊은 영향을 미쳤으며, 이통현李通玄의 화엄론華嚴論은 중국이나 우리나라에서도 지금까지 높은 평가를 받고 있다.

 이 세 가지의 커다란 작용 이외에 역사의 흐름 속에서 거사불교는 승단과의 긴밀한 유대관계를 유지하여 불교가 현실과 괴리되지 않도록 현실감각을 일깨우는 조정자의 역할도 하였다.

 이제 이러한 중국 거사불교의 토대로부터 개별 거사들의 행적과 사상, 그 역할을 통하여 보다 중국 거사들의 구체적인 불교인생과 거사불교의 역사를 살펴보고자 한다.

1장
중국불교의 토착화와 거사불교

1. 불교의 중국 토착화와 불유도 삼교융합의 선구자
— 모융

중국에 처음 불교가 전래되었을 때 불교는 중국인들의 강력한 저항에 부딪히게 된다. 불교에 대한 배척은 중국과 인도의 문화적 풍토의 이질성에서도 그 원인을 찾을 수 있겠지만, 보다 근본적인 원인을 들자면 지형적인 요소로부터 형성된 중국인들의 중화中華사상을 먼저 꼽지 않을 수 없다.

중국은 대륙의 한가운데에 위치하며 황하와 양자강을 중심으로 농경을 위주로 하여 문명을 일으킨 국가다. 대륙의 젖줄이라 할 수 있는 황하와 양자강 주변의 비옥한 토양에서 형성된 농경문화를 바탕으로 중국은 화려한 고대문명을 꽃피우게 된다. 이는 수렵을 중심으로 하는 주변국과 문화적으로 상당한 차이를 발생시켜 중국인으로 하여금 깊은 우월감을 갖게 하였다. 이러한 특수한 지리적 위치와 선진적 문화의식이 바로 중국인들의 뿌리 깊은 중화사상의 출발점이 되었다.

모융

특히 풍요한 중원을 노리며 끊임없이 침공하는 주변국들의 침략에 대하여 중국인들은 일종의 정신적인 방어의식을 형성하게 되는데, 이러한 방어의식의 중심에 있는 것이 바로 '이하지방夷夏之防'이다. 즉 '오랑캐(夷)'의 저급한 문화가 '중국민족(夏)'의 우월한 문화를 망치기 때문에 막아야 한다는 의식이다. 이러한 사상은 이미 선진先秦

시기에 형성되어 주변국들의 침략에 대항하는 중국인들의 정신적 힘이 되었다.

더욱이 전국 시기 '제자백가諸子百家'의 다양한 사상과 발전을 거치면서 중국에는 점차 '유儒·도道' 양가를 중심으로 하는 중국 고유의 철학이 형성되게 된다. 후대에 만주족의 청조淸朝가 들어서서 변발령을 공표하였을 때, 명조明朝를 지키기 위하여 죽어간 한인보다 머리카락을 지키기 위하여 죽어간 중국인들의 수가 더 많았다고 한다. 그들이 지키고자 했던 것이 어찌 머리카락뿐이었을까! 당시의 상황을 "머리카락을 보존하면 머리가 떨어지고, 머리를 보존하면 머리카락이 떨어진다"라고 표현하고 있으니, 자신들의 문화를 생명보다 귀하여 여겼던 중국인들의 문화에 대한 애착과 자긍심이 어느 정도였는지를 짐작해 볼 수 있다.

이러한 측면에서 접근한다면 불교의 전파 및 포교의 과정에 있어서 중화의식과 이하지방夷夏之防의 의식에 바탕을 둔 유·도 양가의 강력한 사상적 반발에 부딪히게 되는 것은 너무도 당연한 일이라고 할 수 있다. 이러한 문화적 자부심과 사상적 바탕 위에서 당시의 중국인들은 외래사상인 불교를 "고향으로 쫓아 보내거나(放歸桑梓)" 혹은 "천축으로 돌려보내기(退回天竺)"를 끊임없이 기도하였다. 이러한 강력한 반발에 부딪혀야 했던 초기의 불교 전파 과정에 있어서, 불교의 사상이 본질적으로 유·도 양가와 크게 다르지 않으며 오히려 더욱 뛰어난 것임을 밝혀 중원에 불향을 널리 퍼지게 한 선각자들 가운데 한 명이 바로 모융牟融이다.

모융은 그 정확한 생몰연대를 확인할 수 없지만 동한東漢 말기 영제(靈帝, 159~189)로부터 마지막 황제인 헌제(獻帝, 181~234) 때 활동했던 사람으로 전해진다. 모융은 현존하는 불교의 초기 전파 과정에 관한 자료에 있어서 가장 두드러진 활동을 하였던 최초의 거사라는 점에서 중요한 의미를 찾을 수 있다. 팽제청彭際淸은 『거사전居士傳』(전 56권)의 제1권 첫머리에 「모융거사전」을 싣고 있으며, 또한 심태心泰의 『불법금탕편佛法金湯編』에서도 제1권에 등장한다. 그러나 이러한 전적들은 모융의 저술로 알려진 『모자이혹론牟子理惑論』의 사상에 대하여 주로 논술하고 있으며 모융의 행적에 대해서는 비교적 간략하게 소개하는 데 그치고 있다. 모융의 행적이 비교적 자세히 소개되고 있는 책으로는 승우僧祐의 『홍명집弘明集』을 들 수 있다. 제1권 승우가 쓴 서문에 그의 행적에 대하여 비교적 많은 자료가 있는데, 이에 근거하여 모융 거사의 생애를 소개한다.

모융은 어려서부터 제자백가의 전적들을 두루 섭렵하였다. 심지어 병법兵法과 신선방술神仙方術을 좋아하지 않으면서도 이와 관련된 서적들까지도 모두 읽었다고 한다. 노자의 글에 내포되어 있는 오묘한 도리를 마치 술이나 물을 마시듯 하고, 오경五經을 거문고나 피리를 다루는 것과 같이 하였다고 하니 그의 학식이 어떠했는지를 짐작할 수 있다.

모융은 교주交州 창오군蒼梧郡 출신이다. 영제가 붕어하고 '황건적의 난' 등의 전란이 일어나자 어머니를 모시고 교지(交趾, 지금 베트남 북부)로 잠시 피난하였다가 26세에 다시 창오군으로 돌아와 결혼을 하게 된다. 당시 어지러운 시대 상황에 따라 신선방술이 크게 유행하면서 수많은 학자들이 관심을 가졌다. 그러나 그는 이러한 시대 조류에 휩싸이지 않고 항상 유가의 오경五經을 인용하여 그들을 비판하였다. 당시 어떤 도사道士들도 그와 대적하지 못하였다고 한다.

모융의 이러한 행적이 세간에서 회자되며 높은 평가를 받게 되자 그의 소문을 들은 태수가 그에게 서리署吏의 관직을 권하였다. 그러나 학문에 뜻을 두었던 모융은 사의를 표하고 나아가지 않는다. 당시는 중앙 정부의 통제력이 약화되어 각 주州마다 독자성을 표방하고 서로간의 소통과 협력에 어려움을 겪고 있었다. 모융의 학식을 높이 평가하였던 태수가 그에게 형주荊州로 사신으로 가줄 것을 정중히 청하자 그는 차마 이를 거절하지 못하였다. 형주에서 모융은 그곳 주목州牧이 신선방술에 빠져 백성들이 심각한 생활의 곤란을 겪는 것을 목도하면서 더욱 그에 대한 폐해를 느끼게 된다. 그때 그의 모친이 세상을 떠나고 다시 천하가 전란에 휩싸이게 되자, 그는 그동안 자신이 닦은 학문과 세상에 커다란 회의를 품게 되었다. 이러한 인연으로 그는 마침내 불교에 귀의하게 된다.

모융이 불법에 깊이 심취하여 세간의 학문을 비판하기 시작하자 많은 사람들이 그를 가리켜 유가를 배신하였다고 비난하게 되었다. 이에 대해 일일이 대응하지 않고 침묵하던 모융이 자신의 생각을 정리하여 찬술한 저서가 바로 『모자이혹론』이다.

『이혹론』은 본래 미혹을 다스린다는 뜻의 『치혹론治惑論』이었는데, 당唐 고종高宗의 휘諱인 '치治'를 피하여 『이혹론』으로 하였다고 전해진다. 『이혹론』은 모두 37편으로, 각 편이 질문과 그에 대한 답으로 이루어져 있다. 각각의 질문은 부처님의 명칭, 불도佛道, 윤회, 보시의 공덕 등과 같은 단순한 용어의 설명으로부터 계율을 지키는 생활은 즐거움이 없는 것인가? 부모형제를 버리고 출가한 승려들은 불효하는 것이 아닌가? 도교의 가르침과 불교의 가르침이 같은 것인가? 도道는 무위無爲라는 점에서 같은 것이 아닌가? 하는 비교적 추상적인 내용을 포함하고 있다. 전체적인 질문과 답변들은 아주 초보적인 수준을 벗어나지 못하고 있지만, 『이혹론』이 찬술되었던 동한 말기 일반대중들의 불교에 대한 인식을 감안한다면 이러한 37개의 질문은 모두 가장 기본적이고 절실한 요구를 반영한 것으로 보인다. 비록 모융의 답변에 다소 거친 부분이 없지 않지만, 이후 중국불교의 사상적 흐름을 고려할 때 중국 불교에서 제시하는 진제眞諦와 크게 어긋나는 부분은 찾을 수 없으니, 이로부터 모융의 불교에 대한 이해와 안목이 어떠했는지 엿볼 수 있다.

『이혹론』의 가장 큰 특징은 불교의 교의를 불교적 용어와 논리로 풀어가는 것이 아니고 유·도 등 중국의 전통적인 사상과 관습으로 설명하고 있다는 점이다. 예를 들어 '부처님(佛)'의 명칭에 대하여 "부처님은 시호諡號이며 삼황오제와 같이 신성한 것이다. 부처님은 바로 도덕의 원조이고 신명神明의 시초이며 모범이다. 또한 부처님은 깨달음을 말한다"라고 한다. 또한 "황홀하게 신체를 변화시키기를, 혹은 나타나고 혹은 사라지며, 크게도 작게도 할 수 있고, 둥글거나 모나게도 할 수 있으며, 숨기거나 드러낼 수 있고, 불속을 걸어도 타지 않으며, 칼날을 밟아도 상하지 않고, 더러운 곳에 있어도 오염되지 않는다. 재난에 빠져도 다치지 않으며, 하늘을 날고, 앉으면 빛을 발하기 때문에 부처님이라고 칭한다"라고도 한다. 이러한 설명 방식은 당시에 신선방술이 유행하였기 때문에 이를 의식한 것으로 보인다. 당시에 크게 유행하던 신선방술에서는 '벽곡辟穀' 등의 수련을 하면 신통한 현상을 자신의 몸으로 직접 체현할 수 있고, 심지어는 '불사不死'의 단계에 이를 수 있다고 하였다.

『이혹론』의 뒷부분을 보면, '모융 거사가 무엇 때문에 불전을 이용하지 않고『시경詩經』,『서경書經』과 같은 중국의 전통 전적을 인용하여 답하는가'라는 질문에 대한 설명이 나타난다.

목마른 자는 강을 기다렸다가 마시지 않고, 굶주린 자는 커다란 창고를 기다렸다가 먹지 않는다. 도는 지혜로운 자를 위하여 설하고, 변설은 말 잘하는 사람을 위하여 통하고, 글은 깨달은 자를 위하여 전하고, 일은 식견이 있는 자를 위하여 밝히는 것이니, 나는 그대가 이미 그 뜻(중국 전적)을 알고 있기 때문에 그 내용을 인용한 것이다. 만일 불경의 말로 설명하여 무위無爲의 요체를 이야기한다면, 이는 장님에게 오색五色을 설명하고, 귀머거리를 위하여 오음五音을 연주하는 것과 같다.

이러한 모융의 답변에서 우리는『이혹론』의 찬술 의도를 읽을 수 있다. 다시 말하면, 불교의 진리는 너무 깊어 직접적으로 설명한다 하여 쉽게 납득될 수 있는 것이 아니기 때문에 당시의 중국인들에게 가장 익숙한 용어를 이용해 설명하고자 한다는 것이다. 이러한 모융의 설명은 아주 적절한 방법이었다. 후대에 가면서 불교의 교의와 중국 관습과의 차이를 해결하려는 설명들의 상당수가『이혹론』을 직접 인용하거나 원용하였다.

무엇보다도 모융의『이혹론』이 바로 '격의格義불교'라는 형식의 개척자라는 위치에 있다는 점에 주목케 된다. '격의'란 '의미를 헤아려 바로잡고 맞춘다'는 뜻으로 중국인들이 불교를 이해하기 쉽도록 유·도 등 중국 고유의 사상 속의 유사한 개념이나 용어를 빌려서 설명하는 방법을 가리킨다. 장님과 귀머거리에게 불법의 만다라와 법음을 아무리 보여주고 들려주어도 소용이 없기 때문에 그들에게 가장 적합한 방법으로 불교를 설명해야 할 필요성에서 나온 방법이다. 나아가 이러한 격의불교의 방식은 중국적 불교의 정립과 고유의 철학인 유·도가의 사상적 성숙을 가져오는 중요한 전기가 되었다.

비록 모융의 자세한 활동은 전하지 않지만 그가 찬술한『모자이혹론』은 '이하지방'에 깊이 젖어 있는 중국인들에게 외래의 불교가 자연스럽게 접근하는 계기를 제공하였다는 점에서 매우 중요한 의미를 갖는다. 이러한 그의 공로는 이후 남북조 시기에 전개되는 '격의불교'의 선구가 되었다는 점에서 더욱 그 가치를 찾을 수 있다. 명·청대에 이르러 중국불교는 내부적으로는 '제종일치諸宗一致'를 표방하고 외부적으로는 불·유·도의 '삼교일치三敎一致'의 길을 걷게 되는데, 이러한 노정은 이미 모융의『이혹론』으로부터 그 실마리를 찾을 수 있다. 물론 '삼교일치'의 중심에는 불법의 진리에 대한 이해가 그 핵심으로서 작용하고 있음은 당연하다고 하겠다.

2. 중국 초기 불경의 번역과 서역 출신의 거사
— 안현과 대승불전 번역의 선구자 지겸

　노벨 문학상과 고은 시인, 매년 유력한 후보로 거론되면서도 고배를 마시는 노老 시인의 모습을 보면서 필자는 번역의 중요성과 어려움에 대하여 다시금 생각을 하게 된다. 외국어로 번역된 고은 선생의 작품을 외국 사람들이 얼마나 이해할 수 있을까? 직업상 중국어나 일본어를 많이 접하게 되는 필자로서는 특히 중국어나 일본어를 우리말로 옮기는 작업보다는 우리말을 중국어나 일본어로 옮기는데 곤혹감을 느끼곤 한다. 표음문자라는 우리글의 특성도 있지만 우리말에서만 느낄 수 있는 그 맛깔스런 용어들을 외국어로 옮겨야 할 때 고민을 하지 않을 수 없다. 어릴 때부터 외국어를 모국어처럼 사용하면서 국제적인 감각과 가치관을 몸에 익히며 자라고 있는 후학들에게 기대를 걸어본다.

　중국불교의 본격적인 출발은 경전에 대한 번역에서 시작됐다고 해도 과언이 아니다. 불교가 지닌 사상을 중국에 전달하기 위해서는 무엇보다도 먼저 불경에 대한 번역이 필요했기 때문이다. 불교가 중국에 본격적으로 전파되기 시작한 후한 말에는 수많은 승려들이 서역으로부터 당시 수도인 낙양으로 들어와 대·소승의 각종 불경을 번역하기 시작한다. 그 가운데 가장 대표적인 번역가로 안세고(安世高, ?~148)와 지루가참(支婁迦讖, 2세기 중후반)을 꼽을 수 있다. 안세고는 아함부에 속하는 17부 경전과 『안반수의경安般守意經』, 『음지입경陰

持入經』,『아비담오법경阿毘曇五法經』 등 소승경전을 주로 번역했으며, 지루가참은 『수능엄삼매경首楞嚴三昧經』, 『도행반야경道行般若經』, 『반주삼매경般舟三昧經』과 같은 대승경전을 주로 번역했다. 그런데 이런 역경사업에 수많은 서역 출신 거사들이 참여했다는 사실을 아는 이는 드물다.

낙양에서 역경에 참여한 거사 가운데 대표적인 인물이 안식국安息國 출신 안현安玄이다. 초기 역경 상황을 알려주는 승우僧祐의 『출삼장기집出三藏記集』에 따르면, 안현은 영제(靈帝, 159~189) 시기에 무역을 목적으로 낙양에 왔다고 한다. 그러나 낙양에서 우연히 불교를 접하게 된 그는 그 가르침에 매료되어 경전을 읽는 재미에 푹 빠졌고 마침내 수계受戒까지 받게 된다. 그 후 장사를 포기하고 서역 스님들과 불법을 논하며 경전 읽기를 즐기던 그는 자신의 숙세의 인연이 번역에 있음을 깨닫고 적극적으로 역경에 참여하게 되었다. 중국불교사에서 중국인 최초로 출가 승려가 된 엄불조嚴佛調와 함께 번역한 『법경경法境經』 1권에는 안현 거사가 범문을 번역해 구술하면 엄불조가 받아 적었다고 쓰여 있다.

『법경경』은 재가인들이 어떻게 수행할 것인가에 대한 부처님의 설법으로, 재가거사들에게 '삼귀의'와 '오계' 등을 설하며 대승불교를 수지할 것을 강조하는 내용이다. 안현이 이 경전을 선택해 번역했던 이유는 무엇일까?

안현이 활동하던 후한 시기는 일반적으로 중국인들에게 출가가 허용되지 않았다. 이런 까닭에 최초의 중국인 승려는 엄불조가 아니라 삼국 시대의 주사행(朱士行, 203~282)이라는 주장도 있다. 따라서 당시 중국인들은 재가신도의 입장에서만 불교를 신앙할 수 있었기 때문에 특별히 이 경전을 선택한 것으로 보인다. 또 재가거사인 안현 본인이 중국에 거사불교가 보다 활발하게 일어나기를 바라는 마음도 있었을 것이라 짐작된다.

후한 시기의 역경은 안현과 같은 서역 출신인 외에 많은 수의 중국 현지 거사들이 참여했다. 하지만 크게 행적이 두드러진 인물은 찾기 어렵다. 이 가운데 서역 출신으로 역경뿐 아니라 중국사상사에 커다란 영향을 끼친 인물이 있으니, 바로 지겸支謙이다.

지겸은 본래 대월씨국大月氏國인이었다. 그의 조부가 후한 말 수백 명의 친족을 이끌고 중국에 들어와 하남河南에 정착했고, 그는 이후에 중국에서 출생했다. 그 인연으로 지겸은 어려서부터 중국서적과 외국서적을 두루 읽을 수 있게 되었는데 모두 6개 국어에 능통했다고 한다. 또한 어려서부터 지루가참의 제자 지량支亮에게서 불법을 배워 크게 이름을 날리게 된다. 당시 사람들은 지루가참·지량·지겸을 통틀어 '삼지三支'라고 불렀으며, 특히 지겸은 '지혜의 주머니'라는 의미에서 '지낭智囊'이라고 칭했다. 전란이 발생하여 지겸이 오吳나라로 피난을 하게 되자 그의 명성을 흠모한 오나라 군주 손권孫權이 지

지겸

겸을 초빙해 불법의 대의를 물었고, 그는 이에 대하여 일일이 자세하게 답한다. 그에 만족한 손권은 지겸에게 '박사博士' 칭호를 주고 태자 손량孫亮의 스승으로 삼았다.

당시 중국의 정치 상황은 위魏·촉蜀·오吳 삼국으로 나뉘어 천하가 삼분돼 있었다. 이 과정에서 새로운 통치철학을 모색하던 삼국의 통치자들은 불교에 깊은 관심을 보이게 된다. 중국을 최초로 통일한 진秦 왕조는 춘추·전국 시대에 발생한 제자백가 가운데 '법가法家'를 통치사상으로 삼았으나 지나치게 엄격한 법 적용으로 실패하고 만다. 진나라를 이은 한漢 왕조는 초기에는 법가와 사상적으로 대조적인 '도가道家'를 통치이념으로 삼지만 역시 실패하고, 이후 무제武帝에 이르러 '독존유술獨尊儒術' 정책을 펼친다. 그러나 '유가'를 중심으로 한 통치이념은 후한에 이르러 근본적인 문제점을 드러내며 결국 한 왕조의 몰락을 가져온다.

제자백가 가운데 가장 대표적이라 할 수 있는 법가·도가·유가의 사상이 모두 대제국의 통치이념으로 불완전하다는 것이 드러나자 당시 각 지역의 패권가와 통치세력들은 새롭게 중국에 퍼지고 있던 불교에 관심을 갖게 된다. 나관중의 역사소설인『삼국지연의』에 간교한 인물로 묘사되어 있는 위나라 조조曹操 역시 불교에 깊이 매료되었으며 불법의 발전에 많은 공헌을 했다는 것은 잘 알려지지 않은 사실이다. 특히 후한 말에 중국에서 갑자기 불경 번역이 유행하며 이에 앞다투어 국력을 집중하였다는 사실은 이런 시대적 상황과 당시 통치자들의 관심을 보여주는 반증이라고 할 수 있다.

지겸은 오나라 황무黃武 원년으로부터 건흥建興 연간(222~253)에 이르기까지 30년간 태자의 스승으로 있으면서 36부 48권에 달하는 경전을 번역하였다. 그 가운데 『유마힐경維摩詰經』, 『대명도무극경大明度無極經』, 『대아미타경大阿彌陀經』, 『법구경法句經』, 『대반니원경大般泥洹經』 등이 유명하며 대부분 대승경전에 속해 있다.

지겸은 태자 손량이 즉위하자 권력과 명예를 마다하고 오히려 자신이 가진 모든 관직을 버린 채 궁륭산穹窿山에서 은둔의 길을 택한다. 축법난竺法蘭에게 오계五戒를 받은 지겸은 이곳에서 오직 수행에만 전념했으며, 그가 산중으로 은둔하자 그를 따르던 수많은 사대부들도 관직을 버리고 함께 은둔했다고 한다.

지겸의 정확한 생몰년도는 알려져 있지 않다. 비록 출가자가 아닌 재가자였지만 동진東晉의 명승 도안道安이 지겸에 대해 '참다운 입실入室의 자격을 갖춘 고덕高德'이라고 평가한 것처럼 역대의 많은 고승들이 그를 칭송하였다.

사상적인 측면에서 보면, 지겸은 지루가참의 영향을 받아 대승불교에 열중하였다. 지루가참과 지겸의 가장 큰 업적은 중국인들에게 최초로 반야부 경전을 번역하고 소개했다는 점이다. 지루가참은 『도행반야경』을 번역했는데, 이는 구마라집鳩摩羅什 번역으로 알려진 『소품반야바라밀경小品般若波羅蜜經』의 동본이역이다. 지겸은 지루가참의 『도행반야경』을 다시 『대명도무극경』으로 개역하고 주석을 덧붙였다.

당시 『도행반야경』과 『대명도무극경』은 심오한 불교철학을 소개하여 큰 반향을 몰고 왔다. 예를 들어 『도행반야경』의 '도행반야道行般若'는 후에 '반야바라밀般若波羅蜜'로 음역되었다. 이는 '지혜도피안智慧度彼岸'으로 의역되는 Prajña Pāramita를 번역한 것으로, '도행'은 노장老莊의 '대도를 행함(行於大道)'이라는 뜻에서 차용한 것으로 보인다.

『대명도무극경大明度無極經』역시『주역』등에서 차용한 흔적이 역력하다. 지금은 '공空'으로 굳어진 용어를 지루가참과 지겸은 모두 '무無'로 번역하였다. 가령 '제법성공諸法性空'을 '제법본무諸法本無'로 표기하였다.

경전 번역에 있어 이런 용어의 차용은 본래 경전이 지닌 의미로부터 새로운 해석을 가능하게 했으며, 이는 위진魏晉 시기를 풍미했던 현학玄學에서 잘 나타난다.

현학을 창시한 사람은 조조의 양자인 하안何晏과 천재소년으로 알려진 왕필王弼이라고 한다. 조조와 그 일가는 철저하게 불교를 신봉하며 불교로 통치철학을 건립하고자 노력했지만 국교로 삼지는 못했다. 당시 중국의 핵심지역인 관중關中을 차지했던 조씨 황실은 한대漢代에서 이어진 유가儒家 기반의 귀족세력 때문에 표면적으로 불교를 내세울 수 없었기 때문이다. 이에 반해 중원에서 떨어져 비교적 자유로운 분위기의 장강 이남을 세력기반으로 했던 손권은 불교를 국교로 삼게 된다.

이런 정치적 상황 아래서 조씨 황실은 하안과 왕필 등 학자들을 동원해 불교사상, 특히 반야사상을 기반으로 유·도 양가 사상을 포섭하고자 했다. 이런 과정에서 나타난 것이 바로 현학이며, 이러한 현학의 직접적인 매개체가 된 것이 바로 지겸의『대명도무극경』이라고 할 수 있다.

『대명도무극경』은 불교의 반야사상을 가장 중국적인 사유양식과 용어로 표현하고 있다. 이것은 반야사상이 외래사상이라는 이질성을 극복하고 중국의 전통사상을 포섭하여 중국인의 머리와 가슴에 녹아들었다는 중요한 의미를 내포하고 있다. 왕필의 현학이 '본무本無'를 중심으로 운용되고 있음은 이런 사실을 증명한다. 이렇게 출현한 현학은 예전에는 중국사상에 없었던 '본체론本體論'을 대두시키게 되는데, 이것은 중국의 사상사에 일대 획을 긋는 대사건이라고 할 수 있다. 위진 시기의 현학이라는 과도기가 없었다면 과연 불교가 중국을 '정복'(이는 중국학자들의 표현임)할 수 있었을까?

안현과 지겸은 서역 출신이지만 모두 중국에서 불교를 접하였고 적극적으로 역경에 참여하였다. 그 결과 불교가 수많은 장애와 저항을 극복하며 중국에 널리 전파되는 데 지대한 역할을 했다. 특히 지겸은 반야부 경전을 중국식으로 번역하여 불교뿐만 아니라 중국의 사상사에 일대 전기를 마련했다는 점에서 그의 생애와 사상에 대한 재조명이 필요하다고 하겠다.

3. 여산 혜원 문하의 거사들

1) 돈오의 예찬자 사령운

삼국 시대에 불교와 유·도 양가를 결합하여 통치철학으로 삼으려던 조조 일가의 시도는 사마의司馬懿가 정권찬탈을 목표로 일으킨 군사 쿠데타인 '고평릉高平陵 사변'(249)을 계기로 그 종말을 고한다. '고평릉 사변'은 표면적으로 사마 씨의 정권찬탈이지만, 사상사적인 각도에서 본다면 혁신사상에 대한 수구사상의 반발이라고 할 수 있다. 즉 혁신사상인 '현학玄學'에 대하여 한조漢朝의 전통적인 유가사상을 중심으로 하는 '명리名理'의 반발이라고 하겠다. 고평릉 사변을 통하여 집권한 서진西晉은 곧이어 불교국을 표방하였던 오吳와 촉蜀을 멸하고 다시 중국을 통일한다. 하지만 서진의 집권기인 50년은 내부적인 권력다툼으로 인하여 끊임없는 전란으로 점철되며 망국의 길을 걷게 되고 결국은 남북조 시대가 열리게 된다.

그러나 서진 시기의 폭정과 혼란한 시대 상황 속에서 불교는 오히려 민중 속에 널리 확산되게 된다. 또한 유가사상으로는 더 이상 제국을 통치할 수 없다는 한계를 노정하여 남조나 북조의 통치자들은 모두 불교를 숭상하게 된다. 더욱이 이 시기의 중국불교에서는 뛰어난 고승들이 출현하기 시작하였다. 이 시대에 가장 뛰어난 고승으로 손꼽히는 이가 바로 여산 혜원廬山慧遠의 스승인 도안道安이다. 북방 이

민족의 침입으로 혜원을 비롯한 문도를 이끌고 피난하던 도안이 잠시 어느 절에 인사를 갔다가 군대에 포위됨으로써 스승과 제자는 이별을 하게 되며, 혜원은 강남의 여산 동림사東林寺에 주석하게 된다.

또한 이 시기는 거사들의 활동이 본격적으로 두드러지게 나타난 시기이기도 하다. 도안의 문하에 수많은 거사들이 언급되고 있고, 혜원의 문하에도 역시 뛰어난 거사들이 속출했다. 그 가운데 특히 주목할 만한 인물로 당대의 유명한 문인인 사령운(謝靈運, 385~433)과 유유민(劉遺民, 352~410) 두 거사를 꼽을 수 있다.

로마의 어느 시인은 "남자가 죽을 때 마지막에 멈추는 것은 심장이지만, 여자가 죽을 때 마지막에 멈추는 것은 입이다"라는 시를 남겼다. 이것은 여자들의 수다에 대한 일종의 풍자이지만 자신의 뜻과 식견을 나눌 수 있는 벗을 만났을 때의 남자의 대화 역시 밤을 잊는 법이 아니겠는가! 당시 여산 동림사에 주석하던 혜원과 관련되어 "호계삼소虎溪三笑"라는 흥미 있는 고사가 전해져 온다.

동림사에 주석하던 혜원은 어떤 손님이 찾아와도 절 앞의 '호계'라는 작은 냇물을 건너서 배웅하는 법이 없었다. 이 냇물을 건너가면 산 위의 호랑이가 포효한다고 알려졌기 때문이다. 그러던 어느 날 여산에 은거하던 시인 도연명陶淵明과 도교의 도사인 육수정陸修靜이 혜원 대사를 찾아와 담소를 나누게 된다. 세 사람이 의기투합하여 즐겁게 담소를 나눈 후에 이들을 배웅하던 혜원 대사는 자신도 모르게 호계를 건너고 말았다. 갑자기 산 위에서 들리는 호랑이의 포효소리를 듣고서야 그 사실을 깨달은 세 사람은 서로를 마주보며 웃고 말았다는 이야기다. 이 세 사람은 당시의 불·유·도가를 대표할 수 있는 위치에 있었기 때문에 이 고사에는 또 다른 의미가 있을 것이라 여겨진다. 작

     도연명   사령운   여산 혜원

은 물줄기가 모여 강을 이루고 도도히 흘러 바다에 이르듯 중국 최초의 불교 결사단체인 '백련사白蓮社'를 결성하고 '돈오론'을 잉태시킨, 후대 중국 불교사의 큰 물줄기가 바로 혜원을 중심으로 한 도연명, 사령운, 유유민 거사 등의 의미 있는 만남에서 시작된다.

  사령운은 도연명과 함께 남조南朝를 대표하는 뛰어난 문인이었다. 중국 문학사에 있어서 사령운은 산수시山水詩의 영역을 개척하고 독특한 풍격을 확립한 대시인이다. 그는 동진東晉의 명장인 사현謝玄의 손자로서 당시 최고의 가문을 자랑하는 호족이었다. 조부가 죽은 후 사령운은 '강락후康樂侯'라는 벼슬을 세습 받아 세상에서는 그를 '사강락謝康樂'으로 불렀다. 그는 어려서부터 문재가 뛰어났으며 자손이 귀한 가정에서 자라 상당히 오만한 성격에 방탕함을 즐겼다고 한다. 그런 까닭에 처음부터 불교에 귀의한 것은 아니었으나 우연한 기회에 동림사에서 혜원 스님을 뵙고서 마음으로부터 귀의하였다고 한다. 『고승전』이나 『불조통기』 등의 자료에 의하면, 혜원이 불서와 외서에 모두 뛰어나서 감동하여 귀의했다고 간략하게 전한다. 하지만 혜원과의 인연이 그리 쉽지는 않았을 것으로 추정된다.

  당시 혜원은 불교사에 있어서 최초의 결사인 '백련사'를 결성하고

자 하였다. 주지하다시피 '백련사'는 '염불수행'과 '서방정토왕생'을 희구하는 중국불교 최초의 결사단체이다. 사령운 역시 그에 참여하고자 했지만 혜원은 처음에 그의 오만한 성격이 다른 이들의 수행에 방해된다는 이유로 참가를 허락하지 않았다. 그때 사령운과 친했던 도연명이 혜원에게 그의 입사를 거듭 추천하게 되는데, 당대의 문인답게 멋진 시로서 혜원을 설득하였다고 한다. 사령운은 결사에 참여하는 수행의 증표로 누각을 세워 '번경대翻經臺'라고 이름 짓고 그곳에서 『열반경』을 번역하였으며, 두 개의 연못을 조성하여 '백련사'를 상징하는 '하얀 연꽃'을 심는다. 입사를 허락받은 후 그는 스님의 청으로 「불영명佛影銘」(『광홍명집』 권15에 수록)을 짓는데, 이에는 정토에 대한 사령운의 결연한 신앙심이 짙게 배어 있다. 이러한 과정을 거치며 그는 유유민과 함께 혜원을 보좌하는 대표적인 거사가 되었으며 혜원이 입적(416)한 후 스님의 비문을 찬술하였다.

그렇지만 사령운의 정치적 행로는 순탄치 않았다. 그는 당시 국정에 불만을 품고 권력자들에게 마땅히 부처님을 받들고 불도를 구하며 선정善政을 펼치라는 간언을 여러 차례 했지만 도리어 점차 한직으로 떨어지게 된다. 이에 환멸을 느낀 사령운은 지방의 한직에서 산수시에 전념하며 우국충정의 비분을 달래었지만 임해臨海 태수 왕수王琇의 모함을 받아 사형을 당하기에 이른다. 당시 황제가 그의 재능이 아까워 사형을 면제하고 광주廣州로 귀양 보내라는 조서를 내렸다. 그러나 사령운을 미워하던 무리들이 이 내용을 전하지 않아 49세의 나이로 형장의 이슬로 사라진다. 『광홍명집』 권30에 그의 임종게가 전하는데, 장부의 뜻을 다 하지 못한 아쉬움을 내생에 한마음으로 회향하고자 하는 염원이 담겨 있다.

도생

사령운의 업적을 말할 때 외형적으로는 그의 정치적 지위를 통한 불법의 외호와 막대한 재시, 그리고 문학작품을 통한 불법의 선양 등을 들 수 있다. 그러나 무엇보다 중요하게 생각하는 것은 바로 도생의 '돈오론'에 대한 적극적인 비호와 찬양이다. 중국불교의 핵심은 바로 '돈오'에 있다고 해도 과언이 아니기 때문이다.

'돈오성불론'은 사령운과 함께 백련결사에 참여했던 도생이 제창한 이론이다. 도생의 '돈오론'을 이해하기 위해서는 먼저 당시의 상황에 대한 이해가 필요하다. 당시의 정치적 상황은 북방의 이민족과 남방의 한족으로 이루어진 정권으로 대립하고 있었다. 이러한 정치적 영향으로 중국불교도 또한 크게 남북으로 그 학풍이 나뉘게 된다. 이른바 남방의 '의리불학義理佛學', 북방의 '성공지학性空之學'으로 대변되는 것처럼 남방은 현학과 불교학이 결합되어 나타나고 있었고, 북방에서는 때마침 서역에서 전래된 반야학, 특히 '중관학中觀學'이 주류를 이루고 있었다. 남방불교의 대표자가 바로 혜원이었으며, 북방불교의 대표자는 대승불전의 역경으로 유명한 구마라집鳩摩羅什이었다. 혜원과 구마라집은 비록 직접 대면한 적은 없지만 서신 왕래를 통하여 많은 논쟁을 하게 된다. 후에 제자들이 두 사람이 주고받은 논쟁을 편집하여 엮은 책이 『대승대의장大乘大義章』(『대정장』 45권에 『구마라집법사대의鳩摩羅什法師大義』 상·중·하로 게재되어 있음)이란 제목으로 전해진다. 이에 따르면, 혜원의 학설이 구마라집에게 많은 비판을 받게 되자 혜원은 도생을 비롯하여 혜관慧觀·혜

구마라집

예혜예睿 등의 뛰어난 제자들을 구마라집에게 보낸다. 당시 중국불교의 최고 석학인 혜원과 구마라집 문하에서 모두 수학한 도생은 당시까지 불교교의에 없었던 최초의 주장을 하게 되는데, 그 핵심 사상이 바로 '돈오론'이다.

본래 불교에서는 체계적으로 수행의 계위階位를 설정하여 점진적인 깨달음을 진전시키는 '점오론漸悟論'의 입장을 가진다. 『아함경』에서는 오온五蘊·사제四諦, 십이연기十二緣起 등의 '차제법문'을 설하여 "점차로 다가간다(漸次來至)"는 구절이 도처에 나타나고, 이러한 입장은 대승불교에 그대로 이어져 최종적으로 깨달음의 단계를 설하는 보살의 '열 가지 단계(十地)'로 귀결된다. 중국불교에서도 이를 그대로 수용하였다. 따라서 수행의 '계위'와 '단계'를 인정하지 않는 '돈오론'의 제창에는 수많은 스님들의 반발이 나타나게 된다. 구마라집의 제자인 담무성曇無成은 『명점론明漸論』을 저술하여 '돈오론'을 직접 반박하고 있고, 심지어 혜원의 문하에서 수학하다 함께 구마라집의 문하로 왔으며 최초로 '오시교판五時敎判'을 주장한 혜관조차도 『점오론漸悟論』을 지어 맹렬하게 반박한다. 이른바 중국불교사상 최초로 '돈점 논쟁'이 벌어진 것이다.

이러한 상황에서 '돈오론'을 가장 적극적으로 옹호한 이가 바로 사령운 거사이다. 그는 『변종론辯宗論』을 찬술하여 '점오'의 이론을 철저히 반박하고 있다. 더욱이 그는 도생을 '공자'보다도 뛰어난 인물로 묘사하고 있다. 그는 무엇보다도 도생의 '돈오론'은 불교를 중심으로 하여 유·도 양가의 핵심을 모두 포용하고 있다는 점에서 석가모니부처님의 본의를 가장 '중국적'으로 구현했다고 평가하고 있다. 이러한 사령운의 옹호를 바탕으로 '돈오론'은 비로소 올바르게 이해되기 시작하였으며, 함께 구마라집 문하로 갔던 혜예慧叡 역시 『유의론喩疑論』을 지어 '돈오론'에 찬성함으로써 점차적으로 '돈오'의 이론이 주류의 위치를 차지하게 된다. 이후의 중국 불교사에 있어서 '돈오론'은 천태·화엄·선종을 비롯하여 중국의 거의 모든 종파의 핵심적인 교의로 자리 잡게 되는데, '돈오론'의 씨앗이 바로 여기서 시작된 것이다.

이러한 사상사적 측면에서 볼 때 도생의 천재성도 중요하지만, 그를 누구보다도 빨리 알아보고 적극적으로 옹호, 선양한 사령운의 역할 역시 과소평가되어서는 안 되며 돈오론에 대한 접근에 있어서 그의 역할 또한 재조명되어야 한다고 생각한다. '돈오'의 이론은 불·유·도 삼교를 포함한 전체적인 동아시아 사상의 핵심이라고 평가할 수 있기 때문이다.

2) 백련결사의 주역 유유민

여산 동림사 혜원 문하에는 수많은 거사들이 활동했지만 그 가운데 가장 뛰어난 공로를 남긴 거사는 사령운과 유유민(劉遺民, 352~410)이라고 할 수 있다. 흥미 있는 것은 유유민과 사령운은 여러 가지 면에서 대조적인 모습을 보이고 있다는 점이다. 사령운은 현실의 영화에 만족하던 당시의 권력층의 시기와 분노를 사 형장의 이슬로 생을 마감하였다. 유유민은 한漢나라 초원왕楚元王의 후예로서 귀족가문 출신이었지만, 일찌감치 관부의 길을 버리고 혜원 대사를 찾아 평생을 수행에 전념하다가 조용히 영면에 든다. 어려서 부친을 여읜 유유민은 홀어머니를 극진히 모셨으며 일신에 뛰어난 실력을 지녔지만 결코 드러내지 않고 겸손했다고 한다.

그의 숨은 능력을 알아본 동진東晉의 승상 환원桓元과 시중 사곤謝琨, 태위 유유劉裕 등 당시의 최고 실권자들이 관직을 추천하여 잠시 참군參軍과 현령縣令을 맡아보기도 하였다. 그러나 얼마 지나지 않아 그는 당시 혼란한 정세를 비판하며 관직을 거절하고 스스로 물러난다. 그가 친하게 교류하던 주속지周續之와 도연명陶淵明 등과 함께 관직에서 물러나자 당시 사람들은 그들을 '삼은三隱'으로 불렀다.

관직을 물러난 후, 유유민은 동림사의 혜원을 찾게 된다. 팽제청彭際清의 『거사전』에는 혜원과의 만남을 다음과 같이 묘사하고 있다. 스님이 "관록이 높고 높은데 어째서 마다하는가?"라고 묻자 거사는 "동진은 반석이 견고하지 않고, 세상이 계란을 쌓아놓은 듯하니 어찌 제가 관직을 맡겠습니까? 태위 유유가 저의 굽히지 않음을 보고 '유민遺民'이라는 호를 주었습니다"라고 하였다. 본래 그는 '정지程之'라는 이름이 있었는데, 관직을 그만두면서 평민으로 남아 있다는 의미의 '유민'을 호로 삼게 되었음을 알게 해준다.

혜원 문하에 들어온 유유민은 서림西林의 계곡 북쪽에 선방을 지어놓고 청빈하게 수행을 하기 시작한다. 유유민이 혜원의 문하로 들어오자 뇌중륜雷仲倫, 장래민張萊民, 장수실張秀實 등이 그를 따라 입산하였고, 후에 주속지와 도연명 등도 참여하게 된다.

『거사전』에 따르면, 점차로 거사들의 숫자가 많아지자 혜원은 유유민을 비롯한 거사들을 모아 "제군들이 이렇게 이 도량에 온 것은 분

명히 정토에 뜻이 있는 것이 아니겠는가?"라
며 뜻을 모아 '백련결사'를 결성하였다고 한
다. 유유민이 관직을 버리고 혜원의 문하를
찾은 것이 태원太元 10년(395)이고, 백련결사
가 결성된 때가 원흥元興 원년(402) 7월의 일
이니, 그가 혜원의 문하에 머문 지 7년 정도
의 시간이 흐른 뒤의 일이다.

주속지

'백련결사'와 관련된 자료에서 혜원이 행
한 '염불삼매念佛三昧'의 수행과 관련된 것 이
외에 결사의 동기를 짐작할 수 있는 기록은 별로 보이지 않는다. 그런
데 도선道宣의 『석혜원여유유민서釋慧遠與劉遺民書』의 주注에 따르면,
유유민 거사가 혜원 문하에 머물자 종병宗炳, 장야張野, 주속지周續之,
뇌차종雷次宗 등 당시 뛰어난 문인과 학자들이 모두 한자리에 모여 불
법의 도리를 깊이 연구하였는데 그 모임에서 유유민 거사가 가장 뛰
어났으며, 이러한 모임을 영원히 지속하기를 희망하였다는 내용이
나타난다. 이로부터 필자는 '백련결사'의 결성은 아마 유유민이 혜원
에게 건의하여 이루어진 것이 아닐까 추론한다. 특히 앞에서 언급된
모든 거사들이 '백련결사'의 주요 구성원이었던 사실이 그 심증을 더
해준다.

'백련결사'는 동림사 반야대般若臺의 무량수불상無量壽佛像 앞에
서 '염불삼매'를 닦으며 '서방왕생'을 기원하는 서원으로 결성되었
다. 혜원을 필두로 하여 혜영慧永, 혜지慧持, 담순曇順, 담항曇恒, 도생
道生, 혜예慧叡, 도경道敬, 도병道昺, 담선曇詵, 백의白衣, 서역으로부터
온 불태야사佛䭾耶舍 등의 스님들과 유유민, 장야, 종병, 장전張詮, 주

속지, 뇌차종 등의 18인(동림 18현)을 상수上首로 하여 승속을 포함한 123명이 참여하였다. 혜원이 유유민에게「발원문」을 짓도록 했다. 이렇게 결성된 '백련결사'는 참여자들이 점차로 늘어나며 '정토'의 가르침이 흥성하는 계기가 된다. 또한 우리나라와 일본에까지 커다란 영향을 미치며 '결사'의 선범先範이 되었다. 원元나라 지대至大 원년(1308)에 '백련결사'를 황제의 명령으로 금지시킨 일이 있다. 그러나 동림사의 우담 보도(優曇普度, ?~1330)가『여산연종보감廬山蓮宗寶鑑』10권을 찬술하고 황제에게 상주하여 그 종지宗旨를 밝힘으로써 다시 재개되어 현재까지 이어져 오고 있다.

유유민은 '백련결사' 이후에 더욱 염불수행에 정진한다. 그의 전기에 따르면 그는 수행을 통하여 다음과 같은 신이한 감응을 보였다고 한다. 그는 '백련결사' 후 3년째 수행하다가 선정禪定 가운데서 아미타부처님의 광명이 땅에 비치자 모두 금색으로 변하는 것을 보았다고 한다. 또한 한마음으로 염불수행을 하던 몇 해 후에는 아미타부처님이 옥호玉毫의 광명을 비치며 팔을 드리워 이마를 어루만졌다. 거사는 "어찌하여 여래께서는 저의 이마만을 만지십니까? 옷으로 저를 덮어 주십시오"라고 하자 부처님이 이마를 만지며 가사를 끌어 그를 덮어주는 것을 보았다고 한다. 나중에는 또한 꿈속에서 칠보의 연못에 들어가니, 청색과 백색의 연꽃들이 가득한데 그 물이 매우 맑았다. 이마에는 원광圓光이 빛나고 가슴에는 만자卍字가 드러나 있는 어떤 사람이 연못의 물을 가리키며, "팔공덕수八功德水이다. 너는 이 물을 마셔 보거라"라고 말하였다. 이를 듣고 물을 마시니 매우 감미로웠다. 깨어나 보니 그때까지도 기이한 향기가 몸에서 풍기고 있었다. 그때 그는 사람들에게 "나에게 정토의 인연이 이르렀다"라고 말하고 스님을 청하여 『묘법연화경』을 수백 번을 염송하였다. 그 후에 그는 성상聖像을 대하여 향을 피우고 두 번 절하고 축원하기를,

> 저는 석가모니부처님의 유교遺敎로써 아미타부처님께서 계시는 줄을 알았습니다. 이 향을 석가여래부처님께 공양하고, 다음에는 아미타부처님과 『묘법연화경』에 공양하여 정토에 태어나기를 원합니다. 이 경전의 공덕으로 모든 유정有情이 정토에 왕생하기를 원합니다.

라고 서원하고 서쪽을 향하여 합장하고 입적하였다고 한다. 유유민은 미리 아들에게 관을 사용하지 말고 흙으로 벽을 쌓아 무덤을 만들라는 유언을 남겼다.

유유민이 입적한 지 6년 후, 혜원이 감실에서 좌선하다가 깨어 보니 아미타부처님의 불신佛身이 허공에 가득 차 있었고 관세음보살과 대세지보살이 좌우에서 시봉하고 있었으며, 유유민을 비롯하여 먼저 입적한 스님들이 모두 허리를 숙여 인사하며 말하기를 "대사는 일찍이 발심하였는데, 어째서 이리 늦게 오십니까?"라고 하였다. 그 7일 후에 혜원은 입적하였다.

이러한 전기를 통하여 유유민 거사가 얼마나 철저히 염불수행에 정진했는가를 알 수 있다. 그러나 그의 사상이 단지 '염불수행'과 '왕생정토'에 국한되지는 않는다. 특히 다음과 같은 고사 속에서 당시 유행하던 반야학에 대한 거사의 조예가 어느 정도였는지를 엿볼 수 있다. 도생이 구마라집의 수제자인 승조僧肇가 찬술한 『반야무지론般若無知論』을 북방으로부터 가져오자 거사는 이를 읽고서 찬탄을 금치

못하며 혜원에게 보여주었다. 스님 또한 감탄하며 거사에게 몇 가지 의문점들을 승조에게 질문하도록 한다. 이렇게 하여 전해지는 것이 바로 승조의 『조론肇論』에 실려 있는 「유유민서문부劉遺民書問附」이며 이에 대한 승조의 답장이 「답유유민서答劉遺民書」이다. 이를 통하여 그의 탁견이 얼마나 예리한지를 엿볼 수 있으며, 또한 그의 질문과 승조의 답변을 통하여 당시 남북으로 대별된 불교학풍의 차이를 느낄 수 있어 매우 흥미롭다. 승우僧祐의 『출삼장기집出三藏記集』과 도선道宣의 『대당내전록大唐內典錄』에 따르면, 유유민에게는 『석심무의釋心無義』라는 저작이 있다고 하지만 아쉽게도 현존하지 않아 그 구체적인 내용을 알 수 없다.

　유유민이 생존했던 시기는 서진의 멸망과 동진의 건국, 그리고 제후들의 궐기로 인하여 끊임없이 전란이 일어나던 중국 역사상 가장 복잡한 시기라고 할 수 있다. 이러한 혼란의 시기였지만 혜원의 철저한 수행과 '사문은 세속의 왕에게는 예를 표할 수 없다'는 출가인의 기개를 통하여 당시 여산 일대는 혼란기에도 부처님 법의 혜명을 존속할 수 있었다. 또한 이러한 상황에는 중국불교사상 최초의 '결사'인 '백련결사'가 커다란 역할을 했음은 결코 부인할 수 없다.

　필자의 추론처럼 '백련결사'가 유유민의 건의로 이루어졌든 혹은 혜원의 구상과 결정에 의한 것이든 관련된 자료에서 유유민의 이름이 중요하게 다루어지고 있다는 점과, 그 결사의 구성이 재가와 출가를 모두 포함하고 있음은 중요한 의의를 가진다. 또한 그가 보여준 철저한 수행과 구도의 모습은 과거와 현재는 물론 미래에 이르기까지 거사불교의 귀감으로 남을 것이다.

2장
남북조 시대의 거사들

4. 북조 황제들의 봉불과 폐불

동진 16국 시대를 거치면서 점차로 불교는 통치사상으로서뿐만 아니라 문화의 아이콘으로서도 주요한 역할을 수행하였다. 이러한 경향은 남북조에 이르러 더욱 심화된다. 남조南朝는 동진이 망한 후 420년부터 589년까지 장강 유역에 한족이 세운 송宋, 제齊, 양梁, 진陳 네 나라를 가리키며, 북조北朝는 420년부터 수隋가 전국을 통일한 589년까지 선비족이 세운 북위北魏로부터 동위·서위·북제北齊·북주北周 등을 가리킨다.

이 시기에 남조는 동진으로부터 이어진 현학과 불교학이 결합된 형태를 유지하며 중국적인 특색을 갖춘 불교를 만들어 간다. 또한 북조 역시 오호(五胡: 흉노匈奴·갈羯·선비鮮卑·저氐·강羌) 16국의 정책을 이어받아 불교를 신봉하는 데 주력한다.

북조의 불교가 어느 정도 흥성하였는가를 알 수 있는 자료로는 『위서魏書』「석로지釋老志」와 양현지楊衒之의 『낙양가람기洛陽伽藍記』가 있다. 그에 따르면, 북위 말년에는 사찰이 모두 3만여 개에 달하였고 승려들이 2백여만 명이었으며, 낙양 성내에만 1,300여 개의 사찰이 있었다고 한다. 북위의 태무제太武帝와 북주의 무제武帝를 제외하고 북조의 모든 황제들이 독실하게 봉불하였기에 나타난 결과이다.

남북조가 모두 불교를 신봉하였지만 교단과 정권의 관계는 남조와 북조에 있어서 전혀 다른 양상으로 나타난다. 이 시기 불교와 정권의 관계는 출가 사문이 황제에게 예를 갖추어야 하는가 하는 문제로 표출되었다.

남조에 있어서는 여산 혜원의 유명한『사문불경왕자론沙門不敬王者論』에서 보이는 바와 같이 출가 사문은 유가의 강상명교綱常名敎와는 달라서 속세의 국왕과 황제에게 예의를 갖추지 않아도 되지만, 철저하게 "왕의 치도治道를 돕는" 기능을 지니고 있음을 강조하여 완벽한 정교분리를 유지하게 된다.

무릎을 꿇고 예를 갖추는 것을 궤례跪禮 혹은 궤배례跪拜禮라고 하는데 이것은 매우 엄숙한 예절 가운데 하나다. 근대에 이르기까지 중국인들은 황제를 천자라 칭하며 삼궤구고(三跪九叩, 세 번 무릎을 꿇고 아홉 번 머리를 조아리며 머리를 땅에 댐)의 예를 올리는 것을 너무도 당연한 것으로 받아들였다. 또한 이 당시에는 예가 오히려 법보다 더욱 중요시되던 시대였다. 뒷날의 이야기지만, 영국이 총칼과 전함을 앞세워 중국의 문호를 강제적으로 개방하기 전에 평화적인 통상수호조약을 체결하기 위하여 두 차례의 사절단을 보낸 일이 있었다. 이 회담에서 영국의 사절단은 아무런 성과 없이 귀국하게 되는데, 그 협상 결렬의 원인 가운데 하나가 바로 영국의 사절단이 청나라의 황제에게 삼궤구고의 예를 취하는 것을 거절했기 때문이라고 한다. 당시 영국의 사절단 가운데 한 명이 청나라 관리에게 "도대체 왜 하느님도 아닌 황제에게 무릎을 꿇어야 하느냐?"고 묻자 청나라의 관리가 어이없다는 표정으로 "황제에게 무릎을 꿇지 않는다면, 도대체 왜 무릎이 필요하단 말인가?"라고 대답하여 사절단을 쓴웃음 짓게 만들었다고 한다.

이러한 중국인의 문화적 풍토를 이해한다면 혜원의『사문불경왕자론』은 자신의 생명뿐만 아니라 당시에 뿌리 내리고 있던 불교 전체의 존립을 위협할 수도 있었던 칼날 위의 용단이었음을 짐작할 수 있다. 혜원 스님의 이러한 기개와 혜안에서 비롯된 정교분리와 상호존중의 경향은 황제들이 모두 불교에 귀의하는 남조에까지 지속된다.

그러나 북조의 상황은 이와 달랐다. 『위서』「석로지」에 따르면, 당시 북방 스님들의 지도자인 법과法果 스님은 "태조는 밝고 뛰어나 불도를 좋아하시니, 곧 지금의 여래와 같다. 따라서 마땅히 예의를 다하여야 한다"고 하여 황제를 부처님의 화신으로 대하고 있음을 알 수 있다. 이러한 상황은 북위가 439년 북방을 통일하고 '승관僧官제도'를 확립시키면서 더욱 굳어진다. 불교가 철저히 황권 아래 복속된 것이다. 남북조 시기에 황권에 의한 두 차례의 법난이 모두 북조에서 발생한 것은 이러한 정·교 관계와 결코 무관하다고 할 수 없다.

북위의 도무제道武帝를 비롯하여 명원제明元帝, 효문제孝文帝와 선무제宣武帝 등 역대의 황제들은 모두 정치적 필요와 개인적 신앙으로 불교를 중시하였으며 재임 기간 중에 거대한 불사佛事를 일으켰다. 그러나 명원제의 아들인 태무제(재위 423~451)에 이르러서는 상황이 달라진다. 태무제 역시 즉위 초에는 불교를 신앙했지만, 효문제·선무제·태무제에 이르는 3조朝의 권신 최호崔浩와 그와 결탁한 도사 구겸지寇謙之의 영향으로 점차 도교를 신앙하게 된다. 그에 따라 태무제는 시광始光 원년(424), 북위의 수도인 평성平城에 도관道觀을 건립하게 하는 등 적극적으로 도교를 옹호하는 정책을 펼친다. 그리고 태연太延 4년(438)에는 최호와 구겸지의 건의를 받아들여 50세 이하의 모든 사문은 환속하라는 조칙을 내린다.

태무제는 440년에 '태평진군太平眞君'으로 연호를 바꾼다. 이는 도교를 국교화하고자 하는 의도를 분명히 드러낸 것이라고 할 수 있다. 태평진군 5년(444)에는 사문에게 공양을 금지하라는 조칙을 내리고, 당시 승가의 지도자인 현고玄高, 혜숭慧崇 등의 스님들을 살해한다. 태평진군 7년(446)에 관중지방에서 개오蓋吳의 반란이 일어나자 태무제가 친히 정벌에 나선다. 장안에 이르러 사찰에 병장기를 숨긴 것을 발견한 태무제는 모든 불상과 도형 및 경전을 남김없이 불사르고 승려를 모두 묻어버리라고 명한다. 혜교慧皎의 『고승전』에 따르면, 이러한 일련의 조치로 북위에는 단 한 명의 승려도 존재하지 않았다고 한다.

태무제의 이러한 법난으로 북위의 불교는 타격을 입게 되지만 문성제의 노력에 의하여 빠르게 회복되었다. 결과적으로 북조의 불교는 오히려 태무제 이전보다 더욱 발전하게 된다.

북위 말년에 이르면 정치적 혼란이 가중되면서 동위·서위의 양국으로 분열되는 등 북조의 정치상황은 상당히 복잡하게 전개된다. 서위를 이은 북주北周의 무제武帝에 이르러 불교는 다시 폐불의 상황을 맞게 된다. 무제 역시 즉위 초에는 불교를 신앙했지만 점차 유가를 중시하기 시작하였다. 당시는 불교의 사원과 승려의 수가 날로 증가하며 국고의 수입이 점차 감소하고 국가경제가 위협을 받을 정도로 심각한 상황이었다. 때맞추어 환속한 위원숭衛元嵩이 불교는 나라를 다스림에 적합하지 않으니 사원과 승려의 수를 감하라는 상소를 올리게 된다. 이를 계기로 무제는 불교의 탄압을 위한 여론 조성을 목적으로 천화天和에서 건덕建德 연간에 이르기까지 일곱 차례에 걸쳐 문무백관과 승려, 도사를 소집해 유불도 삼교의 선후를 논하게 된다.

그러나 그 과정에서 무제의 의도와 다르게 매번 불교 쪽이 도교와의 논쟁에서 이기게 된다. 별다른 빌미를 찾을 수 없게 되자 무제는 건덕 3년(574) 5월, 불·도 양교를 모두 금지하고, 경전과 불상을 모두 없애며, 스님과 도사를 모두 환속시키고, 사원과 도관의 재산을 몰수하라는 조칙을 내리게 된다. 또한 6월에는 '통도관通道觀'을 설치하여 불교와 도교의 명사 120명을 선발하여 '통도관학사通道觀學士'라고 칭하고 불교와 도교의 명맥만을 남게 하였다. 건덕 6년(577), 북제北齊를 멸하여 북방을 재통일한 무제는 북제의 영토에도 불교를 금하는 조칙을 내리게 되고, 그에 따라 북방의 수많은 사원들이 훼손되고 수많은 승려들이 남방으로 피신하기에 이른다.

무제에 의한 법난은 표면적으로는 유가를 중시하고 불·도 양교를 폐한 것이지만, 그 이면에는 경제적 상황의 심각성이 보다 큰 원인이라고 할 수 있다. 당시 북주 사찰의 수가 3만여 곳을 넘고 승려들의 수가 200만에 달하여 전인구의 1/16에 해당할 정도로 지나치게 비대해져 있었기 때문에 국가의 경제를 위협할 정도였다.

북조의 태무제와 무제에 의한 법난은 다양한 각도에서 그 원인을 찾을 수 있지만, 한편으로는 불교가 황권에 예속되어 있었기 때문에 비롯된 일이라고 할 수도 있다. 왜냐하면 남조 역시 끊임없이 유·불·도의 삼교가 치열하게 쟁론을 벌이고 있었고, 사원과 스님의 규모 역시 북조와 비슷하여 국가경제를 위협할 정도가 되었지만 북조에서와 같은 법난은 발생하지 않았기 때문이다.

후대에 '삼무일종三武一宗의 법난'으로 칭해지는 법난 가운데 나머지 2개의 법난 역시 북방을 중심으로 나타난다. 당말唐末에 무종武宗에 의하여 발생한 법난과 오대五代의 난세에 이르러 다시 북방의 후주後周 세종世宗이 일으킨 법난이 그것이다. 이러한 '삼무일종'의 법난이 모두 북방을 중심으로 발생함으로써 북방 불교의 쇠퇴를 가져왔고, 결과적으로 중국불교의 주도권은 자연스럽게 남방으로 이전되게 된다.

이러한 전개는 후대의 일이고, 이 당시에는 북조에서도 태무제와 무제를 제외한 모든 황제가 불교에 귀의함으로써 다양한 거사불교가 나타나게 된다. 그러나 북조의 불교는 모두 관부에 소속되어 있어 남조와 비교해볼 때 두드러진 업적을 남긴 거사는 아주 드물다. 북조의 불교는 황권에 예속되어 모든 불사가 황제의 명령에 의하여 이루어질 수밖에 없었기 때문이다.

북조의 불교에서 긍정적인 평가를 받는 점은 낙양을 중심으로 하여 다양한 법회를 열어 강설을 개최하였다는 것이다. 특히 북위의 효문제는 승려들의 안거와 불전의 강설을 매우 좋아하였으며, 북위의 여러 황제 가운데 강경의 법회와 안거를 행하게 한 사람은 효문제가 최초이다. 이러한 과정을 통하여 장안과 낙양에서는 비담毘曇, 지론地論, 섭론攝論, 성실成實, 열반涅槃, 삼론三論 등의 교학이 발전하게 되었고, 이후 천태종, 유식종, 화엄종, 율종, 정토종, 선종 등의 종파에 깊은 영향을 미치게 된다.

5. 남조의 거사불교

1) 황제보살 양 무제

북조에서 황권을 중심으로 봉불과 폐불이 진행되었던 동시대에 남조에서도 역시 황제를 중심으로 불교가 흥성하게 된다. 그러나 남조의 정치적 상황은 매우 불안정하였다. 송宋·제齊·양梁·진陳의 대부분의 황제들은 단명하였는데, 다만 양 무제(梁武帝, 464~549)만이 긴 재임 기간(502~549)을 바탕으로 비교적 강력한 통치력을 발휘하였다. 양 무제는 자신의 재임 기간 동안 수많은 불사를 일으키는 등의 행적을 보여 역대 황제 가운데서도 특히 '불심천자佛心天子', '보살황제'로 칭해질 정도였다. 그에 따라 후대에 '달마 대사와의 문답', '부처님께 헌화한 공덕으로 얻은 황제 자리' 등 양 무제와 관련된 다양한 전설이 생겨났다. 남조 거사불교의 대표로서 양 무제의 진면목을 살펴보자.

양 무제의 본명은 소연蕭衍이며 본래 도교道敎를 신봉하던 가정에서 태어났다. 그의 부친 소순蕭順은 제齊의 황제인 고제高帝의 가까운 친척으로 고관을 지냈다. 소연은 어려서부터 유·도 양가에 뛰어난 재능을 보여 호조戶曹의 관리를 맡았으며, 황제를 수행하여 군대를 이끄는 등 다양한 능력을 보였다. 특히 북위北魏의 효문제孝文帝가 친히 군대를 이끌고 제나라를 침공하자 소연은 뛰어난 전략으로 북위의 군대를 패퇴시킨다. 이러한 공로로 명제明帝의 신임을 받아 소연은

양 무제

태자중서자太子中庶子에 임명되었다. 그 후 명제가 병사하여 그의 아들이 황제에 올랐으나 성격이 잔인하여 수많은 대신들을 살해하자, 소연은 군사를 일으켜 황제를 가두고 스스로 대사마大司馬의 관직을 맡아 국가의 전권을 쥐게 되었다. 소연은 표면적으로 대권을 탐하지 않았지만 그의 친한 벗이었던 심약沈約과 범운范雲이 문무백관을 설득하여 황제의 자리를 권하자 결국 칭제건원을 하고 양梁의 무제로 등극하게 된다.

이러한 양 무제의 운명과 관련하여 재미있는 일화가 전해온다. 소연은 문학에도 빼어난 재질을 보여 스무 살 되던 해부터 제나라 무제의 둘째 아들인 소자량 문하의 뛰어난 문인집단인 '경릉팔우竟陵八友'의 한 명으로 참여하게 된다. 당시에 관상에 일가견이 있던 왕검이라는 사람이 경릉팔우의 관상을 하나하나 보면서 그 사람의 운명에 대하여 말을 하다가 소연의 차례에 이르자 얼굴을 붉히며 입을 다물었다고 한다. 후에 다른 사람이 소연의 운명이 어떠하길래 입을 다물었냐고 물어보자 "관상이 너무나 뛰어나 30세가 지나면 그 귀함을 감히 말로 표현할 수 없다"고 대답했다고 한다. 아이러니컬한 일은 그를 황제에 등극하게 해준 최대의 공로자이며 경릉팔우의 동지들이었던 심약과 범운은 편안한 임종을 맞지 못했다는 사실이다. 양 무제는 자신의 이력을 헤아려 늘 조정의 대신들을 경계하였다. 이러한 양 무제의 내심을 간파한 심약이 늘 사직하기를 원하였지만 무제는 이를 결코 허락하지 않았다. 이런 상황에 전전긍긍하던 심약이 점점 말라가는 것을 가리켜 후대의 사람들은 "심약소수沈約消瘦"라는 성어를 지어 근심으로 야위어 허리가 가늘어진다는 뜻으로 사용한다. 심약은 박학한 학문을 바탕으로 시의 운율 규칙을 발견하였을 뿐만 아니라 인도에서 전해온 병음문자의 원리를 바탕으로 중국의 사성四聲을 발굴하고 "사성팔병론四聲八病論"을 이론화하여 중국의 문학 이론에 막대한 영향을 미친 인물이다.

이러한 양 무제의 즉위 과정을 볼 때, 그는 학문적으로 뛰어났을 뿐만 아니라 용병과 정치에도 역시 탁월한 능력을 지니고 있었음을 알 수 있다. 양 무제는 황제에 즉위한 후, 제나라의 전철을 밟지 않도록 하기 위해 치국治國에 전념하였다. 현존하는 자료로는 양 무제가 불교에 귀의하게 된 직접적인 이유를 찾을 수 없지만, 즉위 3년(504)에 불교를 통치이념으로 선포한다. 『광홍명집廣弘明集』 권4에 게재되어 있는 양 무제의 「도교를 버리고 불교를 받듦을 고함」이라는 글에는 "내세에는 동진으로 출가하여 불교의 가르침을 널리 펼쳐 함께 성불하고자 함"과 "올바른 법에 들어 기나긴 윤회의 고통을 받을지언정 노자의 가르침에 의지하여 잠시 생천生天함을 즐기지 않을 것"이라는 강한 의지가 엿보인다. 이렇게 불교에 귀의한 양 무제는 그로부터 불교공부에 심취하였으며, 천람天覽 18년(519)에는 드디어 종산鐘山 초당사草堂寺의 혜약慧約에게서 황제의 지위에도 불구하고 삼배의 예를 올리며 보살계를 받았다. 이는 도교를 버리고 불교에 귀의한다는 선포를 한 지 15년이 경과한 때의 일이다. 이로부터 양 무제는 스스로 '보살황제'라고 칭하였으며, 신하들이 공문서를 올릴 때에 황제를 '황제보살'이라고 표기하였다.

양 무제는 보살계를 수지한 이후 철저하게 계율을 지켰으며, 결코 오신채와 육식을 하지 않았다. 당시 일부 승려들이 계율을 지키지 않는 상황을 목도하고, 양 무제는 「단주육문斷酒肉文」이라는 글에서

여래의 옷을 걸치고 여래의 행동을 하지 않는 자는 승려의 이름을 빌린 것에 지나지 않으며, 도적과 다름이 없다. 이와 같이 행하는 자는 불제자의 나라에서 하나의 백성이므로 황제의 권력으로 그 죄를 묻겠다.

라고 하였다. 남조는 혜원慧遠의 『사문불경왕자론』으로부터 북조와는 다르게 황권으로 불교에 개입하지 않지만, 계율을 지키지 않는 승려는 일반 백성과 다르지 않으므로 그 죄를 묻겠다는 단호한 입장을 보이고 있는 것이다. 여기에서 양 무제의 불교에 대한 투철한 자세를 짐작할 수 있다.

양 무제의 불교에 대한 신앙은 사찰의 건립으로 나타났다. 그는 부모와 명승을 위하여 광택사光宅寺, 개선사開善寺, 동태사同泰寺, 대경애사大敬愛寺, 지도사智度寺, 동행사同行寺 등 수많은 명찰을 건립하였으며, 사원의 운영을 위하여 막대한 재물의 보시를 아끼지 않았다. 심지어 조정의 관료들에게도 재시를 강요하는 형국이었고, 백성들에게도 역시 시주를 분담시켰다. 그 결과 민생은 점차 피폐해졌다.

양 무제의 신앙은 또한 '사신공양捨身供養'으로도 나타났다. 관련된 기록에 따르면 527년, 529년, 546년, 547년 등 네 차례에 걸쳐 짧을 때는 4일, 길게는 삼칠일(21일) 동안 국정을 모두 버리고 동태사로 들어가 황제의 옷을 벗고 승복을 입고서 사찰의 허드렛일을 하였다. 모든 관료들이 동태사의 동문에 모여 국정을 돌봐달라고 몇 번이고 청

하고, 막대한 금액의 환속전을 지불하고 나서야 비로소 궁전으로 돌아오곤 하였다.

또한 양 무제는 불교에 귀의한 이후 다양한 대규모의 법회를 개최하였다. 특히 수많은 고승들을 초청하여 경전을 강독하는 법회를 좋아했다. 나아가 양 무제는 스스로 불교에 대한 연구를 계속하여 말년에는 친히 교의에 대하여 강설하였다. 이러한 그의 강설은 점차 대규모로 진행되었다. 기록에 따르면 533년 2월에 친히 7일 동안 강설했는데, 황태자를 비롯하여 문무백관과 승려, 심지어 외국의 사절까지 포함하여 무려 30여만 명이 참여했다고 한다. 이는 황제라는 특수한 신분 때문이기도 했지만, 어려서부터 이미 뛰어난 학자로서 인정받았던 그가 불교의 교의에 대하여 새로운 이론들을 제시하였던 까닭도 있었다.

양 무제는 초기에는 삼론학三論學에 깊은 관심을 갖고서 당시 유명한 고구려 승려인 승랑僧朗에게 귀의하였다. 그러나 후기에는 점차로 '열반불성론'에 몰두하기 시작한다. 당시 남방에는 여산 혜원의 '신불멸론神不滅論'으로부터 전개된 '법성론法性論'이 크게 유행했고, 다른 한편으로는 '법성론'이 전통적인 중국사상과 통하는 바가 있었기 때문이다. 양 무제가 제창한 불성론은 바로 '진신론眞神論'인데, 이는 혜원의 '법성론'을 계승한 것이다. 혜원은 '법성의 실유實有'를 제창하여 그로부터 '열반'과 '성불'을 설명하고 있는데, 양 무제 역시 참다운 '신神'이 바로 성불할 수 있는 근거라고 주장하였다. 혜원과 양 무제의 이러한 이론들은 중국 불성론의 성립에 중요한 역할을 담당한다. 후대에 정립된 중국 불성론의 입장에서 본다면 과도기적인 성격이 농후하지만, 당시에는 매우 참신하고 뛰어난 이론이었기 때문이다.

양 무제는 무엇보다도 불교가 유·도 양가와 본질적으로 다르지 않다고 보았다. 당시는 외래 종교인 불교의 흥성으로 인하여 전통사상인 유·도 양가와 심각한 대립을 초래하고 있던 상황이었다. 이러한 상황에서 양 무제는 유교는 윤리도덕을 지키게 하며, 도교는 지나치게 득실을 따지지 않게 하고, 불교는 극락세계로 이끌어주고 있으며, 그 근원은 모두 같다는 '삼교동원三敎同源'설을 제창하였다. 또한 공자·노자·석가를 '삼성三聖'으로 받들었다. 비록 그가 황제에 등극한 후 표면적으로는 '도교를 버리고 불교를 받듦'을 표방했지만 실제적 측면에서 본다면 결코 도교와 유교를 버린 것이 아니었다. 특히 양 무제는 당시 유명한 도사 도홍경陶弘景과 밀접한 관계를 유지하며 국가의 모든 중대사를 그와 논의하여 결정하였다. 세상에서는 도홍경을 '산중의 재상'으로 부를 정도였다.

도홍경

이러한 양 무제의 입장은 후대에 '삼교일치'의 원형으로서 평가를 받기도 하지만, 역대로 세속적 권력의 유지를 위한 통치술의 일환으로 불교를 이용하였다는 비판을 받게 하는 빌미를 주었다. 실제로 양 무제는 '불심천자', '황제보살'이라는 명칭과는 다르게 여러 차례 군대를 일으켜 침략을 하였고, 자신의 황제 자리를 지키려 많은 살생을 하였다. 이러한 양 무제의 행적에 대하여 『자치통감資治通鑒』의 저자인 사마광司馬光은 양 무제를 '유·도 양교뿐만 아니라 불교에 있어서도 용서할 수 없는 죄인'으로 묘사하고 있다.

양 무제의 최후는 그의 화려했던 일생에 비한다면 너무도 비참하였다. 548년 동위東魏로부터 양 무제에게 투항한 후경侯景이 반란을 일으켰고, 그 이듬해에 후경의 군대에 포위되어 처량하게 굶어 죽고 말았다. 이는 어쩌면 자신의 권력을 유지하기 위하여 불교신앙을 이용하였던 것에 대한 무서운 업보가 아니었을까.

불교거사로서의 양 무제는 근본적으로 비판받을 만한 여지가 충분하지만, 한편으로는 황제로서 그가 보여준 여러 신앙적 행위는 이후 중국불교에 커다란 영향을 미쳤다. 그가 보여준 '사신공양'이나 다양한 법회의 개최, 교의에 대한 강설 등은 이후 중국 거사불교의 귀감으로서 설정되었다. 또한 양 무제의 '진신론'은 중국 불성론의 한 과정으로서 중요한 사상사적 의의를 찾을 수 있다.

2) 초기 선종의 명숙名宿 부 대사

양 무제가 집권하던 시기에 수많은 명승과 거사들이 활약하지만, 그 가운데서도 부 대사傅大士는 후대에 달마 선사·지공誌公과 함께 양대

梁代의 '삼대사三大士'로 칭해질 정도로 유명하다. 물론 이는 '양 무제와 달마의 문답'을 역사적 진실로 인정해야 하는 전제가 필요하지만, 어쨌든 부 대사는 남조를 대표하는 거사로서 후대 중국불교, 특히 선종에 커다란 영향을 미친 인물이다.

부 대사는 본명이 부흡傅翕이고 호는 선혜善慧인데,『속고승전』에서는 본명을 부홍傅弘으로 칭한다. 선혜善慧 대사, 어행魚行 대사, 쌍림雙林 대사, 동양東陽 대사로도 알려져 있지만, 부 대사가 가장 일반적인 호칭이다. 그는 동양군東陽郡 오상현(烏傷縣, 현재 浙江省 義烏市)에서 대대로 농사를 짓는 가정에서 출생하였다. 16세 되던 해에 유묘광留妙光과 결혼하여 보건普建, 보성普成의 두 아들을 두었다.

부 대사는 어려서부터 학문에 뜻이 없었으며 특별히 애착을 갖는 일도 없었다. 다만 늘 고기를 잡으러 다녔는데, 고기를 잡고난 후에는 담아놓은 통을 물에 담그면서 "갈 고기는 가고 남아 있을 고기는 남아 있어라"고 하여 그를 인과의 소치로 돌리니, 사람들이 모두 어리석다고 비웃었다. 그가 24세 때 숭산嵩山으로부터 온 서역 승려가 있었는데, 사람들은 그를 '숭산타嵩山陀'라고 불렀다. 어느 날, 그가 부 대사를 찾아와 "나와 너는 비바시불毘婆尸佛 면전에서 함께 서원을 하였다. 현재 도솔궁에는 나와 너의 의발이 여전히 있는데, 너는 도대체 언제 돌아갈 것인가?"라고 말하자 거사는 망연하여 어찌할 바를 몰랐다. 숭산타가 부 대사에게 여러 가지 교의를 가르치며 자신의 머리 위로 둥근 광채를 띄우는 등의 상서로운 모습을 보여주자 비로소 그는 숙세의 인연을 깨닫게 되었다. 그리고 그는 "대장간의 화덕에는 순수한 철이 많고, 좋은 의사에게는 환자가 많습니다. 중생을 제도함이 급한 일이거늘, 어찌 도솔궁의 즐거움을 생각하겠습니까?"라고 웃으며 말하였다. 숭산타는 송산松山 아래 쌍림수雙林樹를 가리키며 그곳에서 수도하라고 일렀다. 부 대사는 바로 그곳에 암자를 짓고 머물렀다. 이곳은 후에 쌍림사로 창건되어 수많은 고승들을 배출하게 된다.

부 대사가 송산 아래 머물면서 산의 정상에 둥근 황운黃雲이 맴돌기 시작하

부 대사

자 사람들은 송산을 '운황산雲黃山'으로 바꾸어 불렀다. 거사는 부인과 함께 낮에는 농사를 짓고 밤에는 수행을 하기를 7년째 되던 어느 날, 선정 가운데 석가·금속金粟·정광定光 세 분의 여래가 거사의 몸 위에 방광을 하는 모습을 보고 스스로 이미 수능엄首楞嚴의 정경定境을 얻었음을 알게 되었다. 이에 거사는 스스로 "쌍림수 아래 낭래 해탈한 선혜 대사善慧大士"라는 호를 짓고서 법을 설했다. 이로부터 사부대중이 모여들자 그 지방의 군수가 요언妖言으로 민중을 미혹시킨다고 감옥에 가두었다. 옥중에서 몇십 일 동안 아무것도 마시거나 먹지 않는 모습을 보고 사람들이 더욱 그를 받들게 되자 군수는 결국 방면하였다. 이로부터 법회는 더욱 확대되었고, 사람들은 그를 '대사大士'로서 받들게 되었다.

이때가 양梁의 대통大通 원년(527), 부 대사가 31세 되던 해다. 그해에 그 지방에 커다란 흉년이 들자 그는 모든 재산을 보시하여 구제에 나섰다. 그의 부인은 막일을 하여 구제에 보태다가 자신을 팔아 중생의 고통을 해소해 달라고 하였다. 그는 부인을 5만 전錢에 팔아 그 돈으로 굶주림을 건지는 대법회를 열었으며, 이에 감동하여 근처의 수

많은 부호들이 재산을 희사하였다. 한 달 후에 부인을 사간 사람이 이를 알고 부인을 돌려보냈다.

이러한 일들이 알려지면서 부 대사는 미륵불의 화신으로 알려지게 된다. 이때 천태산의 혜집慧集이 그에게 법을 물으러 왔다. 혜집 스님은 며칠 동안 참문하면서 크게 깨친 바가 있어 그의 제자가 되기를 청하였다. 당시 혜집 스님은 37세로 부 대사보다 여섯 살이 위였다. 이후에 혜집 스님은 부 대사의 문하에서 많은 역할을 수행한다.

이렇게 부 대사의 명성이 커지자 운황산 쌍림에 귀의하는 제자들도 점차 늘어났다. 그 당시 양 무제는 수많은 명승들을 모셔 법회를 개최했는데, 그는 초청받지 못하였다. 이에 그의 문도들 백여 명은 현령에게 가서 부 대사를 양 무제에게 추천해 줄 것을 요청했지만, 현령은 그들을 모두 내쫓았다.

대통 6년(534) 정월에 부 대사는 인연이 성숙함을 알고 양 무제에게 '치국삼책治國三策'의 내용을 담은 편지를 올린다. 같은 해 12월에 양 무제는 그를 수도로 초청한다. 이로부터 그는 3차에 걸쳐 양 무제의 초청을 받아 짧게는 2개월에서 길게는 1년 동안 수도에 머물면서 양 무제와의 만남을 가졌다.

첫 대면에서 양 무제는 부 대사에게 예를 표하지 못하게 하고 묻기를, "스승은 누구인가?"라고 하자 그는 "종래 따른 바도 없으며, 스승이라고 할 바도 없고, 받들 만한 것도 없었습니다"라고 말했다. 양 무제는 그를 인정하여 종일토록 담론을 벌였다고 한다. 그 후 그를 청하여 『금강경』의 강설을 맡기자 그는 법좌에 올라 자를 어루만지다가 책상을 내리치고는 내려왔다. 옆에 있던 지공(誌公, 418~514) 화상이 양 무제에게 "이해하셨습니까?"라고 하자 양 무제는 "알지 못했다"

라고 하였다. 지공 화상은 강설이 끝났음을 대중에게 알렸다. 이는 『벽암록』 67칙에 실려 있는 일화이다. 그러나 지공 화상은 부 대사가 18세 때에 이미 입적한 스님으로, 역사적 사실로는 보기 어렵다. 팽제청의 『거사전』에는 부 대사가 직접 양 무제에게 묻는 것으로 되어 있고, 주시은의 『거사분등록』에서는 지공 화상의 이름 대신 다만 '성사聖師'로 표기되어 있다. 그러나 부 대사와 관련된 여러 자료에서 위의 일화가 보이므로 그 자체는 사실로 보아도 무방할 것이다.

양 무제와의 3차례의 만남에서 그는 점차 실망을 하게 된다. 어쩌면 양 무제의 불교에 대한 신앙에 정치적 의도가 숨어 있음을 간파하게 되었기 때문이 아닐까. 두 번째 만남에서부터 그는 '쉬지만 멸하지 않는(息而不滅)' 도리를 양 무제에게 설파한다. 이 설법 속에는 양 무제에게 불교의 진리에 접근하려면 형식에 치우친 불사보다도 참다운 마음으로부터 나아가야 한다는 은근한 충고가 숨어 있었다. 하지만 양 무제는 결국 부 대사의 충고를 올바르게 이해하지 못한다.

대동 6년(540), 마지막으로 양 무제를 대면하였을 때, 부 대사는 양 무제의 허락과 지원을 받아 비로소 '쌍림사'를 창건한다. 이렇게 창건된 쌍림사는 그의 원력으로 역사에 남는 사찰이 되어 수대隋代에서는 '천하에서 세 번째, 절강에서 첫째'가는 사찰로 불렸다.

부 대사는 쌍림사를 창건한 이후 운황산에 은거했다. 그러나 태청太淸 2년(548), 후경侯景의 난이 발생하여 민생은 다시 도탄에 빠지게 되었다. 이에 그는 자신의 모든 재산을 털어 중생들의 괴로움을 해결하고자 했다. 하지만 재산은 유한한 것이었으므로 부 대사는 '법시法施'로서 인간 세상에 경종을 울리고자 '소신공양燒身供養'을 결정하였다. 먼저 '불식不食'으로 재齋를 지키며, 소신공양을 준비하였다. 문도들이 이 사실을 알고 모두 몰려와서 울면서 서로 대신하여 소신하고자 했고, 세간에 더 머물기를 간청했다. 이에 부 대사는 문도들의 청에 따라 세간에 머물기로 하여 입적하기 전까지 청빈하게 살면서 그에게 들어오는 모든 재물을 중생구제에 돌리도록 하였다.

대건大建 원년(569)에 이르러 거사는 세상과의 인연이 다 되었음을 알고「환원시還源詩」12장을 지었다. 그해 4월 24일에 보건·보성 두 아들에게 "신중하게 참회하고 수행하라"는 유언을 남기고 73세의 나이로 입적한다. 그는 입적 전에 유언을 남겨 화장한 유골의 반은 산 정상의 탑에 안치하고, 반은 집안의 탑에 두도록 분부했다. 태건太建 5년, 진陳의 선제宣帝는 서릉徐陵에게 거사의 비문을 짓도록 했는데, 현재 비는 존재하지 않지만 다행히 그 비문은 남아 있다.

부 대사는 많은 작품들을 남겼는데, 그 대부분은 4권으로 이루어진 『선혜대사어록』(『만속장경』120권에 수록)에 게재되어 있다. 그 가운데「행로난行路難」20편과「심왕명心王銘」이 현재에도 많은 사람들이 애독하고 있는 작품이다. 이 외에『송사宋史』권205「예문지藝文志」에『부대사보지금강경찬傳大士寶志金剛經贊』1권이 실려 있는데, 『금강경』의 이해에 중요한 단서를 제공하고 있다. 부 대사가 중국불교에 미친 영향은 이루 다 논할 수 없을 정도로 심원하다. 천태·화엄 등의 각 종파뿐만 아니라 선종에 있어서도 커다란 영향을 미친다. 특히 선종에 있어서는 후대에 등장하는 대부분의 선사어록에 부 대사의 명칭과 일화들을 게재하고 있을 정도로 그 영향이 크다. 또한 양 무제와는 달리 평민 출신 부 대사의 거사불교는 중국 거사불교의 중요한 귀감이라고 할 수 있다.

6. 남북조 시기 배불논쟁과 거사불교

1) 이하夷夏의 논쟁과 거사들의 반론

동한 말에 본격적으로 전래된 불교는 위진 시기의 정치적 모색을 거쳐 남북조 시기에 들어서면서 지배적인 통치이념으로 자리 잡게 된다. 그러나 불교가 지배적인 통치이념으로 자리 잡게 되면서 유·도양가의 본격적인 반박 또한 거세어져 갔다. 그 가운데 도교에서 전면에 들고 나왔던 문제가 바로 '이하지방夷夏之防'의 주장이다. 이른바 '오랑캐(夷)'의 저급한 문화가 '중국민족(夏)'의 우월한 문화를 망치기 때문에 그를 막아야 한다는 의식이었다.

전술한 바와 같이 이러한 의식은 이미 선진先秦 시대에 그 연원을 두고 있다. 특히 『맹자』의 "나는 중국문화가 오랑캐문화로 변한다는 말은 들었지만, 오랑캐문화가 중국문화로 변한다는 말은 듣지 못하였다"라며, "만약 요堯·순舜·주周·공孔의 도를 버리고 다시 오랑캐의 방법을 배운다면 어찌 미혹하지 않겠는가?"라는 말에서 그러한 의식이 얼마나 깊은 뿌리를 지녔는가를 충분히 짐작할 수 있다.

이 문제가 직접적으로 발단이 되기 시작한 것은 바로 남송南宋의 도사 고환顧歡이 『이하론夷夏論』(478)을 찬술하면서부터이다. 도사 고환은 이전에 출현한 적이 있는 『노자화호경老子化胡經』이라는 위서의 내용을 근거로 하여 석가모니는 노자가 교화한 바이기 때문에 그 성인됨에 있어서는 차별이 없지만, 가르침에 있어서는 도교는 성교聖敎이고 불교는 이교夷敎, 즉 오랑캐의 가르침이므로 결코 같을 수 없다는 것이다. 그것은 마치 배와 수레는 모두 물건을 운반하는 기능을 가지고 있다는 점에서는 같지만 배는 물에서 사용하고 수레는 육지에서 사용되는 것이기 때문에 결코 함께 쓸 수 없다는 주장이다. 또한 불교는 자비심을 말하여 생명을 함부로 해하지 않지만 자신을 낳아준 부모에 대하여는 조금도 효경孝敬의 마음이 없기 때문에 중화민족의 예교와는 결코 양립할 수 없으며, 따라서 반드시 불교를 고향으로 돌려보내야 하고, 중화민족은 결코 불교를 신앙해서는 안 된다는 내용이다.

이러한 『이하론』의 주장은 곧바로 불교계의 반박을 받게 된다. 혜통慧通의 『박고도사이하론駁顧道士夷夏論』과 승민僧愍의 『융화논절고도사이하론戎華論折顧道士夷夏論』 등 승려들의 반박이 제기되었다. 또한 거사들도 들고 일어나 애찬哀粲과 명승소明僧紹, 주소지朱昭之, 주광지朱廣之, 사진지謝鎭之 등 수많은 거사들이 다양한 관점에서 여러 편의 반박문을 찬술하였다.

명승소는 섭산攝山 정림사定林寺에서 20여 년을 은거하여 '평원平原 거사'로 잘 알려져 있었다. 그는 『정이교론正二敎論』(『홍명집』 권6에 수록)을 통하여 도교를 통해서는 결코 고해를 벗어나지 못하고, 오직 불교를 통해서만이 고해로부터 벗어날 수 있음을 강조하고 있다. 이러한 평원 거사의 반박은 문제의 초점을 예의와 풍속 등의 외부적인 것으로부터 본질적인 교의의 문제로 맞추고 이러한 관점에서 도교와 불교의 교의의 비교를 통하여 불교의 가르침이 우월하다는 것을 논증하였다.

또한 남송 명제明帝 시기에 상시常侍를 지낸 사진지는 『여고도사서與顧道士書』, 『중重여고도사서』를 찬술하여 『이하론』을 반박하고 있다. 그는 "사람에게는 반드시 사람의 동류(人類)가 있고, 짐승에게는 짐승의 군체群體가 있어 오랑캐이든 중화민족이든 모두 인류로서의 공통된 본질을 지니고 있는 것이기 때문에 비록 풍속은 다르다 하여도 본질적인 면에서는 다를 바가 없다"고 말한다. 이어서 그는 불교와 도교의 차별을 논하고 서로에게 장점이 있음을 피력하였다. 이러한 사진지의 시각은 바로 보편적인 인성人性의 각도로부터 '이하론'을 해결하려고 하였다는 데서 그 의의를 찾을 수 있다.

주소지는 『난고도사이하론難顧道士夷夏論』에서 인도와 중국의 풍속이 달라 가르침이 다르게 나타날 뿐이며, 그 차이는 다만 '지극한 도(至道)'의 '쓰임(用)'에 따라 표출되었다고 주장한다. 특히 '지극한 도'의 '본질적인 모습(極體)'을 '무無'로 설정하고, 유·불·도 삼교가 모두 이러한 '무'와 연관된 표현의 한 형태이기 때문에 '이하'의 구분을 짓는 것은 무의미한 일이라는 것을 강조하였다. 이는 본체론의 입장에서 『이하론』을 반박한 것이다.

이와 같이 『이하론』에 대한 불교계의 반박을 정리해 보면, 교의적인 측면에서 불교의 교의가 도교보다 우월하다는 것을 논증하고 중국인이나 오랑캐나 모두 보편적인 인성을 지닌 인류이기 때문에 '이하'의 구분은 불필요한 것이라고 주장한다. 또한 그 본체의 입장에서 본다면 다만 표현 방식이 서로 다를 뿐임을 강조하고 있다. 그리고 이러한 주장의 말미에는 대체로 불교는 대자대비로써 모든 중생을 구제하는 것이기 때문에 유·도 양가의 교의보다 크고 넓어서 오랑캐나 중국민족이 모두 신앙할 수 있음을 밝히고 있다.

이러한 불교계의 반박에 대하여 도교의 한 도사가 장융張融이라는 가명으로 다시 『삼파론三破論』(479)을 저작하여 재차 논쟁에 나선다. 이른바 '삼파三破'란 불교가 "나라에 들어오면 나라가 깨어지고(入國破國), 가정에 들어오면 가정이 깨어지며(入家破家), 몸에 들어오면 몸이 깨어진다(入身破身)"는 극단적인 불교에 대한 비판이다. 또한 불교와 도교의 가르침에 대하여 비교하기를, "도교의 가르침은 정밀하게 사유하여 '하나(一)'를 얻어 죽음이 없는 성인의 경지에 들어가게 하지만, 불교의 교화는 삼매三昧와 신통神通으로 '태어남이 없음(無生)'을 바라고 죽음을 열반이라고 하여 죽음을 배우게 한다"라고 주장하였다. 다시 말해, 도교의 가르침을 따라 수련하여 득도한다면 죽지 않는 선인仙人을 이루게 되지만 불교는 사람들에게 삶을 떠나 열반에 들라고 강조하는 것이기 때문에 죽음을 배우는 가르침이라는 것이다.

이러한 삼파론의 주장에 대하여 불교계에서는 승순僧順이 『석삼파론釋三破論』, 현광玄光이 『변혹론辨惑論』을 지어 반박에 나섰으며, 거사로서는 『문심조룡文心雕龍』의 작가로 유명한 유협(劉勰, 465~520)이 『멸혹론滅惑論』을 찬술하여 삼파론을 반박하였다. 유협은 양대梁代의 고승 승우僧祐로부터 가르침을 받았으며, 양 무제의 장자이며 불교학에 뛰어났던 소명昭明 태자와 함께 교의를 연구하는 등 매우 친밀한 관계에 있었다. 그는 입적하기 바로 몇 해 전에 출가했으므로 거의 대부분을 거사 신분으로 보냈다고 할 수 있다.

유협은 『멸혹론』에서 『삼파론』의 주된 관점들을 하나하나 인용하면서 논파한다. 불교가 국가를 망하게 한다는 주장에 대하여, 그는 국가의 쇠망은 '치란治亂'에 있는 것이지 불교에 귀의했기 때문이 아니며, 또한 불교가 흥성할 때 국가가 오히려 부흥했던 역사적 사실을 인용하면서 논증한다. 또한 가정을 깨트린다는 주장에 대하여, 불교 역시 효를 중시하지만 그 표현양식에 있어서 다를 뿐임을 밝히고, 여러 가지 업인과보에 의하여 출가 수행이 참다운 '대효大孝'임을 논증하고 있다. 또한 강상명교綱常名敎의 준수에 대해서는 "아직까지 세계의 모든 사람들이 모두 출가했다는 것은 듣지 못했다. 참으로 인연과 업감業感이 둘이 아니기 때문에 명교는 둘이 있는 것이다. 재가(縉紳)와 사문이 다른 까닭이다"라고 설명하였다. 다시 말해, 불교에서는 여러 가지 인연과 업감으로 필연적으로 재가와 출가 수행자로 나뉘어 각각에 적합한 두 종류의 명교가 존재한다는 것이다. 이로부터 알 수 있는 것은 유협 역시 당시 모든 불교인들과 마찬가지로 감히 명교에 대하여 반박하지 못하는 태도를 보이고 있다는 점이다. 명교를 부정하는 것은 국가체제에 대한 부정으로 통하는 당시의 시대적 한계를 반영한다. 또한 몸을 망친다는 주장에 대하여 유협은 오히려 도교의 양생술법이 자칫 잘못하면 몸을 망치게 되고, 설사 신선을 이룬다고 해도 그것은 자신만을 위한 '소도小道'임을 밝히며, 나아가 불교야말로 참다운 '대도大道'임을 논증한다.

 남북조 시기의 이러한 '이하론'은 외래종교인 불교가 문화적 배경과 풍토가 다른 중국에 정착하기 위해서 반드시 겪어야 하는 필연적 과정이라고 볼 수 있다. 특히 동한과 위·진 시기를 거치면서 불교가 지배적인 통치이념으로 설정되자 본토에서 자생한 유·도 양가의 비판과 공격은 더욱 심해졌을 것은 자명한 일이다. 더욱이 '이하론'은 바로 민족과 문화적 정통성의 문제였으며, 이러한 민족적 정통성의 문제는 논리보다는 정서적인 측면으로 치우칠 여지가 많다. 이러한 상황을 고려한다면 출가 승려보다는 오히려 재가의 거사들이 문제의 해결과 갈등의 해소에 보다 적합한 점이 있다. 무엇보다도 출가 승려는 이미 명교의 틀에서 벗어나 있어 그 설득력이 반감되기 때문이다. 물론 '이하'의 논쟁에는 뛰어난 스님들이 많이 참여했으며 그 역할을 과소평가할 수는 없다. 그러나 실제적으로 이러한 배불논쟁에 있어서는 거사들이 전면에 나서서 문제를 해결한 경우가 더욱 많았다. 그것은 정치와 학계, 문학 등의 세속적 생활에 바탕을 둔 거사들의 사회적 영향력이 일반대중들에게 호소하는 바가 더욱 컸기 때문이다.

2) 신불멸 논쟁과 거사들의 반론

① 종병, 안연지, 유소부

불교의 중국 전래 이후, 불교 교의 가운데 중국인들에게 있어서 가장 이해가 안 되었던 부분은 바로 '무아無我'를 설하면서 다시 윤회를 설하는 것이었다. 다시 말하여 윤회의 '주체아主體我'에 관한 문제였다. 이른바 사람이 죽은 후에 그 업보에 따라 삼세에 걸쳐 육도를 윤회한다는 것을 인정한다면 그것은 '무아'의 설과 서로 모순되기 때문이다. 또한 윤회의 주체가 명확하게 설정되지 못한다면 현생의 악보惡報와 전생의 업인業因 사이에 인과관계를 설명할 수 없기 때문이다. 이러한 문제를 해결하기 위하여 중국의 불교인들은 중국 전통의 '형신形神' 관계에 착안하여 비록 '육체(形)'는 멸하지만 그 '신神'은 '불멸不滅'한다는 점을 제시하여 모순을 해결하려고 노력하였다. 더욱이 불교 교의 가운데 윤회의 상태를 설명해 줄 수 있는 근거인 '식識'의 'vijñāna'를 '신神', 혹은 '식신識神'으로 번역하고 있어서 '신불멸론神不滅論'의 도출은 어쩌면 자연스러운 것일 수도 있었다.

사실 윤회의 '주체아'의 문제는 부처님 당시로부터 부파불교에 이르기까지 끊임없이 논란이 일었던 주제이다. 여기에서 자세한 논술은 생략하지만, 반대로 만약 실체성을 지니는 윤회의 주체를 설정한다면 결코 그로부터 벗어날 수 없어 끊임없이 윤회의 쳇바퀴에 맴돌 수밖에 없는 결과가 된다. 따라서 '무아'를 설하고 '윤회'를 인정하여 여기서 벗어남을 설하는 불교가 오히려 '주체아'를 설정하여 '윤회'를 인정하는 다른 종교나 철학보다 훨씬 합리성을 지닌다.

중국에서 '신불멸론'이 가장 처음으로 나타나는 것은 후한 시대에 활동한 모용이 지은 『모자이혹론』이다. 『이혹론』에서 모용은 '열반'을 '신불멸'의 상태로 묘사하고 있다. 이 '신불멸'의 이론을 보다 체계적인 이론으로 제시한 사람이 바로 동진東晉의 명승 혜원이다. 그는 유명한 『사문불경왕자론』 제5권에서 형신形神의 관계를 불과 장작의 관계로 설정하여, 불이 끊임없이 다른 나무로 옮겨 계속되는 것과 같이 '신'이 불멸함을 주장한다. 그 후 혜원은 때마침 캐시미어 지방에서 온 승려 승가제바僧伽提婆를 여산廬山으로 초청하여 『삼법도론三法度論』을 번역하게 하는데, 이를 통하여 그의 '신불멸론'은 보다 깊은 이론적 근거를 갖게 된다. 『삼법도론』은 윤회의 주체로서 '승의아勝義我'를 주장한다. 이에 혜원은 '승의아'와 '신神'을 연결시켜 『명보응론明報應論』, 『삼보론三報論』 등을 저술하여 보다 체계적인 '신불멸론'을 완성한다. 특히 혜원은 '신'이 바로 윤회의 주체이고 만물을 생육시키는 등 조화의 근원이라고 하였다. 나아가 혜원은 '열반'을 '신'의 '명신절경冥神絶境'이라고 하여 '신'을 열반의 근거와 당체當體의 지위로서 격상시켰다.

이에 반해 전통적인 중국철학, 특히 유가에서는 '신멸론神滅論'의 입장을 갖고 있었다. 그러나 불교의 '신불멸론'에 대한 반박은 오히려 불교의 승려로부터 나오게 된다. 송의 문제文帝에게 총애를 받아 '흑의재상黑衣宰相'으로 유명했던 석혜림釋慧琳은 당시 불교의 폐해가 모두 '신불멸론'으로부터 나왔다고 보아 그를 비판하는 『백흑론白黑論』을 찬술한다. 이러한 『백흑론』으로 인하여 당시 교단에서는 승려의 신분으로 불법을 비방한 죄로 석혜림을 교주(交州, 현재 광동과 베트남 지방)로 유배시키기로 결정하지만, 황제가 사면하여 처벌을 면한다. 그러나 상황은 이렇게 끝나지 않았다. 이 『백흑론』은 당시 유가를 신봉하는 고위관료들에게 대단한 환영을 받는다. 특히 형양태수衡陽太守 하승천何承天은 『백흑론』을 읽고 『보응문報應問』을 찬술하여 불교의 전체적인 인과응보에 대해 비판한다. 『보응문』에서는 자연계의 현상을 열거하고, "살생에도 악보는 없으며, 복을 받는 자도 선업의 과보가 아님"을 주장했다.

이러한 석혜림과 하승천의 주장에 대하여 불교 측의 반론을 주도한 사람들이 종병, 안연지, 유소부 등의 거사들이었다.

종병(宗炳, 375~443)은 그들의 주장을 반박하기 위하여 상당한 분량의 『명불론明佛論』을 찬술했다. 그는 일찍이 여산 혜원 문하의 백련결사에 참여한 인물로 혜원의 '신불멸론'에 대하여 깊이 이해하고 있었기에 상당히 자세하게 '형'과 '신'의 관계에 대하여 논증하고, 그것이 어떻게 인과응보를 형성하는가를 설명한다. 하승천이 종병에게 보낸 편지인 「답종거사서答宗居士書」에서 "장작이 다하면 불은 소멸할 뿐인데, 어찌 불이 홀로 전해지겠는가?"라는 비판에 대해 종병은 화답인 「답하형양서答何衡陽書」에서 "불은 장작으로부터 나오지만, 신神은 형形으로부터 나온 것이 아니다. 정신이 극에 이르면 형을 초월하여 홀로 존재한다. 형이 없이 신이 존재하는 것은 법신法身이 항상 존재함을 말하는 것이다"라고 답변한다. 여기에서 인식과 사상의 범위를 현세에 한정시키고 중시하는 유가와 삼세육도의 범위로 확대시키는 불교의 극명한 차이를 엿볼 수 있다.

이러한 『명불론』의 반박에 대하여 하승천은 다시 『달성론達性論』을 지었다. "태어난 것은 반드시 죽게 되고(生必有死), 형이 흩어지

종병

면 신은 멸한다(形散神滅)"는 논리를 전개하여 본격적인 논쟁이 벌어지게 된다. 하승천은 자연 현상으로부터 인간과 생물의 차별성을 강조하며 결코 인간은 축생과 동류일 수 없고, 따라서 결코 축생을 포함하는 육도윤회를 받을 수 없음을 지적한다. 하승천의 이러한 견해는 바로 유가사상을 대변하는 것으로 '천지인天地人'의 삼재三才로부터 인간중심주의를 보이고 있다.

이에 대하여 안연지(顔延之, 384~456)는 『석달성론釋達性論』을 지어 반박한다. 안연지는 남조 시기의 시문을 말할 때 사령운과 함께 반드시 거론되는 문인으로 고위관직을 역임한 귀족이었다. 그는 『석달성론』에서 인간이 비록 우월한 존재이기는 하지만 '생명'과 '함식含識'을 지닌 점에서 '중생'의 범주에 들어 있고, 그에 따라 인과응보에서 벗어날 수 없음을 상세하게 논증하고 있다.

이러한 안연지의 반론에 하승천은 다시 『답안광록答安光祿』을 지어 그를 비판한다. 하승천은 "인간은 모두 성인의 대덕大德으로부터 오상五常을 받았는데, 어찌 축생과 같을 수 있겠는가?"라는 논리이다.

안연지는 다시 『중석하형양重釋何衡陽』을 저술하여 반박하였다. 특히 안연지는 이 글에서 '성인'은 다만 '신명神明'을 갖추고 있어 뛰어난 사유능력을 지녔을 뿐이지, 본질적인 생명에 있어서는 '성인'조차도 '중생'의 범주에서 결코 벗어나지 못한다는 결론을 도출하고 있어 상당한 의의가 있다. 이러한 안연지의 반박은 상당한 설득력을 지닌다. 특히 전통적으로 논하는 '성인'조차도 삼세를 윤회하는 '중생'의 범주에 속함을 논증한 것은 중국인들에게 새로운 사유의 실마리를 제공하는 중요한 계기가 되었다. 중국불교, 특히 선종에서 등장하는 '깨달은 사람도 인과에 떨어지는가?'라는 화두의 실마리가 안연지로부터 나왔다고 보는 것은 지나친 비약만은 아닐 것이다.

유소부劉少府 역시 종병과 같은 제목의 『답하형양서』를 지어 반박한다. 그는 이 글에서 인과응보에 대하여 자연계의 인과관계를 기초로 하여 인간사회의 인과관계를 확대시켜 논증하고 있다. 유소부의 특별한 점은 유가의 '예교禮敎'의 발생과정을 역사적인 관점으로 고찰하여 그것이 결국 인과응보에 의하여 형성된 것임을 논증했다는 점이다. 이러한 유소부의 논증 역시 상당히 사상사적인 의의를 가진다. 불교사상적 색채가 가득한 역사관으로 유가의 '강상명교'를 재조명함으로써 유가의 반박을 근본적으로 차단하는 효과를 보였기 때문이다. 이후 불교에 대한 반박을 전개하고자 한다면 반드시 교의의 역사적 조명을 통한 맹점을 잡아야 설득력을 가질 수 있었다.

석혜림과 하승천으로부터 비롯된 '신불멸 논쟁'은 결국 당시 황제인 문제가 종병, 안연지, 유소부 등에게 높은 평가를 내리면서 일단락된다. 이때의 '신'의 '멸'과 '불멸' 논쟁은 다만 윤회의 주체로서 업의 '인과응보'에 집중되어 있었다. 불교에 있어서 고무적인 현상은 이 논쟁을 통하여 중국인들에게 불교의 '인과응보'를 다양한 측면에서 새롭게 이해하는 계기를 제공하였다는 점이다. 그러나 불교와 유가의 사상투쟁인 '신불멸 논쟁'은 여기서 끝나지 않고 이후에 양 무제와 범진范縝에 의하여 다시 전개된다.

② 조사문, 심약, 소침, 두필

배불논쟁은 혜원의 '신불멸론'에 대하여 석혜림, 하승천이 '신멸론'의 입장에서 반론을 하고, 이러한 반론에 대해 다시 종병, 안연지, 유소부 등의 거사들에 의한 재반론으로 전개되었다. 이 논쟁은 당시 황제인 문제에 의하여 일단락된다. 그러나 신멸·신불멸 논쟁은 '황제보살'이라고 자칭하는 양 무제에 이르러 다시 전개된다.

양 무제 당시 의도宜都 태수였던 범진范縝은 전통철학의 입장에서 '신불멸론'을 겨냥하여 『신멸론神滅論』(507)을 저술한다. 그는 여기에서 유명한 '형과 신은 서로 근거하고 있음(形神相卽)'과 '형은 바탕이요 신은 쓰임(形質神用)'이라는 명제를 제시하면서 '신멸론'의 당위성을 주장하여 '신불멸론'을 공격하였다. 다시 말해 '형'과 '신'의 관계는 서로 떨어질 수 없는 관계인 '불이不二'로서, '형'이 존재해야만 비로소 '신'이 존재할 수 있고, '형'이 멸하면 곧 '신'도 멸한다는 논리이다. 또한 '형'과 '신'은 이름은 다르지만 동일한 체體에 속하므로, 결코 '신'의 독립적인 활동은 있을 수 없다는 것이다.

이러한 범진의 『신멸론』은 당시 불교계에 상당한 반향을 일으키게 된다. 당시는 남·북조가 모두 불교를 통치이념으로 삼고 있는 상황이었고, 특히 공식적으로 불교에 귀의를 선포하였던 양 무제였기에 이에 대하여 특별한 관심을 보이게 된다. 이에 양 무제는 친히 『칙답

신하신멸론勅答臣下神滅論』를 지어 유·도 양가와 불교에서 모두 '신불멸'을 제창하고 있는데 어찌 '신멸'을 주장하는가에 대하여 혹독하게 비판하고, 그는 모든 경서에 위배되는 주장이므로 철회되어야 한다고 하였다. 또한 양 무제는 두 차례에 걸쳐 범진을 소환하여 대신들 앞에서 공개적인 논쟁을 개최하였다. 이로써 범진의 『신멸론』은 양 무제를 비롯한 총 65명의 75편에 이르는 저작을 통한 공격을 받게 된다.

이 논쟁은 주로 현직 관직에 있던 거사들에 의하여 진행되었고, 또한 이러한 저작들의 주요한 관점은 '형'과 '신'은 서로 다른 것으로 '신'은 보다 근원적인 것으로서 '불멸'한다는 내용이다. 그 가운데 대표적인 것은 조사문曹思文의 『난신멸론難神滅論』과 심약沈約의 『난범진신멸론難范縝神滅論』, 소침蕭琛의 『난신멸론병서難神滅論並序』를 들 수 있다.

조사문은 『난신멸론』에서 범진의 '형신상즉形神相卽'과 '형질신용形質神用'의 입장과는 정반대의 견해를 제시한다. 즉 이른바 '형신분합形神分合'으로서 형신의 작용에는 '나뉨(分)'과 '합쳐짐(合)'이 있다고 주장했다. 그는 "형은 신에 근거하지 않고, 신 역시 형에 근거하지 않는다. 합쳐져 쓰임(用)이 되는 것이다. 합쳐짐은 결코 근거하는 것은 아니다. 살아 있을 때는 합쳐져 쓰임이 되지만 죽으면 형을 남겨 놓고서 신은 떠나는 것이다"라고 하여 '형'과 '신'의 이원론적인 논리를 전개했다. 나아가 그는 『장자莊子』의 '호접몽胡蝶夢'을 원용하여 몸(形)은 침상에 잠들어 있지만 '신'은 나비가 되어 자유롭게 날아다님이 바로 '나뉨'이요, 꿈에서 깨었을 때 다시 장주莊周가 됨은 '합쳐짐'으로 설명하고 있다.

소침의 『난신멸론병서』에서도 또한 범진의 '형신일체形神一體' 관점을 비판하는 근거로 수면 상태를 들고 있다. 그는 사람이 잠잘 때는 비록 '형'으로서 감각기관이 존재하지만 인식하지 못하는 것처럼 '형'과 '신'은 결코 '하나의 체'일 수 없다는 것이다. 그러나 '신'은 또한 홀로서는 존재할 수 없는데, 그것은 사람에게 집이 필요한 것과 마찬가지라고 논한다. 그러므로 그는 수행을 통하여 '신'이 영원히 '형'을 벗어나 완전한 새로운 경계를 얻는 것을 불교의 궁극적 목적이라고 설정하고 있다. 이는 '열반'을 외부적인 경계가 완전히 끊어진 '명신冥神'의 상태로 보는 당시의 견해와 일치하는 것이다. 그의 논리 가운데 주의를 끄는 것은 '초목草木'도 사람과 마찬가지로 '형신'을 갖추고 있다는 것이다. 이는 물론 범진이 '형신일체'를 주장할 때 '초목'을 예시한 것을 겨냥한 것이지만, 소침의 이러한 '초목' 역시 '신'을 갖추고 있다는 논리는 후대 중국불교에 상당한 영향을 주었다. 그의 이러한 논리는 후대에 천태종 담연湛然 선사의 '무정유성無情有性'이나 선종의 '무정성불'과 '초목성불론' 등의 단초라고 할 수 있다.

심약은 당시의 유명한 불교학자로서 수많은 저작들을 남기고 있는데, 그도 역시 조사문과 소침의 반론과 유사한 논리로 '신멸론'을 반박하고 있다. 그는 '신'의 근본은 결코 '형'이 아니고 '형'의 근본 역시 '신'이 아니라고 하여 명확하게 형신의 이원론적인 입장을 보여주고 있다.

양 무제를 중심으로 하는 '신불멸론'과 범진의 '신멸론'의 논쟁은 사실상 황권 전제국가의 체계에서 본다면 한 개인과 국가와의 논쟁으로까지 볼 수 있다. 황제가 개입한 이 논쟁은 그 출발부터 공평성을 잃고 있었기 때문에 그 누구도 '신멸론'에 찬동하는 글을 공개적으로

심약 거사상

발표하지 못하였다. 심지어 호기롭게 『신멸론』을 찬술한 범진조차도 반론을 제기하지 못한다. 그러나 이 논쟁은 사상사의 입장에서 보자면, 선진先秦 이래 논란이 되어온 중국 전통철학의 '형신' 문제와 사상적 충돌이라는 점에서 그 의미가 매우 크다.

남조에서 '신멸'과 '신불멸'의 논쟁이 전개되는 사이에 북조에서도 또한 두필杜弼과 형소邢邵에 의하여 같은 논쟁이 진행되었다. 『북제서北齊書』의 「두필전」과 「형소전」에는 그들 논쟁의 대체적인 내용이 간략하게 소개되어 있다. 형소는 범진과 마찬가지로 '신멸론'을 지지하는데, 그는 "사람이 죽어서 다시 태어난다는 것은 뱀을 그릴 때 다리를 그리는 것과 같다"는 논리로 '신멸'을 주장한다.

이에 두필은 현학의 '유무有無'와 연계시켜서 "사람이 죽어 '무無'로 돌아가지만 그것은 소멸된 것이 아니며, 만물이 '무'에 근거하여 출현하는 것과 같은 것이니, 전생을 원인으로 후생을 받는다는 것이 어찌 기괴한 것인가?"라고 반박한다. 즉 왕필의 현학에서 만물의 본체로서 '무'를 설정하고 있음을 연계시켜서 윤회의 주체인 '신'의 '불멸'을 주장한 것이다. 현존하는 자료에서는 이러한 형소와 두필의 논쟁이 어떻게 종결되었는지는 확인할 수 없다. 그러나 이를 통하여 북조에 있어서도 '신멸'과 '신불멸'의 논쟁이 진행되었음을 짐작할 수 있다.

이러한 남조와 북조의 '신불멸' 논쟁은 이후의 중국불교와 중국 전통철학 각각의 사상적 흐름에 대하여 적지 않은 영향을 미치고 있다.

우선, 중국의 전통철학에 있어서는 순자荀子의 "형이 갖추어지면 신이 발생한다(形具而神生)"는 제시로부터 출발하여 동한 시기 환담桓譚의 "정미한 신이 형의 체에 머문다(精神居形體)"는 사상을 거쳐 왕충王充으로 이어지는 '신멸론'의 사상이 드디어 범진에 이르러 보다 차원이 높은 철학적인 논증을 이루고 있다. 이러한 사유는 이후 중국철학에 있어서 송대 이후에 전개되는 '기일원론氣一元論'의 발전에 중요한 역할을 담당하게 된다.

또한 불교의 입장에서는 바로 '신불멸론'의 논리 발전 가운데 중국불교의 가장 커다란 특징이라고 할 수 있는 '불성론佛性論'사상이 정비되기 시작하였다는 점이다. 혜원은 '신불멸론'을 기초로 하여 '법성론法性論'을 제시하여 열반과 성불의 당체로서 '법성'을 제시하고 있다. 또한 양 무제 역시 철저하게 '신불멸론'에 입각하여 『입신명성불의기立神明成佛義記』를 저술하는데, 그 가운데 '진신론眞神論'을 주장하고 있다. 즉 '불성'을 '진신眞神'으로 파악하고, 그것이 선악응보의 주체이며, 또한 중생들은 모두 영원히 불사하는 '진신'을 지니고 있어 그것이 성불을 가능케 한다는 것이다. 이러한 양 무제의 '진신'은 이후 길장吉藏의 『대승현론大乘玄論』에서 '정인불성正因佛性'으로 칭해지고 있다. '법성론'과 '진신론'은 비록 혼합적이고 과도기적이기는 하지만 이후 중국불교에서 '불성론'의 출현에 가장 직접적인 영향을 끼쳤다. 더 나아가 이 논쟁을 통하여 '무정성불론'과 같은 사상적 단초가 출현하였다는 데서 커다란 의의를 찾을 수 있다.

　남북조 시기에 나타난 '신멸'과 '신불멸'의 논쟁은 주로 거사들의 적극적인 참여를 통하여 전개되었다. 이 논쟁의 과정에서 거사들은 불법의 수호뿐 아니라 교의의 수준을 높이고, 또한 불교의 교의에 대한 보다 중국적인 해석과 이해를 통하여 불교 교의를 널리 전파하는 데 중요한 역할을 담당하였다.

3장
수·당대의 거사들

7. 수의 건국과 문제의 불교 부흥

중국 천하가 남조와 북조로 나뉘어 여러 나라가 분열하던 3백 년의 역사를 종식시킨 것은 수隋를 건국한 문제文帝였다. 그는 북주北周를 멸하고 이어 남조의 진陳을 병합하여 역사상 세 번째로 중국을 통일한다. 후한 시대에 위·촉·오 삼국으로 분열한 것으로부터는 4백여 년만의 일이었다. 후대의 역사가들은 문제의 통치를 '개황開皇의 치治'라고 평가한다. 이는 수 문제가 비록 대운하 건설과 고구려 침공의 실패 등 몇 가지의 실책이 있기는 하지만 몇 백 년에 걸친 전란을 종식시키고 중국인들에게 안정을 가져다주었음을 높이 평가하는 의미이다. 문제는 또한 '황제보살'로 자칭했던 양 무제와 유사하게 스스로 '보살계제자菩薩戒弟子'라고 칭할 정도로 불교를 신봉하고 또한 수많은 불사를 일으켰으며, 나아가 중국불교의 사상적 발전에 있어서도 중요한 역할을 하였다. 이러한 업적을 평가하여 중국불교사에서는 양 무제와 수 문제를 '양대兩大 황제보살'이라고 칭한다. 따라서 중국 거사불교를 논함에 있어서 수 문제는 결코 빼놓을 수 없는 중요한 인물이라고 할 수 있다.

수 문제는 본명이 양견(楊堅, 541~604)으로, 동주(同州, 현재 섬서성 대례현 일대) 반야니사般若尼寺에서 태어났다. 어려서 비구니 지선智仙이 양육하였는데, 지선은 그를 '금강불괴'의 의미를 지닌 '나라연那羅延'으로 칭했다고 한다. 문제는 13세에 비로소 속가로 돌아간다. 이러

수 문제 양견

한 인연으로 황제에 즉위한 이후 자주 지선에게 "내가 황제가 된 것은 부처님의 은혜 때문이다"라고 말했다. 그리하여 천하의 모든 사리탑에 지선의 형상을 새기도록 명했으며, 개황 13년(593)에 이르러 문제는 천하에 "제자가 옛날에 삼보에 적을 두고 있었던 인연으로 현재 천년 동안 운이 창성할 국가의 틀을 마련했다"라고 선포한다.

수나라의 역사서인 『수서隋書』에 따르면, 문제는 즉위 초년인 개황 원년(581)에 주周 무제武帝의 폐불(573~577)로 인한 회복을 위해 "출가를 원하는 사람이 있다면 바로 그 수를 헤아려 비용을 제공하고, 경전과 불상 등을 마련하라. 수도와 병주幷州, 상주相州, 낙주洛州 등의 커다란 도읍에는 관리들로 하여금 모든 경전을 사경하게 하여 사찰에 보관토록 하라"고 명령한다. 또한 "천하의 사람들에게 보고 배울 수 있도록 민간에 불경을 육경六經의 수십 배가 되도록 비치하라"고 조서를 내렸다. 이는 무엇보다도 불교를 통하여 국가를 통치하고자 하는 의도가 담긴 것으로 해석할 수 있다. 수 문제의 이러한 정책으로 민간을 중심으로 불교 신도의 폭넓은 증가가 이루어지게 된다.

수 문제는 개황 5년(586), 법경法經 법사를 모셔 대흥전大興殿에서 보살계를 수지하였고, 또한 그 다음해에 담연曇延을 청하여 가르침을 받고 팔관재계八關齋戒를 수지한다. 이러한 과정을 통하여 문제는 점차 불법에 깊이 매료되어 스스로 '호법 거사護法居士'를 자임하게 된다.

또한 문제는 사찰과 탑의 건립이 일반 민중의 교화에 중요한 작용을 한다는 것을 깊이 인식하여 수많은 사찰과 탑을 건립하게 된다. 도선道宣의 『석가방지釋迦方志』 권하의 통계에 따르면, 문제의 재위 20년 동안에 "새로운 사찰의 건립이 3,792개소, 사경이 46장藏 3,853부 132,086권, 조상造像이 106,560구軀"라고 한다. 이러한 수치는 수대의 불교가 크게 부흥하였음을 확인할 수 있게 해준다. 특히 이러한 사찰의 건립이 주로 북방에서 이루어졌음은 주 무제의 폐불 이후 남방으로 넘어간 중국불교의 주도권을 어느 정도 회복하는 데 결정적인 작용을 했던 것으로 보인다.

여기서 짚고 넘어가야 할 것은, 수 문제의 이러한 노력은 당시 사회적인 문제가 되었던 유랑민에 대한 정책과 깊은 관련이 있다는 점이다. 남북조 말기의 잦은 전란은 대량의 유랑민을 발생시켰으며 특히 북조 말기에 이르러서는 이미 커다란 사회적 문제로 대두되었다. 이 문제를 해결하기 위하여 균전均田·수전授田 등의 정책을 실시하고 유랑민을 모집하여 군대에 편입시키기도 하였다. 그러나 언제 죽을지 모르는 전란의 상황에서 군대에 편입되는 것을 원하지 않는 사람들이 많았고, 각종 명목의 과중한 세금 때문에 적은 땅을 받고 양민으로 전향하려는 사람들도 많지 않았다. 유랑민 가운데는 출가를 원하는 사람들이 많았으나 국가에서 그 수를 통제하였기 때문에 오히려 국가의 인정을 받지 못하는 사도승私度僧의 숫자가 대량으로 늘게 되었다. 이러한 사도승 가운데 심산유곡에서 참다운 수행을 하는 스님들도 적지 않았다. 후에 선종 4조로 추앙되는 도신道信 선사도 사도승 출신이다. 하지만 많은 수가 무리를 지어 민간을 떠돌면서 여러 가지 폐해를 일으켰으며 심지어는 역적으로 화하는 경우도 있었다. 수나라의 건국 초에도 이러한 사도승의 문제는 여전히 정치적, 사회적 부담으로 존재하고 있었다.

개황 10년(590), 담천曇遷의 건의로 수 문제는 "모든 사도私度 승니僧尼들의 출가를 허용한다"는 조서를 내리게 된다. 이 조서는 바로 효력을 발휘하였다.『속고승전』에 따르면 사도의 승니 50여만 명이 동시에 수계하였다고 한다. 이들을 수용하기 위해서 수많은 사찰들이 필요하게 되었으며, 이를 해결하기 위하여 문제는 각지에 관립 사찰들을 세웠다.

수 문제는 불교의 교학에 대하여 장안長安을 중심으로 한 교화의 기구로서 '오중五衆'을 세우고 당시 모든 학파의 유명한 학승을 초빙하였다. '오중'은 열반중涅槃衆・지론중地論衆・대론중大論衆・강율중講律衆・선문중禪門衆의 다섯을 말하는데, 각각의 '중'에는 또한 '중주衆主'를 설정하고 있다. 열반중은『열반경』을 중심으로 하고 또한 불성론을 주로 논하는데, 중주는 법총法聰・동진童眞・선주善冑 등이다. 지론중은 주로『화엄경』을 중심으로 하고, 중주는 혜천慧遷・영찬靈璨 등이다. 대론중의 '대론'은『대지도론』을 가리키며 주로『대품반야경』을 중심으로 하고, 중주는 법안法彦・보습寶襲・지은智隱이다. 강율중은 계율을 주로 하며 중주는 홍준洪遵 등이다. 선문중은 수정修定을 위주로 하며 중주는 법응法應 등이다. 이러한 '오중'은 이후 중국의 불교가 각종 종파로 분화 발전하는 데 매우 중요한 작용을 한다. 이외에 문제는 개황 12년(592) '오중'과 유사한 교화의 조직으로서 다시 '이십오중二十五衆'을 건립하는데, 전국에서 뛰어난 고승 25인을 초빙하여 '중주'로 삼고 있다. 이러한 '오중'과 '이십오중'의 교화기구는 불교의 발전에 큰 공헌을 하기도 하였지만 한편으로는 불교를 국가의 통치권 내로 흡수하려는 의도도 있었다. 이는 바로 승관僧官을 설정하여 불교를 황권에 복속시킨 북조의 전통을 이은 것이라고 할 수 있다. 수 문제가 북조 출신이므로 어쩌면 당연한 결과라고 하겠지만, 이로부터 불교는 철저히 국가권력에 종속되게 된다.

사상사의 입장에서 보자면, 수 문제는 중국을 다시 통일한 이후 남·북으로 크게 양분된 불교의 교학을 통일할 필요성을 느끼게 된다. 실제적으로 이러한 작업은 문제의 아들이며 후에 양제煬帝로 즉위하게 되는 양광(楊廣, 569~618)이 극진하게 모시던 천태 지의(智顗, 538~597) 대사

천태 지의

에 의하여 실현된다. 양제는 비록 친부인 문제를 모살하고 황제의 자리에 올랐지만, 그 역시 독실한 불교신자였다. 특히 지의 대사와 깊은 인연을 맺고 있어 문제 재위 시절에 '지자智者 대사'의 시호를 추승하기도 하였다. 지의 대사는 당시 "남방에서는 세 부류, 북방에서는 일곱 부류, 뜻으로 세분하면 수많은 종류가 있었다(南三北七, 義成百家)"고 칭해지는 수많은 교상판석敎相判釋을 종합하고, 당시에 유행했던 제반 불교학설을 법화法華와 반야사상을 중심으로 통합하여 천태학을 제창했다. 이러한 지의 대사의 천태학은 바로 남·북으로 양분된 불교학을 통섭할 필요에 의해 출현한 것이라고 볼 수 있다.

그런데 수 문제는 그의 통치기간 중에 불교만을 중시한 것은 아니었다. 국가의 통치자로서 사회통합이라는 측면에서 유교와 도교를 무시할 수 없었던 정치적 이유도 있었지만, 사실은 문제가 수를 건국할 때 도사 초자순焦子順의 도움을 받아 목숨을 구했던 개인적 이유

도 있었다. 황제에 즉위한 직후 그를 위하여 '오통관五通觀'을 세우고, '천사天師'로 삼아 자주 국사를 의논했다고 한다. 또한 유교도 역시 숭상하여 정치윤리의 기본관념으로 삼았으며, '태학太學'을 설립하여 유학을 교육하고 진흥시켰다. 유·불·도를 함께 존중하는 이러한 수 문제의 태도는 남·북조 황제들의 기본적 입장이라고 할 수 있는데, 이러한 현상은 불교가 전래되어 중국화하는 과정에서 자연스럽게 나타나는 현상이었다. 이를 바탕으로 문제의 시기에 이사겸李師謙, 왕통王通 등에 의하여 '삼교일치론' 등이 본격적으로 대두된다.

수 문제는 태어나면서부터 불교와 깊은 인연을 맺었으며 여러 나라로 갈라져 끊임없는 전란에 시달려야 했던 중국을 다시 통일하여 수나라를 건국하였다. 수를 건국한 이후에는 황제보살로서 무제의 폐불로 인해 타격을 입었던 불교를 부흥시켰다. 사상적으로 남북의 차별성을 통섭시켜 본격적인 종파불교의 기틀을 마련했다는 점에서 그 의미를 높게 평가할 수 있다.

8. 불·유·도 삼교정립과 이사겸, 왕통

중국을 다시 통일한 수 문제는 개인적으로는 철저한 불교신도였지만, 국가의 통치자로서 유·도 양가를 결코 소홀하게 대할 수 없었다. 오히려 '문제'는 유학을 핵심으로 하여 불·도 양가가 보조적인 역할을 하는 정책을 채택하였다. 『역대법보기歷代法寶記』에는 "문하門下의 법法에는 내외가 있을 수 없으며, 교敎에는 얕고 깊음이 있지만, 다른 길로 함께 도달한다", "짐은 도道의 교화를 입어 생각이 매우 청정하여 석씨釋氏의 불이지문不二之門을 따르고 또한 노장의 득일지의得一之義를 귀하게 여긴다"라고 하는 문세의 말이 실려 있다. 이로부터 보면 불교와 도교를 모두 존중하겠다는 태도가 분명히 보인다. 이에 따라 문제는 수많은 사찰의 건립과 함께 통치의 근간으로 유학을 위한 '태학太學'을 세우고, 또한 도교를 위한 여러 도관을 세우기도 했다. 이러한 불·유·도 삼교병립의 정책은 대부분의 황제가 채택한 정책이었다.

중국에 불교가 본격적으로 전파되기 시작한 동한의 『모자이혹론』에 이미 불·유·도 삼교의 융합론이 보이고 있으며, 위진 시기의 현학은 바로 도가와 유가의 사상을 불교의 반야학으로 회통시키며 나타났던 사조라고 볼 수 있다. 그러나 역대로 외래종교인 불교는 끊임없이 유·도 양가의 도전과 배척을 받았으며 그로 인하여 몇 차례의 심각한 폐불의 위기를 맞기도 하였다. 남북조 시기에 이르러 국가의 통치이념으로 채택되었지만, 불교의 사상적 영향을 받아 유·도 양가 역시 상당한 수준으로 발전하기에 이르렀다. 수를 건국한 문제는 황제로서 이 점을 간과할 수 없어 드디어 불·유·도의 삼교정립三敎鼎立을 선포하게 된다. 수 문제의 삼교정립의 배후에는 바로 이사겸(李士謙, 523~588) 거사의 건의가 있었다.

이사겸은 호가 자약子約으로 하북성의 조현趙縣 사람이다. 수나라의 역사서인 『수서隋書』에 따르면, 어려서 부친을 잃고 홀어머니를 지극하게 모셔 그 효도의 소문이 널리 퍼졌다고 한다. 후에 어머니까지 돌아가시자 상喪을 모심이 극진하여 뼈만 남을 정도가 되어 송 씨에게 시집간 누이가 겨우 설득하여 저택을 사찰로 만들고 거상居喪을 그쳤다. 이러한 사실로부터 거사의 불교에 대한 신심이 어느 정도였는지를 확인할 수 있다. 그러나 그는 평생 출가를 하지 않았으며 또한 어떠한 관직도 갖지 않았다. 『수서』에서는 그의 성품에 대하여, 어려서 부모를 모두 잃었지만, 평생 고기와 술을 입에 대지 않았으며, 결코 험한 소리를 입에 담지 않았다고 한다. 특히 집안이 부유하였지만, 자신은 항상 절약하며 남에게 베풀어주는 데 힘썼다고 전한다.

이사겸은 불교의 인과응보를 설명함에 있어서 유·도 양가의 이론을 결합하여 논리를 펼친 것으로 유명하다. 그는 인과응보를 설명하면서 유가의 '적선積善'과 도가의 전적에 나타나는 윤회전생의 증거들을 제시하여 불·유·도가 비록 가르침의 형식은 다르지만 그 본질은 서로 일치한다고 주장하였다. 그러나 이사겸은 그 가르침에는 우열이 존재하고 있음을 강조하였다. 그에게 삼교의 우열을 묻자 그는 "불교는 태양(日)이고, 도교는 달(月)이며, 유교는 다섯별(五星)이다"라고 답하였다. 이는 이후 삼교의 우열을 논할 때 자주 등장하는 유명

한 구절이다. 원대元代에 유명한 거사 유밀劉謐은 『삼교평심론三敎平心論』에서

> 수나라 이사겸 거사가 삼교를 논하여 불교는 태양이고, 도교는 달이며, 유교는 다섯별이라고 하였다. 어찌 하늘의 삼광三光 가운데 하나가 결여될 수 있겠는가? 마찬가지로 이 땅에서 삼교 가운데 어떤 것 하나가 결여될 수 있겠는가? 비록 그 우열은 있을지라도 치우치거나 폐함은 허용할 수 없는 것이다.

라고 논한다. 역시 원대의 유명한 염상念常은

> 이사겸 거사는 해와 달, 별로써 삼교를 비교하였다. 여기에는 마치 우열이 있는 듯이 보이지만 세계를 비추고 생령生靈이 윤회 전생하는 것은 하나의 덕(一德)이 있을 뿐이다. 셋 가운데 하나가 결여된다면 세계는 안립할 수 없는 것이다. 그러므로 『주역』에서는 '건도乾道의 변화는 각각 바른 성명性命이다'라고 하였다. 현명한 이사겸 거사여! 나는 성명의 대원大原에서 그 깊음을 보노라.(『불조역대통재佛祖歷代通載』권10)

라고 찬탄하고 있다. 이러한 역대의 찬탄은 이사겸의 '삼교조화론'이 어떠한 작용을 했는지를 보여주는 단적인 증거라고 할 수 있다. 어떤 의미에서 본다면 불·유·도의 삼교조화 혹은 삼교일치는 사실상 종교적 입장보다는 정치적인 타협의 색채가 더욱 짙다. 양한兩漢과 위진·남북조를 거치면서 삼교는 서로 치열한 쟁론을 벌이며 주도권을

잡으려 애썼기 때문이다. 이러한 상황에서 '삼교조화론'은 바로 요즘 기독교에서 '종교다원주의'를 채택한 것과 유사한 성격을 가진다. 엄밀한 의미에서 본다면 '진리'를 주장하는 종교에 있어서 '다원주의'라는 것은 있을 수 없는 일이다. 진리의 개념상 서로 다른 진리를 인정한다는 것은 스스로의 진리성을 포기하는 것과 같다고 볼 수도 있기 때문이다. 그러나 정치·사회적인 입장에서 본다면 종교가 끊임없이 대립하며 부딪치는 것은 결코 바람직한 상황은 아니다. 특히 통치자의 입장에서는 이러한 상황은 결코 소홀히 할 수 없는 중요한 문제였다.

이사겸이 불교적 입장에서 삼교조화론을 제창하였던 시기와 동일하게 유교의 입장에서 삼교조화론을 제창한 사람이 있었으니, 그가 바로 왕통(王通, 580~617)이다.

왕통

왕통은 산서성山西省 하진河津 사람으로 사후에 문인들이 '문중자文中子'의 호를 추숭했다. 그도 이사겸과 마찬가지로 은거하면서 저술에 힘썼다. 문하에 제자를 두었는데, 수대隋代에 유명한 유학자들을 상당수 배출하였다. 그는 『중설中說』이라는 저술에서

『시경』과 『서경』 등이 성행하던 태평한 세상이 멸한 것은 중니(仲尼, 공자)의 잘못이 아니며, 화려했던 진晋나라 황실이 혼란에 빠진 것은 노장의 잘못도 아니며, 재계를 닦던 양梁나라가 망한 것은 석가의 잘못도 아니다. 잘못은 사람들에게 있는 것이지 그 도道가 헛

되어서 그런 것이 아니다.

라고 말했다. 다시 말하여, 삼교는 각각 모두 통치에 필요한 것으로, 그 도가 결코 국가를 망하게 하는 것은 아니라는 것이다. 왕통은 불교와 도교는 본질적으로 '선교善敎'이고, 석가와 노자 등은 모두 공자와 같은 성인聖人이라고 주장한다. 나아가 그는 삼교의 가르침을 서로 융합시켜 그 장점을 취하고 단점을 보완하는, 이른바 '통기변(通其變: 그 변화를 통하게 함)'한다면 천하에 잘못된 일이 없을 것이라고 주장한다. 이러한 그의 주장을 '삼교가일三敎可一'이라고 하는데, 유교를 중심으로 불·도 양교를 흡수하고자 하는 논리이다.

왕통은 비록 유학자였지만 결코 불교나 도교에 대하여 비판하지 않았고, 석가모니에 대해서도 '성인'으로 공경하였으며, 불교가 중국의 국정에 적합하다는 평가를 내리기도 했다. 그에 따라 불교인들은 왕통에게 '외호'의 공이 있다고 보아 『불법금탕편佛法金湯編』에 그의 전기를 게재하였다. 『불법금탕편』은 제왕·명신·거유巨儒 등이 행한 불교의 호법과 관련된 전기를 모은 책으로, 왕통은 이사겸과 함께 권 6에 전기가 게재되어 있다.

이사겸과 왕통의 이러한 삼교정립에 관한 사상은 결국 문제에게 알려지게 되며, 이에 따라 문제는 바로 삼교정립의 정책을 실시하게 된다. 수 문제의 삼교정립 정책은 이후 중국의 역대 황제들에게 매우 중요한 지표가 된다.

9.『역대삼보기』의 저자 비장방 거사

수 문제의 통일 이후에 남방불교에 비하여 쇠락했던 북방불교도 다시 부흥하게 되며, 이에 때 맞추어 이사겸 거사와 유학자 왕통 등의 제기에 따라 불교는 도교, 유교와 함께 '삼교정립'의 틀을 갖추게 된다. 비록 삼교의 정립이라고 하지만 문제는 스스로 '보살계 제자'라고 칭할 정도로 불교를 신봉했던 황제였다. 그에 따라 불교의 부흥에 더욱 힘을 기울이게 되었고, 그러한 불교부흥으로 말미암아 서역 승려들이 다시 새로운 경전을 지니고 중국에 입국하게 됨으로써 다시 역경 사업이 일어나게 된다.

역경의 과정에서 특히 주 무제의 폐불로 인한 경전의 소실 등으로 예상치 못했던 많은 문제들이 발생하자 개황 15년(595) 문제는 조칙을 내려 역경승들을 소집하여 '중경법식衆經法式'을 개최하도록 하였다. 이때 언종彦琮 등의 역경승들이 경전 목록 등을 작성하여 황제에게 진상하면서 경전의 '묘하고 정밀하며 그윽한 이치(妙精玄理)'에 깊이 정통한 비장방(費長房, 생멸연대 불명. 한대 동명의 술사術士인 비장방과 다름) 거사의 저술을 참고했음을 밝히고 그를 추천한다. 이에 문제는 특별히 조칙을 내려 비장방을 수도로 불러 번경학사翻經學士로 임명하였다.(도선道宣,『속고승전續高僧傳』권2「달마급다전達摩笈多傳」참조) 이로부터 비장방은 수대의 대표적인 역경가로 활동하게 된다. 특히 그는『역대삼보기歷代三寶紀』15권을 찬술한 것으로 유명하다.

비장방은 저 유명한 『역대삼보기』를 찬술하고 상당히 많은 역경에 참여했지만 그와 관련된 자료는 남아 있는 것이 거의 없다. 대부분의 거사전 역시 그의 전기를 따로 다루고 있지 않는데, 이것은 그의 업적에 비하면 조금 의아한 현상이라고 할 수 있다. 유일하게 『불법금탕편』 권6에

> 비장방은 성도成都 사람으로 처음에는 사문이었지만, 주 무제의 사태沙汰로 인하여 환속하였다. 수의 건국 이후 역경사업에 참여하여 개황 17년 번경학사가 되어 『역대삼보기』 15권을 상주하였다.

라는 아주 짤막한 전기만이 보인다. 이로부터 알 수 있는 것은, 비장방은 북주 시기에 출가하였지만 무제의 법난으로 환속했다는 정도이다. 그러나 환속한 후에도 거사의 신분으로 지속적으로 경전을 연구하고 그와 관련된 책들을 찬술하고 있었음을 짐작하게 한다.

『속고승전』 권2 「달마급다전」에 따르면, 비장방은 "역대의 경전들에 대한 기록이 흩어지거나 소실되고, 또한 부처님 법이 시작되고 흥성한 연대가 사라져 알 수 없음"을 탄식하고 『역대삼보기』를 찬술했다고 한다. 이렇게 찬술된 『역대삼보기』는 상당히 중요한 가치를 지니고 있다.

『역대삼보기』의 내용을 살펴보면, 전체의 구성은 크게 네 부분으로 되어 있다. 첫째는 중국의 역대 제왕의 연표로서, 주周 장왕莊王 10년(B.C. 687)으로부터 시작하여 저작 당시인 개황 17년(597)에 이르기까지의 왕조의 변화를 논술한다.(권1~3) 둘째는 대록代錄으로, 한대로부터 수대에 이르기까지의 불교전적 목록과 각 시대의 역경가와

찬술자들의 전기가 실려 있다.(권4~12) 셋째는 입장록入藏錄으로, 대승과 소승으로 나누어 각 대장경에 편입된 전적을 기술하고 있다.(권13~14) 넷째는 총서總序와 목록으로, 본서의 찬술동기와 목적 등을 밝히고 있으며, 또한 본서의 전체적인 세목을 상세하게 열거하고 있다.(권15) 이러한 전체적인 편제로부터『역대삼보기』는 그 분량으로부터 본다면 불전의 목록이 가장 많이 차지하고 있음을 알 수 있다.

『역대삼보기』의 가치는 다양한 측면에서 논의될 수 있지만, 그 가운데 중요한 몇 가지 특징만을 언급하고자 한다.

우선, 이『역대삼보기』는 부처님의 탄생으로부터 불교의 중국 전래, 수대에 이르기까지의 여러 사건들을 연대기로 정리하는 편년체로 쓰인 불교역사서라는 점에서 중대한 의미를 가진다. 이는 불교사에 있어서는 최초의 일이며 후대의 불교사 집필에 중대한 영향을 미치게 된다. 재미있는 사실은 연대기의 시작인 주 장왕 10년은 바로 석가모니부처님의 탄생연도를 말하는 것이다. 여기에는 비정방의 몇 가지 의도가 개입되어 있음을 짐작할 수 있다. 특히 공자나 노자가 활동하던 시기에 이미 불교가 널리 퍼져 있음을 강조하는 것으로부터 불교가 중국에 전래된 이후 형성된 다양한 전설을 합리화하려는 의도를 가진 것으로 보인다.

둘째, 중국에서는 이미 다양한 불전의 목록작업이 있어 왔다. 그 가운데 가장 대표적인 것이 바로 양대梁代 승우僧祐의『출삼장기집出三藏記集』이다. 그런데『출삼장기집』은 남조를 중심으로 상세한 목록을 작성한 점이 북조를 중심으로 한『역대삼보기』와 다르다. 이러한 점은 수나라가 북조의 맥을 이었음을 반영한 것이다.『역대삼보기』는 왕조 배열을 진晉·송宋·제齊·양梁·주周·수隋의 순서로 한 것에서도 역시 북조를 중심에 두고자 한 의도를 짐작할 수 있다.

셋째, 『역대삼보기』의 전편에 흐르는 정신은 바로 불교중심주의라는 것이다. 출가 승려 출신이었던 비장방의 입장에서는 당연한 것이겠지만, 편년체 역사 기술의 밑바탕에는 철저하게 불교의 호교적 입장을 지니고 있다. 예를 들어 불교와 유·도 양교의 논쟁을 기술하는 데 불교의 우월성이 보다 잘 드러나도록 표현하고, 또한 역사적 사실과 전설이 모순될 경우에도 불교에 유리하게 채택하여 기술하고 있다.

이러한 점들 때문에 『역대삼보기』는 많은 비판을 받기도 한다. 『대당내전록大唐內典錄』에서는 "질그릇과 옥이 서로 어긋나 있다(瓦玉相謬)"라고 비평하고 있으며, 『개원석교록開元釋教錄』에서는 "사실이 섞여 그릇되어 있다(事實雜謬)"라고 비판하고 있다. 더욱이 근대 이후 불교사학이 발전함에 따라 이 책은 아예 오류투성이의 저작으로 치부되어 왔다. 그러나 『역대삼보기』를 긍정적으로 평가하는 학자들도 있다. 특히 서구 열강의 중국 침탈에 맞서 불교를 중심으로 하여 자강自强운동을 펼쳤던 양계초梁啟超가 그의 작품에 대해 긍정적인 평가를 했고, 중국 근대불교사 연구의 신기원을 이룬 탕용동湯用彤은 "이 『역대삼보기』가 부처님의 행화와 함께 중국에 전래된 역사, 역경譯經과 목록 및 작자의 간략한 전기를 언급한 것은 바로 불교사에 있어서 편년編年의 시작을 알리는 것이다"라고 극찬하고 있다.

물론 이러한 평가는 시대정신과 밀접한 관계성을 지니지만, 중국 불교사상사를 보는 입장에서는 또 다른 견해를 갖게 해준다. 과연 역사의 기술이 무엇이 옳은 것인가 하는 잣대의 문제가 발생하기 때문이다. '사실과 실제', '진실과 사실의 차이', '후대 전승과 역사적 사실의 차이' 등 여러 가지의 문제를 고민할 때, 참다운 거사불교의 인물에 대한 논술을 어렵게 한다. 역대의 유명한 불교사학자들이 그에 대한 평가를 부정적으로 한다고 해서 비장방의『역대삼보기』는 무시되어도 좋을 것인가?

　사상사를 전공하는 필자의 입장에서는 그렇게 단적으로 진행된 평가를 받아들이기 어렵다. 무엇보다도 '어떤 특정한 시대에 출현한 사상은 당시의 시대적 문제를 해결하고자 출현한 것이고, 그러한 사상을 참답게 이해하고자 한다면 먼저 그 시대의 시대정신(Ethos)을 명확하게 파악하는 것이 선결문제'라는 인식이 선행되어야 하기 때문이다. 그 때문에 필자는 비장방의『역대삼보기』는 바로 그러한 시각에서 재조명되어야 마땅하다고 본다. 비장방의 입장에서는 과연 역사적 진실을 분명히 인식하고 있으면서『역대삼보기』를 기술했을까? 여기서 일일이『역대삼보기』의 실례를 제시하면서 반박할 수 없지만, 다양한 가능성이 열려 있다고 본다. 분명히『역대삼보기』에 보이는 여러 가지 관점은 학자적 입장에서는 납득할 수 없는 논리적 모순성을 지닌다. 그러나 여기에는 무엇보다도 비장방이 살았던 시대의 상황(당시의 역사적 인식)과 그의 개인적 경험(무제의 폐불로 인한 환속)을 모두 고려해 평가해야 한다고 본다. 즉『역대삼보기』는 여전히 귀중한 역사인식을 담고 있으며 그것 또한 중국 거사불교의 한 측면이라고 보아야 한다.

10. 당대의 불도 논쟁과 이사정 거사

불교를 중심으로 '삼교정립'을 추진하던 수나라는 무리한 고구려 침공에 따른 후유증과 황실의 혼란으로 단명하고 뒤를 이어 이연李淵이 당(唐, 618~907)을 세우게 된다. 당이 들어서면서 남북조 이래 중국사상에 있어서 주도적 역할을 하여왔던 불교는 다시 유·도 양교의 치열한 도전에 직면하게 된다. 황가皇家의 성이 노자(老子, 李老聃)와 같다는 인식으로 당 황실은 도교에 호의적인 태도를 갖고 있었으며, 이러한 상황의 전개와 함께 당대 초기에는 도교의 인물들이 주요 관직에 대거 참여하게 된다. 이에 따라 먼저 도교에서 불교에 대한 공격을 시작한다.

당이 건립된 초기인 고조高祖 무덕武德 4년(621), 당시 태사령으로 있던 도사 부혁傅奕은 위진 이래의 반불교적 인물들을 모아 『고식전高識傳』을 편집하고, 그동안 도교에서 불교를 공격하였던 내용을 정리하여 불교는 사람들을 철저히 기만할 뿐이라는 결론을 내린다. 이어서 이를 근거로 고조에게 몇 차례에 걸쳐 "백성의 재물을 약탈하고, 부역을 회피하며, 부모를 모시지 않으며, 갖가지 악행을 전적으로 행하는 불교를 폐하라"는 내용의 상소를 올린다. 이를 시발점으로 당의 건국 초기에 '불도지쟁佛道之爭'이 전개되는데, 태종太宗·고종高宗의 삼대에 이르러서도 끝나지 않는 기나긴 논쟁으로 이어진다.

이러한 부혁의 상소는 곧바로 불교계의 반박을 받게 되는데, 법림

(法琳, 572~640)의 『파사론破邪論』, 이사정李師政의 『내덕론內德論』, 『정사론正邪論』 등이 대표적이다. 특히 당시 동궁학사東宮學士로 재직하던 이사정은 태자인 이건성李建成 등을 움직여 법림의 『파사론』이 고조에게 상주될 수 있도록 하여 '폐불'이라는 극단적인 사태를 피할 수 있도록 하였다. 당 초기에 발생한 '불도지쟁'과 관련된 내용은 다른 기회로 미루기로 하고, 여기에서는 당대 거사불교의 시작을 알리는 이사정과 그의 작품인 『내덕론』을 소개하고자 한다.

이사정의 전기는 팽제청의 『거사전』 권13에 실려져 있지만 정확한 생몰연대는 알려져 있지 않다. 그는 어려서는 유학과 도교를 공부하였다고 한다. 특히 도교에 전념하였지만, 후에 불교의 전적을 읽게 되어 점차로 불교에 심취하게 되었다. 이사정이 불교에 심취한 원인은 정확하게 알려져 있지 않다. 다만 불법을 이해하기 위하여 여러 사람들에게 문의하다가 법림을 찾아 스승으로 모셨다는 사실에서 그 전모를 추측할 수 있을 뿐이다. 법림은 어려서 출가하였으나 불교뿐만 아니라 제자백가에 모두 통달하였다. 한때 도교에 입문하여 도사로서 노장의 현리玄理를 탐구했다가 다시 불문으로 귀의하여 '불도지쟁'의 선봉을 맡아 『파사론』 이외에 『변정론辯正論』 등 수많은 작품을 찬술하고 역경譯經의 필수筆受를 맡는 등 독특한 경력을 지니고 있다. 이사정이 도교에 심취하다가 법림을 스승으로 삼았다는 것으로부터 그 역시 여러 사상의 편력을 거쳐 최종적으로 불교에 안주하게 된 것이 아닌가 여겨진다. 이는 이사정의 현존 작품인 『내덕론』(『광홍명집廣弘明集』 권15에 수

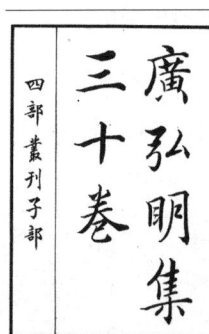

광홍명집

록)에서 엿볼 수 있다.

　이사정의 『내덕론』은 역대로 중국불교에 있어서 가장 전형적인 호법護法의 논서라는 평가를 받고 있다. 『내덕론』은 「변혹辨惑」, 「통명通命」, 「공유空有」의 세 편으로 이루어져 있다. 이를 『불법금탕편』 권8에서는

> 「변혹편」에서는 삿된 것과 올바른 것을 잘 밝혔고, 「통명편」에서는 화와 복이 서로 인연이 되어 발생함을 잘 분별했으며, 「공유편」에서는 단斷·상常에 집착하는 견해를 잘 논파하고 있다.

라고 평가한다. 이사정의 호법에 대한 입장은 바로 「변혹편」에 가장 잘 나타나 있다.

　부혁은 여러 차례 올린 '폐불'에 관한 상소에서 '이하론夷夏論'을 근거로 "오랑캐(夷)의 가르침으로는 결코 중국인(夏)의 습속을 교화할 수 없음"을 강조하고 있다. 이러한 '이하론'은 불교가 전래된 초기로부터 지속적으로 반복된 논리의 하나였고, 남북조 시기에 발생한 '불도지쟁'을 통하여 이미 논파된 것이었다. 그러나 당대에 다시 등장하였다는 것은 이씨 황조의 후광에 힘입어 논점을 '민족정통성'의 문제로 전환시키고자 하는 의도가 엿보인다. 이에 대하여 이사정은 역시 남북조 이래로 나타난 논리로서 논파하고 있다. 흥미로운 것은 그의 논리에 "중국인들은 무엇 때문에 서역의 명마를 구하고, 남해의 명주明珠를 구하며, 아프리카의 상아, 페르시아의 약재 등을 구하는가? 만약 목숨이 위태로운 병에 걸렸는데도 약재가 중국 것이 아니라는 이유로 죽어야만 하는가?"라고 재치 있게 답하고 있다는 점이다. 불교

의 '묘한 도(妙道)'가 아니면 '삶과 죽음(生死)'의 문제를 결코 해결할 수 없다는 명석한 논리를 보여준다.

또한 부혁은 자신의 상소에서 역대의 왕조를 예로 들면서 "삼왕(三王, 하·은·주의 우왕·탕왕·문왕) 시기 불교가 없을 때는 태평성대였지만, 승려가 있으면서 정치가 가혹하게 되었다"는 논리를 펴며 불교의 폐해를 지적하고 있다. 이 논리 역시 결코 새로울 것이 없는 것이지만 이사정 역시 역사적 실례를 들어가면서 반박한다. 특히 그는 "왕조의 성쇠는 국정을 어떻게 설정하는가에 달려 있는 것이고, 통치가 잘되는가 하는 것은 관리들의 품성에 달려 있다"라는 거시적 관점을 보이고 있다. 더욱이 그는 불교가 흥성하였던 수대는 왕조 역시 안정적이었고 민생도 화목했지만, 최종적으로 불교의 가르침을 위반해(고구려 침공) 멸망하였음을 지적하여 은근히 '불교를 폐함은 왕조의 멸망'이라는 복선을 깔고 있다.

이사정의 「변혹편」에는 또한 중국인들의 가치 표준에 대한 중요한 시사점이 나타난다. 흔히 중국인들이 '진리'에 대한 표준을 『시경』·『서경』 등의 육경六經으로 삼고 있는 것에 대한 반박이다. 이는 부혁이 제시한 "불교의 가르침이 육경 가운데 언급되지 않은 것이므로 결코 숭상할 필요가 없다"는 논리에 대한 반론이다. 이에 대하여 이사정은 "천문현상의 신비함과 산천지리의 변화, 침술과 의약의 방술 등은 모두 육경에서 언급하지 않았음"을 들면서 육경은 다만 정치·사회윤리의 원칙만을 다룰 뿐, 언급하지 않은 부분이 무궁한 "한정된 가르침(局敎)"임을 지적한다. 그에 따라 이사정은 사물의 변화를 인식함에 결코 육경에 얽매이지 말 것을 강조한다.

이사정의 이러한 관점은 중국 전통적인 가치의 인식체계에 대한 도전으로까지 평가할 수 있다. 나아가 그는 동굴이나 움집에서 살고, 날것을 먹으며, 매듭으로 표현하던 것으로부터 주택에서 생활하고, 불에 익혀 먹고, 문자를 사용하는 것으로 발전하는 것과 같이 문명은 시간이 흐를수록 발전함을 언급한다. 따라서 육경이 설령 불교보다 오래되었다고 해서 결코 뛰어날 수 없음을 지적한다. 이러한 이사정의 견해는 분명히 이전의 '불도지쟁'에서 나타난 논리보다 뛰어난 점이 엿보인다.

그럼에도 불구하고 이사정의 『내덕론』에는 역시 불·유·도 삼교가 공존해야 한다는 '삼교정립론'이 나타나고 있다. 그는

> 불도에는 자비희사의 지킴이 있고, 물아物我를 가지런히 하며 친한 사람이나 미운 사람을 평등하게 하여 괴로움에서 벗어나게 하여 안락하게 한다. …… 불교에는 신하에게 충성하도록 권하고, 자식에게 효행을 하도록 권하고, 나라에 있어서는 잘 다스리도록 권하며, 가정에는 화목을 권한다.

라고 설해 불교에 있어서도 유·도 양교의 가르침이 있음을 밝힌다. 이어서 그는 "성인聖人의 가르침은 길은 다르지만 같은 귀결점을 갖고 있으며, 군자의 도는 혹 서로 길이 다를 수 있어도 뜻은 합치한다"고 설명한다. 이러한 설명을 통하여 이사정은 불교가 유·도 양교와 비록 길은 다르게 보이지만 그 본질은 공유하는 것이며, 그에 따라 불·유·도 삼교가 공존할 수 있음을 밝히고 있다. 이러한 입장은 불교 본연의 포용성을 보여줄 뿐만 아니라 불교가 외래종교로서 중국에 전래되면서 '중국화'의 과정을 거의 완성했음을 보여주는 하나의 반

증으로 볼 수 있다. 불교에서의 '삼교정립', 혹은 '삼교일치' 등의 주장은 당연히 불교를 중심으로 한 유·도 양교와의 공존 혹은 흡수를 전제로 한 것이다.

이러한 『내덕론』의 내용은 이전의 호법 논리에 비하여 보다 더 정교하다. 그것은 남북조 시기에 벌어진 '불도지쟁'의 축적된 성과도 있지만 무엇보다도 이사정의 불교에 대한 깊은 이해로부터 나온 것이다. 특히 「공유편」에서는 이미 '진속원융眞俗圓融'의 견해까지 나타나고 있어 불교에 대한 그의 깊이를 느낄 수 있게 한다. 또한 이사정은 이러한 불교에 대한 깊은 이해를 바탕으로 법수法數를 체계적으로 정리한 사전인 『법문명의집法門名義集』(『대정장』 54책 수록)도 찬술하였다.

당 초기 부혁의 상소로부터 시작된 '불도지쟁佛道之爭'은 '폐불'로까지 이어질 수 있었던 위기상황이었다. 이러한 때에 법림 스님과 이사정 거사의 호법이 없었다면 화려하게 피어났던 당대 종파불교의 역사 또한 실제와 다르게 진행되었을 수도 있었을 것이다. 물론 스님과 이사정의 노력만으로 '불도지쟁'이 종결된 것은 아니겠지만, 모든 변역變易은 그 초기화가 전체적인 흐름에 결정적인 영향을 미친다는 것을 고려한다면 결코 그 의미를 과소평가해서는 안 될 것이다.

11. 『신화엄경론』의 저자 이통현 거사

당나라에서는 도교가 비약적으로 발전한다. 외적으로 도교의 비조로 추앙받고 있는 노자가 당 황실과 같은 이李씨라는 이유로 황실의 특별한 비호가 있었기 때문이다. 하지만 내적으로 도교에서 위진·남북조 시기의 '불도지쟁佛道之爭'을 거치면서 불교의 교의를 자신의 것으로 소화하여 고차원의 철학적 체계를 갖추게 된 것에 보다 근본적인 원인이 있다. 특히 남북조 시대에 육수정陸修靜, 도홍경陶弘景 등의 걸출한 도사들에 의하여 도장道藏이 체계적으로 정리되고, 다시 성현영成玄英에 의하여 불교의 반야학을 완벽에 가깝게 흡수하면서 도교는 고도의 철학적인 세계를 확립하게 된다. 하지만 중국불교 역시 이러한 논쟁을 거치면서 자신을 재정비하고 새로운 발전의 토대를 갖추게 된다.

불교는 당대에 천태종, 삼론종과 화엄종 등의 종파가 출현하면서 교의 등 여러 가지 측면에서 비약적인 발전을 이루고 유·도 양가의 도전에 의연히 대처할 역량을 갖추게 되었다. 중국불교의 이러한 발전에 있어서 거사들의 공헌을 결코 빼놓을 수 없다. 그 가운데에 당대에 특히 화엄의 교의에 중요한 역할을 한 거사가 바로 그 유명한 이통현(李通玄, 635~730)이다.

이통현은 흔히 '이통현 장자長子' 혹은 '이 장자'로 더욱 잘 알려져 있다. 『거사전』과 『송고승전』 등의 전기에 의하면, 이통현은 당 황가

皇家의 자제로 어려서 『주역』에 심취하여 상당한 경지에 올랐다고 한다. 그는 중년에 들어서 점차로 불교에 몰입하였는데 특별히 정해진 스승은 두지 않았으며 특히 『화엄경』에 매료된다. 당시 중국에는 두 종류의 『화엄경』이 있었는데, 동진東晋 시기 불타발타라佛馱跋陀羅가 번역한 60권본과 당 성력聖曆 2년(699)에 실차난타實叉難陀가 주도하고, 보리유지菩提流志·의정義淨·법장法藏 등이 참여하여 새롭게 80권본으로 완성한 『신화엄경』이다.

개원開元 7년(719)에 이통현은 기존의 60권본 『화엄경』에 대하여 "제가諸家들의 소의疏義가 지나치게 번잡하여 배우고자 하는 자들이 몇 년을 공부해도 얻어짐이 없다"라고 비판하고, 『신화엄경』을 지니고 태원太原의 우현(盂縣, 현재 산서성山西省에 속함) 고선노가(高仙奴家, 자료에 따라서 '高山奴家'라고도 함)에서 3년 동안 집중적으로 연구에 매진한다. 이때 그는 3년간 단 한 번도 방에서 나오지 않고, 매일 아침에 단지 열 알의 대추와 잣나무 잎으로 만든 전병 한 장만을 먹었다. 이 때문에 세상에서는 그를 '조백 대사棗柏大士'라고도 칭한다. 그 후에 마씨馬氏의 고불당古佛堂으로 옮겨 연구를 지속하다가 다시 신복산神福山 아래의 토굴(현재의 태원太原 수양방산壽陽方山의 토굴)로 이주하여 『신화엄경』에 대한 논서를 찬술하기 시작하였다. 이통현이 이로부터 5년이 걸려서야 완성한 저술이 바로 『신화엄경론新華嚴經論』 40권이다. 그는 이에 멈추지 않고 계속해서 『약석신화엄경수행차제결의론略釋新華嚴經修行次第決疑論』을 찬술하고, 얼마 지나지 않아 96세로 입적하니 이때가 개원 18년(730, 일설에는 개원 28년) 3월 28일이었다고 한다. 그는 송宋 휘종徽宗 시기에 '현교묘엄장자顯敎妙嚴長子'라는 시호를 받았다.

이통현의 저술은 앞의 두 가지 이외에 『회석會釋』 7권, 『약석略釋』 1권, 『해미현지성비십명론解迷顯智成悲十明論』 1권이 현존한다. 또한 『십현육상十玄六相』, 『백문의해百門義海』, 『보현행문普賢行門』, 『화엄관華嚴觀』, 『십문현의배과석략十門玄義排科釋略』 1권, 『안목론眼目論』 1권 과 다수의 시부詩賦가 있다고 하는데 모두 소실되었다.

『신화엄경론』은 이통현이 입적한 4, 5년 후에야 비로소 광초廣超 등에 의하여 필사되어 널리 유통되었다. 선종宣宗 대중大中 연간 (847~859)에 복주福州 개원사開元寺 지녕志寧이 80권 『화엄경』의 경문 사이에 이통현의 40권 『신화엄경론』을 삽입하여 120권으로 만들었고, 후에 다시 그를 정리하여 『화엄경합론華嚴經合論』으로 칭하였는데, 이것이 더욱 널리 유행하게 되었다. 송대 계환戒環의 『대방광불화엄경요해大方廣佛華嚴經要解』 1권은 비로 이통현의 학설을 중심으로 하여 징관澄觀의 학설을 보충하여 만든 것이다. 또한 이 『화엄경합론』과 관계된 것으로 명대明代 이지李贄의 『화엄경합론간요華嚴經合論簡要』 4권과 방택方澤의 『화엄경합론찬요華嚴經合論纂要』 3권이 있는데, 모두 그 요약본이라고 할 수 있다. 이러한 사실로부터 그의 화엄론이 얼마나 큰 반향을 불러 일으켰는지를 충분히 짐작할 수 있다.

이통현의 『신화엄경론』은 기존의 화엄사상과는 차별을 보인다. 지녕은 『화엄경합론』의 서문에서 "그 논에서 밝히는 바는 제가諸家의 소의疏義와 조금의 차별이 있다"라고 말하고 있다. 그런데 사상의 문제에서 "조금의 차별"은 실제적으로는 '본질적인 차별'일 수 있다. 무엇보다도 기존의 화엄학설과 가장 커다란 차이점은 바로 화엄을 통하여 '지혜'를 강조하고 있다는 점이다. 특히 기존의 화엄사상이 '법계원융法界圓融'에 집중하여 '이사무애理事無碍', '사사무애事事無碍'로 귀결되고 있는 것과 다르게 그의 화엄론은 '범성불이凡聖不二'와 '동일지혜의 원리'를 강조하고 있다. 다시 말하여 범부가 발심할 때 이미 시방의 제불과 '둘이 아님(不二)'을 강조하고 있는 것이다.

『신화엄경론』의 종지를 밝히는 첫 구절에서 이통현은 다음과 같이 설명한다.

유정有情의 근본은 지혜의 바다를 의지하는 것으로 근원을 삼고 있으며, 식識을 내포한 부류들은 모두 법신을 체體로 삼고 있다. 다만 정情이 생기기 때문에 지혜와 멀어지고 생각이 변하기 때문에 체가 달라지는 것이니, 근본을 모두 요달하면 정이 없어지고 마음을 알면 체와 합일한다. 이제 이 『대방광불화엄경』은 중생의 본제本際를 밝힌 것이고, 모든 불과佛果의 원천을 보이는 것이다. 그 근본이 됨은 공功을 통해 성취할 수 있는 것이 아니며, 행行을 통해 얻을 수 있는 것도 아니다. 도리어 공이 없어져야 근본이 성취되고, 행이 다해야 근원이 이루어지는 것이다. 본원本源은 공이 없어도 능히 연緣에 따라 자재할 수 있는 것이니, 이것이 바로 비로자나이다. 본성이 빛남으로써 지혜가 근기에 따라 응하고, 대비로 사물을 제도함으로써 비로자나의 이름이 된 것이다.

이로부터 이통현의 기본적인 입장을 엿볼 수 있는데, 중생들은 '지혜의 바다'에 의지하고 '법신'을 본체로 삼고 있다는 것이다. 또한 성불의 본질적인 관건은 "공부와 수행(功)"에 있는 것이 아니라 오히려 "마음을 알고(知心)", "근본을 요달함(達本)"에 있다는 것이다. 더욱이 중생과 제불은 본래 같은 근원이고 같은 본체를 지니고 있어 차별이 없지만, 중생과 제불이 따로 있는 까닭은 바로 "정情이 작용하여 지혜와 멀어지고 생각이 변하여 체가 달라진 것"이라고 설명하고 있다.

이러한 이통현의 입장에 대하여 팽제청은 『거사전』에서

> 『신화엄경론』의 대요大要는 중생의 성품(性)이 바로 제불의 성품임을 밝힌 것이다. 어리석으면(迷) 바로 중생이요, 깨달으면(悟) 바로 부처이다. 다만 능히 믿음(信)으로 들어가 발심한다면 문수보살의 이치(理)와 보현보살의 행行을 한 순간에 전체적으로 증득(頓印)할 수 있다.

라고 평가하고 있다. 이러한 평가는 우리들에게 너무도 익숙한 구절이다. 즉 『육조단경』에서 말하는 "한 생각(一念)이 어리석으면 중생이요, 한 생각에 깨달으면 부처이다"는 구절을 연상시킨다. 더욱이 '돈오'를 강조하는 것까지 완전히 일치하고 있다. 실제로 거사의 이러한 화엄론은 선종에 커다란 영향을 미쳤다. 이에 따라 수선修禪과 관련된 거사들의 계보를 확정한 『거사분등록』에도 역시 이통현 거사의 전기가 실려 있다. 이통현의 화엄론은 우리나라의 불교에도 상당한 영향을 미쳤다. 특히 고려 선종의 중흥조인 보조국사 지눌知訥 선사의 선사상에 영향을 미쳐 선교일치禪敎一致를 제창하는 데 중요한 작용을 한다.

『신화엄경론』에는 단순히 불교적인 요소만 존재하는 것이 아니다. 이 속에는 이통현이 어린 시절에 달통했던 『주역』의 전통적인 음양설 등 다양한 중국적 요소들이 내포되어 있다. 사실상 이러한 중국 사상의 전통적인 요소들이 오히려 그의 화엄론이 각광을 받게 된 중요한 요소로 작용을 하고, 또한 이러한 요소들이 불교가 참다운 중국불교로 자리매김할 수 있었던 가장 역동적인 요인일 수 있다.

　중국의 기라성같은 거사들 가운데서도 이통현은 매우 특별한 위치에 있다. 그의 불교사적인 위치를 한마디로 정리하면, 위진·남북조와 수대를 통하여 나타난 거사들이 주로 호법과 교의의 선양이라는 부분에 그 한계를 가지고 있었다면, 당대에 들어서 이통현을 통하여 드디어 거사의 입장에서 새로운 교의를 제시하는 종장宗匠이 출현했다는 특별한 의미를 가지고 있다. 물론 이러한 성과는 중국불교의 축적된 역량으로부터 발현된 것이기는 하지만, 거사불교에 있어서 하나의 획을 그었다고 평가할 수 있다.

12. 심성론의 불·유 회통론과 거사들

1) 『지관통례』의 저자 양숙

당나라는 태종대에 이르러 본격적인 체제정비를 하기 시작한다. 과거제도를 통해 새로운 인재를 등용하여 중앙과 지방의 귀족문벌을 견제하고 병역과 조세를 개혁하여 민심을 추스르며 왕권의 강화와 안정된 체제를 확립하는 데 주력하였다. 이러한 정책을 기반으로 약 3백 년 가까이 지속되었던 당나라는 대제국을 건설하며 국제적인 문화대국으로서 그 성가를 드높이게 된다.

한漢나라가 순수한 한족을 중심으로 폐쇄적인 정체성을 가졌었다면 당나라는 비교적 개방적인 정체성을 지녔었다고 평가할 수 있다. 사상적으로도 관대한 자세를 가지고 있었기 때문에 다양한 종교와 그에 수반한 종교문화가 함께 유입되어 당 제국의 문화는 당시로서는 세계 문화적 성격을 띠고 있었다. 불교, 조로아스터교, 마니교, 그리고 네스토리우스파 등의 일부 기독교가 유입되어 활동하였으며 중국의 문화를 더욱 풍부하게 만들었다.

이러한 문화적 풍토 아래서 불교 역시 화려하게 꽃을 피우게 된다. 당나라의 불교는 흔히 '종파불교'라고 한다. 당대에 들어서 종파불교가 고도로 발전하며 삼론·천태·화엄종 등의 전통적인 교학을 중심으로 하는 종파로부터 선종과 염불종, 밀종에 이르기까지 거의 모든 종파가 출현하여 명멸한다.

　여러 종파의 출현과 흥성을 통하여 각 종파의 교의는 비약적인 발전을 이루게 되며, 나아가 각 종파의 교의에 대한 비교가 나타나게 된다. 이러한 토대 위에서 하나의 종파를 중심으로 전체적인 불교를 통합하려고 하는 경향이 나타났을 뿐만 아니라 제종의 비교에서 멈추지 않고 다시 중국 고유의 유·도 양교까지 포섭하는 삼교 비교론이 출현하게 된다. 이러한 상황은 결국 불교적으로는 '제종일치諸宗一致'의 경향을 가져오고, 유·도 양교에 대해서는 '삼교일치三敎一致'의 기치로 나타나게 된다. 특히 중당中唐 시기에 화엄종의 규봉 종밀(圭峯宗密, 784~841) 대사는 '제종일치'와 '삼교일치'를 주장한 가장 대표적인 인물이다. 이러한 주장이 가능할 수 있었던 것은 그 이전에 당대의 유학자 신분으로 불교의 심성에 대한 이론들을 흡수하고 불교와 유가의 사상을 결합시키고자 했던 수많은 거사들의 고심과 노력이 있었기 때문이다. 이러한 거사들 가운데 대표적인 인물로 양숙(梁肅, 753~793), 이고李翶, 유종원柳宗元, 유우석劉禹錫 등을 들 수 있다. 이들은 모두 유가에 능통한 학자들로서 거사불교에 커다란 족적을 남겼다.

　양숙은 자字가 경지敬之이고, 안정(安定, 현재의 甘肅省 涇川) 사람이다. 유학자로서 유명하고, 특히 당대에 일어난 '고문운동古文運動'의 가장 직접적인 동인의 제공자라고 할 수 있다. '고문운동'이란 한나라 이전의 산문 격조를 되살려 새 생명을 부여함으로써 육조 시대의 화려하고 형식적인 '변려문'을 대치하려는 것으로 한유韓愈·유종원 등이 주도한 운동으로 알려져 있다. 그러나 『구당서舊唐書』한유의 전기에 따르면, 양숙의 학문을 중시하여 한유 등의 무리가 양숙과 어울렸

양숙

으며, '고문운동'에 커다란 영향을 주었다고 한다. 또한 『당척언唐摭言』에 의하면 고문운동을 주도했던 한유 등의 무리가 3년 동안 양숙에게 지도받았다고 한다. 이로부터 한유가 주도한 것으로 알려진 '고문운동'에 양숙이 직·간접적으로 영향을 미쳤음을 짐작할 수 있다.

한 가지 지적하고 싶은 것은 이러한 고문운동은 단순한 문학적 현상으로 접근해서는 안 된다는 점이다. 표면적으로는 신진 유학자들을 중심으로 일어난 일종의 문화적 현상으로 알려져 있지만, 그 내면을 들여다보면 황권의 안정과 확립을 도모했던 신진 정치세력과 훈구대신이나 불교의 사원세력, 전통의 귀족문벌, 황실 등 기존 세력 사이의 권력다툼이 그 본질이라고 할 수 있다.

고문운동의 중심에 섰던 한유는 신진세력의 대표로서 "문이재도文以載道"를 주장하였다. 이는 겉으로는 남북조 시대의 외양만 화려한 문풍을 반대하고 그 내용을 중요시하는 문학적 주장처럼 보이지만 신진 세력이 이러한 문장 속에 담고자 했던 내용은 사실 유학 사상이었다. 한유는 이를 통하여 기존의 귀족문벌들을 황권에 복속시키고 불교에 반대하는 논리를 전개하고 싶어 했다. 다만 이들 신진 세력들이 기존의 정치세력을 황권에 복속시키는 체제의 개혁에는 뜻을 같이 했지만 불교에 대해서는 그 입장이 달랐다. 고문운동의 비조로 알려진 한유가 불교를 비판하는 데 앞장섰던 대표적인 유학자였다면, 고문운동의 일정한 문학적 성과를 일궈낸 유종원이나 양숙 등은 모두 철저히 불교를 신앙하던 거사였다는 점이다. 철저한 배불론자였던 한유는 자신의 제자인 이고가 독실한 불교도인 것을 한탄하며, "나의 도가 시들고, 이고 또한 도망가 버렸다"고 탄식했다.

양숙은 태자시독太子侍讀과 한림학사翰林學士 등의 고관을 지냈다. 어려서 전란으로 인해 강남으로 피난하였는데 이곳에서 불교를 접하게 되면서 불교와 인연을 맺는다. 당시 강남에는 천태종이 활발하게 활동하고 있었다. 이에 따라 양숙은 주로 천태교학과 깊은 관계를 가지게 된다. 특히 형계 담연荊溪湛然으로부터 직접 불교를 사사받았다. 『불조통기佛祖統紀』 권10에 따르면,

> 일찍이 형계 대사로부터 천태의 도를 배워 심요心要를 얻어 제자의 예로 지극히 공경하였다. 『지관』의 문의文義를 널리 전하고 보는 사람의 시간을 줄이기 위하여 6권으로 줄였다. 또한 『통례統例』를 찬술하여 그를 보충하여 『지관』은 세상을 구하고 도를 밝히는 책이라고 하였다. 다시 대사를 위하여 『전론傳論』을 찬술하여 교를 전하는 대통大統을 논하였다.

라고 한다. 여기에서 말하는 『지관』은 바로 천태 지의 대사의 『마하지관』을 가리키는 것이고, 양숙은 이를 6권의 『천태지관』으로 줄여 출판했다. 송대 천태종의 승려인 자운 준식慈雲遵式은 이를 평가하여

말하기를 "문장은 비록 간결하고 핵심적이지만, 수행의 모습(修相)이 결여되었다"라고 했다. 이는 거사가 편집한 『천태지관』이 이론적인 측면인 '관觀'에 편중되어 있고, 선수행의 실천인 '지止'가 소략되어 있음을 지적하는 것이다. 『통례』는 바로 양숙의 『천태지관통례天台止觀統例』를 가리키는 것으로, 이 책에서 집중적으로 심성론에 있어서 불교와 유가의 회통을 논했다. 또한 『전론』은 바로 『수선도량비명修禪道場碑銘』을 찬술한 것을 말하며, 양숙은 여기에서 천태 전교傳敎의 계통을 서술하였다. 또한 담연의 재가제자로서 『형계대사비荊溪大師碑』를 찬술했다.

양숙의 동문인 어사御史 최공崔恭은 『양숙문집』의 서문에서

> 뿌리로 돌아가 명을 회복함(歸根復命)이 일이관지一以貫之하여 『심인명心印銘』을 찬술했고, 일승一乘에 머물러 법체를 밝혀 『삼여래화찬三如來畫讚』을 지었다. 법요와 권실權實을 알고서 『천태선림사비』를 지었고, 가르침의 본원에 통달하고 경지境智를 써서 『형계대사비』를 지었다. 커다란 가르침의 말미암음과 불일佛日의 미망未忘이 다하여 이에 이르렀다.

라고 양숙을 평했다. 이 외에 거사의 작품은 『천태법문의天台法門議』, 『유마경략서維摩經略疏序』, 『열반경소석문涅槃經疏釋文』 등 수십 편에 달한다.

양숙의 불교, 즉 천태의 심성론을 유가와 결합시킨 내용이 가장 잘 나타나는 것은 바로 『천태지관통례』이다. 『통례』의 첫 부분에서 양숙은

지관이란 무엇을 함인가? 만법의 이치를 이끌어 실제實際를 회복시키는 것이다. 실제란 무엇인가? 성품의 근본이다. 물物이 회복하지 못하는 까닭은 혼미함과 움직임이 부리기 때문에 그렇다. '혼미함을 비춤(照昏)'을 '밝힘(明)'이라고 하고, '움직임을 멈추게 함(駐動)'을 '고요함(靜)'이라고 한다. '명'과 '정'은 지관의 체이다. 지관이라는 원인이 있어서 지정智定이라는 결과가 있다. …… 성인은 미혹함이 가득하여 뜻을 상하게 하고, 움직임이 가득하여 방향을 잃음을 보아 그치게 하고(止), 그를 관하게 함이다. '고요함(靜)'으로 그를 '밝힘(明)'이니, 그 움직임을 능히 고요하게 하고(靜), 고요함은 능히 밝힘이다.

라고 말한다. 보충 설명을 하자면, 유가의 『중용中庸』에 "천명天命은 성품(性)을 이르는 것이요, 성품을 따름(率性)은 도道라고 하고, 도를 닦음이 가르침이다"라고 한다. 즉 인성人性의 본원은 천명에 있는 것이요, 그 성품을 따르는 것이 바로 도인데, 그렇지 못한 사람들을 교화시켜 도를 닦게 해야 한다는 것이다. 이른바 '성품을 따라 행함(率性而行)'을 가리켜 '자성명自誠明'이라 하고, '도를 닦고 교화함(修道而敎)'을 '자명성自明性'이라고 한다. 이를 『중용』에서는 "성誠이란 하늘(天)의 도이고, 성에 이르려는 것(誠之)은 사람의 도이다. 성이란 힘쓰지 않고도 꼭 들어맞고, 생각하지 않고도 저절로 얻어지니, 도와 하나가 됨이 성인이다. 성에 이르려는 것은 선善을 택해서 그것을 붙잡아야 한다"라고 한다. 이러한 『중용』의 사상과 천태의 지관을 결합시키고자 하는 것이 바로 양숙의 의도라고 볼 수 있다. 양숙이 말한 "지관이란 실제를 회복함"은 바로 '자명성'과 '성에 이름'을 통하여 '천명'

의 '성품'에 도달하려는 유가의 사상을 포괄하고 있다. 또한 그는 '움직임을 멈추게 함'과 '혼미함을 비춤'의 지관을 통하여 명정본성을 회복하는 이른바 '복성명정復性明靜'의 이론을 제시하고 있는데, 이러한 사상의 밑바탕에는 분명하게 '일념무명법성심一念無明法性心'의 천태학이 작용하고 있다. 양숙은 『통례』에서 또한

> 오직 하나의 성품(一性)이 있을 뿐으로, 얻으면 깨달음이요, 잃으면 미혹함이다. 오직 하나의 이치(一理)가 있을 뿐으로, 어리석으면 범부이고, 깨달으면 성인이다. …… 이치(理)는 본本을 이르는 것이고, 자취(迹)는 말末을 이른다. 본이란 성인이 도달하는 경지이고, 말이란 성인이 보인 가르침이다. 본으로 자취를 드리우니, 바로 크고(大) 작음(小)이 되고, 통함(通)과 다름(別)이 되며, 돈頓과 점漸이 되고, 드러남(顯)과 숨김(秘)이 되고, 방편(權)과 실제(實)가 된다. 자취를 따라 본으로 돌아오면 바로 하나가 되고, 큼이 되며, 원圓이 되고, 실實이 되며, 무주無住가 되고, 중中이 되며, 묘妙가 되고, 제일의第一義가 된다.

라고 한다. 여기에서 깨달음과 미혹, 범부와 성인, 이치와 자취, 본과 말 등은 모두 '하나의 성품'으로부터 나왔다는 것이다. 이러한 논리는 『대승기신론大乘起信論』의 '일심이문一心二門'을 연상시킨다. 즉 양숙의 '일성一性'은 『기신론』의 '일심一心'과 유사한 개념이고, 그 논리의 전개 또한 유사하다. 그는 이러한 일심이문의 논리로 불교와 유가의 심성론을 분명하게 결합시켰다. 이러한 사유는 이후 중국사상의 흐름에 커다란 영향을 미치게 되며 사상사적으로도 매우 중대한 의

미를 가진다.

불교와 유가의 심성론을 결합시킨 양숙의 이러한 사상에 대하여 찬영贊寧은 『송고승전』 「형계담연전」에서 "『시경』에 '까치가 둥지를 지으면 비둘기가 들어와 함께 산다'는 말은 양숙이 불교의 이굴理屈에 깊이 들어왔음을 이르는 말이 아니겠는가!"라고 평가하고 있다. 유학자가 불교의 이론에 깊이 들어와 서로 잘 어울렸다는 찬사라고 할 수 있다. 심성론을 중심으로 불교와 유가를 결합한 양숙의 이러한 '복성명정론復性明靜論'은 보다 발전하여 이고의 '복성설復性說'로 이어진다.

2) 『복성서』의 저자 이고 거사

심성론에 있어서 불교와 유가의 사상을 결합시킨 양숙의 '복성명정론復性明靜論'을 계승하여 보다 발전시킨 사람이 바로 이고(李翱, 772~841)이다. 이고는 『복성서復性書』의 저술로 유명한데, 이 『복성서』는 유불회통儒佛會通의 사상이 매우 농후하여 그의 스승이며 철저한 배불론자인 한유韓愈의 한탄을 자아냈다는 유명한 일화가 전한다.

이고는 자字가 습지習之이며, 농서(隴西, 현재 甘肅省 渭源) 사람이다. 그는 학생 시절인 정원貞元 9년(793) 9월 주부州附에서 공거인사(貢擧人事, 지방에서 우수한 인재를 선발하는 행사)를 시행할 때 양숙과 첫 대면을 하게 되었다. 양숙은 이고에 대하여 '서로 통하는 도가 있다'고 평가하여 가르침을 주지만, 아쉽게도 그해 11월에 병을 얻어 세상을 떠나고 만다. 그러나 2, 3개월의 짧은 기간의 사사는 이고에게 스승인 한유보다도 더욱 깊은 영향을 주었다. 그 후 이고는 양숙을 추모하여 『감지기부感知己賦』를 지었다. 이후 정원 14년(798)에 과거를 통하여 벼슬길에 올랐고, 낭주朗州자사, 예부낭중, 형부시랑 등의 고관을 역임하였으며, 태화太和 9년(835)에 양주襄州자사 및 산남동도절도사山南東道節度使에 임명되었고, 그 임지인 양주에서 생애를 마쳤다. 이고는 딸만 일곱 명을 두었는데 외손外孫대에서 세 명의 재상을 배출하였다.

이고의 유불회통이 가장 잘 드러난 것은 대표작인 『복성서』이다. 『복성서』는 모두 세 편으로 이루어져 있다. 상편은 성정性情 및 성인聖人에 대한 총론이고, 중편은 수양하여 성인에 이르는 방법을 평론하였고, 하편은 사람들에게 수양을 권하는 내용으로 구성되어 있다. 전편에 걸쳐 공

이고

맹孔孟의 도통道統을 회복할 것을 호소하였고, 『주역』, 『대학』, 『중용』 등으로 주요 전거를 삼았다. 이고는 이 책에서 정情을 버리고 '성품을 회복(復性)'하는 것을 취지로 하였고, '헤아리지 않고 생각하지 않으면(弗思弗慮)' 정은 다시 발생하지 않는다는 것을 복성의 방법으로 제시하였다. 표면상으로 본다면 이 책은 유교경전을 근거로 하고, 유가의 용어를 사용하며, 그 목적도 공맹의 도를 회복하는 것이다. 그러나

사상의 내면으로 좀 더 깊이 들어가 보면 이 책의 사상 및 표현방식이 불교의 불성론에 상당히 접근되어 있음을 어렵지 않게 알 수 있다.

『복성서』의 귀결점은 사람들에게 어떻게 성인을 이루는가를 가르치는 데 있다. 이고는 "인간이 성인이 될 수 있는 까닭은 성품이 있기 때문이다"라고 하였다. 그리고 '성품'은 결코 성인만이 지니고 있는 것이 아니라 일체중생이 모두 지니고 있는 것이다. 성인과 범부의 구별은 성품이 있고 없음이 아니다. 성인은 천명天命의 성性을 얻음에 있고, 정에 끌리지 않고, 범부는 그와 반대로 정에 빠져서 그 근본을 알지 못하여 끝내 그 성품을 보지 못한다고 한다. 이는 마치 물의 성품은 항상 맑지만 모래와 진흙 등으로 오염되어 혼탁해지는 것과 같다. 그래서 만약 "모래가 혼탁하게 하지 않는다면 그 흐름은 맑을 것이다"라고 한다. 성인도 바로 그와 같아서 그들은 정에 미혹되지 않아 그 성품이 항상 청명하다고 한다. 어떻게 정에 미혹되지 않는가에 대하여 이고는 가장 기본적인 방법을 '불사불려弗思弗慮'로 제시한다.

어떤 사람이 "사람이 오랫동안 혼미하였기 때문에, 그 성품을 회복하려면 반드시 점차적으로 하여야 할 것입니다. 감히 그 방법을 묻겠습니다"라는 물음에 이고는 다음과 같이 답한다.

생각하지 않고 헤아리지 않으면(弗思弗慮) 정념情念은 일어나지 않는다. 정이 일어나지 않으면 바른 생각이 된다. 바른 생각은 생각하지 않고 헤아리지 않는 것이다. …… 어찌 다시 성품이 삿됨을 일으키겠는가? 모든 것이 고요한 때 마음에 헤아림이 없음을 아는 것이 재계齋戒이다. 본래 헤아림이 없음을 알아 움직임을 모두 여의어 적연부동한 것이 지성至誠이다라고 하였다. 또한 이러한 '지성'은 바로 인간의 성품을 다할 뿐 아니라 사물의 성품도 다하고 있어, 천지의 생성발육을 도우며, 천지와 함께 해야 한다.

이로부터 『복성서』의 사상은 선종의 '이념離念', '무념無念', 나아가 '무상無相'과 거의 일치하고 있음을 쉽게 짐작할 수 있다. 이러한 까닭에 송宋의 석실 조수石室祖琇 선사는 『융흥불교편년통론隆興佛敎編年通論』 권24에서 "『복성서』를 배우는 것은 불경의 개요를 얻는 것이다. 다만 문자를 달리 하였을 뿐이다"라고 직접적으로 평하였다.

이고의 사상에 불교가 깊게 스며들었던 원인에는 양숙과의 인연뿐만 아니라 다양한 선사들과의 인연이 있었다. 그 가운데 『경덕전등록景德傳燈錄』 권4에는 이고가 낭주자사로 있을 때 약산 유엄藥山惟儼 선사를 친견하여 오도悟道한 내용을 상세하게 전한다.

이고가 유엄 선사를 처음 뵈었을 때, 선사가 경전을 보며 못 본 체하자 이고는
"직접 대해 보니 소문에 듣기보다 못하네!"
라고 말하며 떠나려 하였다. 그때 선사는
"태수는 어찌 귀만 귀하게 여기고 눈은 천하게 여깁니까?"
라고 하자 거사는 합장을 하며
"도가 무엇입니까?"
라고 물었다. 선사가 손으로 위와 아래를 가리키며
"알겠습니까?"
라고 묻자 거사는
"모르겠습니다."

라고 답했다. 선사가
"구름은 푸른 하늘에 있고 물은 병에 있습니다."
라고 하자 거사는 크게 깨닫고는 다음과 같은 게송을 읊었다.

몸을 단련하여 마치 학의 형상과 같고,
천 그루의 소나무 아래서 두 함의 경전을 두고 있네.
내가 와서 도를 물으니 아무런 말이 없고,
구름은 하늘에 있고 물은 병에 있다 하네.

게송을 마치고, 거사는 다시 선사에게
"어떤 것이 계정혜입니까?"
라고 물었다. 이에 대해 선사가
"빈도貧道의 이 처소에는 한가한 살림살이가 없습니다."
라고 답하였으나 거사는 헤아리지 못했다. 그러자 선사는
"태수는 이 일을 잘 보임保任하십시오. 앉을 때는 산꼭대기 가장 높은 곳에 앉고, 행할 때는 바다 속 깊이 밑바닥에서 행하십시오. 침실 속의 물건은 버리지 않으면 바로 새어나옵니다."
라고 하였다.
선사가 밤에 산을 올라 경행經行하다가 홀연히 구름을 헤치고 나타난 달을 보며 크게 웃으니, 예양澧陽의 동쪽 구십 리까지 울려 퍼졌다. 다음날 아침에 사람들이 선사에게 찾아와 물으니, 거사가 옆에 있다가 다음과 같은 시를 읊었다.

그윽이 머물 곳을 골라 얻었으니, 들에서 당신(약산 유엄) 뜻에 맞

으리.

평생토록 사람이 와도 맞이하고 전송하는 법이 없는데,

어느 때는 외로운 봉우리 꼭대기에서

달 아래 구름을 헤치고 한 번 크게 웃는다.

『전등록』에 보이는 이러한 일화에서 약산 선사는 이미 거사의 깨달음을 인가하고 있음을 짐작할 수 있다. 이고와 관련된 기록에 따르면, 당주唐州의 자옥紫玉 선사, 서당 지장西堂智藏 선사, 아호 대의鵝湖大義 선사 등 거사와 동시대의 여러 뛰어난 선사들과 밀접한 교류가 있었음을 알 수 있다. 이로부터 『복성서』에 보이는 '성품의 회복'의 논리가 왜 선종의 '명심견성明心見性'의 논리와 유사한지를 쉽게 짐작할 수 있다. 또한 이러한 그의 반연은 유불회통론에 있어서 그에게 가르침을 주었던 양숙과는 다른 측면으로 나타나게 된다. 양숙이 형계 대사로부터 천태학을 배웠던 까닭에 천태학을 중심으로 유가와 회통을 이루었다면, 이고는 선종의 선사들과 인연이 깊어 선종의 선리禪理를 중심으로 유가와의 회통을 제창하였다. 이러한 거사의 사상을 후대에 성리학을 집대성한 주희는 『주자어류朱子語類』에서 "다만 불교로부터 나온 것", "지극한 도리를 설하지만, 불교와 유사할 뿐"이라고 비판하고 있다.

그런데 이렇게 선의 깨달음을 증득하고 불교에 심취했던 이고는 당시 불교에 대해 비판적인 입장을 갖는다. 그것은 당시 불교계에서 나타난 여러 가지 재회齋會와 관련이 있을 것으로 추정된다. 재회는 남북조 시대로부터 출현하여 당대에 와서는 점차 화려하고 성대하기가 최고조에 이르게 되었는데, 이로부터 여러 가지 사회적 문제가 발

생했기 때문이다. 더욱이 안사安史의 난(755~763) 이후에 국가경제
가 위태로운 상황에서도 그러한 재회는 결코 줄어들지 않았다. 이에
이고는 불교의 재회를 없애자는 의미인 『거불재去佛齋』를 찬술하여
재회의 폐단을 비판한다. 이고의 의도는 불교의 본연을 잊고 지나치
게 복록을 탐하는 불교도를 비판하는 데 있으며 결코 불교 자체를 비
판하는 것은 아니었다.

불교와 유가의 사상적 회통을 이룬 이고의 『복성서』는 이후 성리
학을 비롯한 중국의 사상적 발전에 깊은 영향을 준다. 또한 불교, 특
히 선종에 있어서도 선리禪理의 전개에 다양한 측면으로 영향을 주
었기 때문에 『거사전』, 『불법금탕편』, 『송고승전』 등에 외호거사로서
평가받고 있으며, 『전등록』, 『조정사원祖庭事苑』 등의 선종사서에도
그의 전기와 사상들이 수록되어 있다.

3) 유종원·유우석의 유불회통론

유종원

불교가 중국에 전래한 이래 유학은 불교의
영향으로 상당한 발전을 이루게 되지만, 당
나라의 유학은 여전히 불교와 비교할 만한
위치에 있지 못하였다. 당대의 유학을 대표
하는 인물로 양숙, 한유, 이고, 유종원(柳宗
元, 773~819), 유우석(劉禹錫, 772~842)을
꼽을 수 있는데, 이 가운데 철저한 배불론자
인 한유를 제외하고는 모두 심성론에 있어
서 불교의 학설을 받아들였다. 한유는 『대학』의 이른바 "수신제가치

국평천하修身齊家治國平天下"의 입장에서 적극적인 '입세入世'를 제창하여 '출세出世'지향적인 불교를 비판했다. 양숙과 이고는 유학자의 신분으로 모두 불교의 '출세주의'에 찬성하지 않았지만, 불교의 '이굴理屈'에 깊이 들어와 심성론에 있어서 유불회통을 이루었다. 유종원과 유우석은 불교적인 정서로 불교의 심성론을 접수하고, '통합유불'의 도道를 제창한 거사들이다. 그에 따라 이들을 역대 불교계에서는 전형적인 사대부 거사로 평가한다.

유종원은 자字가 자후子厚이고, 하동(河東, 현재 山西省 永濟市) 사람으로, 세상에서는 유하동柳河東으로도 칭한다. 어려서부터 뛰어나 문장에 능했으며, 진사에 급제한 지 3년 만에 남전위藍田尉에 올랐고, 감찰어사監察御史, 예부원외랑禮部員外郎 등의 고위직을 역임하였다. 정원貞元 21년(805)에 유우석과 함께 왕승王丞·왕숙문王淑文으로 대표되는 정치개혁운동에 참여하였다가 실패한다. 유주柳州자사로 좌천되어 임지에서 50세를 못 넘기고 객사한다. 유종원은 당송팔대가唐宋八大家에 손꼽힐 정도로 뛰어난 문장가였으며, 현존하는 작품이 6백여 편이 넘는다. 후인들이 그의 작품을 모아 45권의 『유하동집柳河東集』으로 출간하였다. 유종원은 특히 한유와 함께 고문운동의 대표자로 평가받고 있다. 비록 정치적 의도가 있기는 했으나, 한유가 이론적 토대를 마련하고 정비하여 고문운동의 비조로 불리고 있지만 유종원의 문학적 성과가 없었다면 고문운동은 한유의 정치적 좌절과 함께 사라져버렸을지도 모른다는 것이 중국문학계의 평가이다. 또한 사상적 입장에서 한유가 유학을 중심으로 한 통치이념을 가지고 있었다면 유종원은 불·유·도를 모두 아우르는 합리적 통치이념을 가지고 있었다는 차이가 있다.

유종원은 문집에서 스스로 "나는 어려서부터 불교를 좋아했다. 불도를 구하기를 30년, 세상에서 불교의 교설에 능통한 자가 드물다고 하지만, 영릉零陵에서 나는 홀로 도를 얻었노라"라고 한다. 상당한 자부심을 느끼게 하는 표현이다. 유종원은 길지 않은 일생 동안 수많은 고승들과 교류를 하면서 불교와 관련된 수많은 시문을 지었다. 「송침상인남유서送琛上人南游序」에서 "법은 반야般若보다 뛰어난 것이 없고, 경전은 『열반경』보다 지극한 것이 없다. 세상의 뛰어난 사람들이 불법을 알고자 할 때 이 경론을 택하지 않는다면 어그러질 것이다"라고 하였다. 또한 그는 당시 수많은 종파 가운데 천태종을 추종하였는데, 특히 천태종의 무성無姓 대사와 친밀한 관계를 맺고 무성 대사의 입적 후에 그의 비문을 찬술하였다.

유종원은 불법을 공부하며 여러 고승들과 교류하는 과정을 통하여 불교의 가르침과 유학이 서로 통한다고 보았다. 그는 한유의 배불론이 담긴 편지를 읽고, 배불의 불가함을 분명히 밝히고 있다. 그는 『송승호초서送僧浩初序』에서

불교는 참으로 배척할 수 없는 것으로, 『주역』과 『논어』와 합치되어 즐길 만하고, 그 성정性情이 크므로 공자와 다른 도가 아니다. …… 내가 불법에서 취한 바는 『주역』과 『논어』와 분명하게 합치되므로 비록 성인이 다시 태어난다고 해도 배척할 수 없다.

라고 말하였다. 그는 또한 육조 혜능 선사의 비문을 찬술하였는데, 『조계대감선사비曹溪大鑑禪師碑』에서 불교와 유학의 회통을 여실하게 보여주고 있다. 유종원은 거기에서

그 도는 무위無爲로써 있음을 삼고, 공동空洞으로 실질(實)을 삼았
으며, 광대하고 방탕하지 않음을 귀지歸旨로 삼았다. 그 가르침은
시작을 성선性善하고, 끝도 성선으로 하며, 경작하지 않아도 본래
깨끗한 것(靜)이다. …… 그 설설을 갖추어서, 이제 천하에 펼치니,
무릇 선善이라고 말하는 것이, 그 근본은 모두 조계曹溪인 것이다.

라고 하고 있다. 여기에서 "경작하지 않아도 본래 깨끗한 것(靜)"이
라는 문구는 『예기禮記』의 "사람이 태어나서 깨끗함(靜)은 하늘의 성
품이다(人生而靜, 天之性也)"라는 사상과 통하는 바가 있다. 이처럼 그
의 문집에 실린 거의 모든 작품들이 불교와 유학을 회통시키는 내용
과 의도를 지니고 있다.

유우석은 자字가 몽득夢得으로 중산무극(中山無極, 현 河北省에 속해
있음) 사람이다. 그는 유종원과 매우 친밀한 사이로 세상에서 '유류지
교柳劉之交'라는 말이 '관포지교管鮑之交'와
유사한 말로 유행할 정도였다. 정치적으로
유종원과 비슷한 이력을 가지고 있지만, 유
우석의 말년은 비교적 순탄하였다. 사상에
있어서 그는 유종원과 함께 불교와 유학을
회통시키고자 노력하였다. 그러나 그는 유
종원과 다르게 선종에 깊이 매료되어 주로
선사들과 교류가 밀접하였다. 그에 따라 유
우석의 유불회통은 주로 선종의 심성론을
유학과 결합시키는 방향으로 나타난다.

유우석

유우석은 특히 육조 혜능 선사와 하택 신회 선사의 선사상에 대하여 깊은 관심을 보이고 있다. 그는 혜능-신회로 이어지는 선맥禪脈의 핵심적인 사상을 '돈오'로 파악하고, 그의 문집에서 혜능의 사상을 평하여 "한 번 돈오를 말하니, 초지初地를 밟지 않는다"라고 하고 있다. '초지'는 대승보살의 수행계위에 있어서 첫 단계로서, 초지로부터 십지에 이르는 단계적 수행을 시설하는 교학에 대해 '돈오'를 강조하여 그 '수고로움(勞)'을 벗어났다는 평가인 것이다. 더 나아가 그는 혜능 선사의 '무소득無所得'에 대한 평가를 "얻음이 없는 얻음(無得而得)"이라 귀결하였다. 실제적으로 이러한 그의 평가는 이후 선종에 있어서 상당히 중요한 작용을 하게 된다.

유우석은 또한 유종원과 함께 혜능 선사의 비문을 찬술하는데, 이를 흔히 『육조대감선사 제2비』라고 한다. 그는 이 비문에서 "부처님께서 멸한 후 5백 년 후에 달마가 법을 지니고 와 중국인들에게 그 마음을 전하니, 신새벽에 비로소 밝은 태양을 볼 수 있게 되었도다"라고 찬탄하고 있다. 이로부터 그가 선종에 깊은 관심을 가지고 있음을 여실하게 알 수 있다.

유우석에게는 규봉 종밀 선사에게 보내는 「송종밀상인귀남산초당사인예하남윤백시랑送宗密上人歸南山草堂寺因詣河南尹白侍郎」이라는 긴 제목의 시가 한 수 있다.

숙세에 익혀 얻은 혜근慧根,
다문제일이 말을 잊고,
칠조七祖에서 전한 심인心印,
삼승 방편은 필요치 않네.

동쪽 푸른 바다에서 옛 흔적을 찾고,
서쪽 붉은 누각으로 돌아가 속세의 일을 잊네.
하남河南 백윤白尹 큰 시주,
진경眞經을 대하여 잘 새기십시오.

이 시에서 말하는 '칠조七祖'는 바로 하택 신회 선사를 가리키는 것으로, 유우석은 선종의 참다운 법맥을 '혜능―신회―종밀'로 설정하고 있음을 짐작하게 하는 시이다. 이러한 그의 관점은 선종사에 있어서 중요한 내용을 제시하고 있다. 후기 선종에서는 하택 선사나 종밀 대사를 모두 '지혜종도知慧宗徒'로 비판하고 있기 때문이다. 이 점은 남종선의 정맥正脈과 관련된 중요한 문제로서 자세한 언급은 다른 기회로 미루겠다.

지금까지 양숙, 이고, 유종원, 유우석 등 대표적인 유학자들의 심성론에 있어서 유불회통儒佛會通을 살펴보았다. 『지관통례』의 저자인 양숙은 천태종의 심성론과 유학의 심성이론을 결합시키려 노력하였고, 또한 이고는 『복성서』에서 선종의 '명심견성明心見性'과 유학의 심성론을 결합시키고자 하였다. 그러나 양숙과 이고는 여전히 유학자의 입장을 견지하여 불교의 현상에 대해서는 비판적인 입장을 고수했다. 이에 반하여 유종원과 유우석은 말 그대로 불교인의 입장에서 한유의 불교비판에 적극적으로 대응했다. 재미있는 것은 유종원과 양숙은 천태종의 사상에 매료되어 있었고, 이고와 유우석은 선종에 관심을 보였다는 것이다. 이는 당시 불교의 주류가 천태종과 선종이었음을 반증하는 것이기도 하다. 당시는 이른바 중국의 삼대 종파인 천태·화엄·선종 가운데서 화엄종은 아직 크게 교세를 떨치지 못하고 있었다.

　유학에 뛰어난 이러한 거사들에 의해 이루어진, 심성론에 있어서 불교와 유학을 결합시키려던 시도는 중국사상사에서 중요한 의의를 갖는다. 이들이 시도한 유불회통은 송·명대에 이학理學과 심학心學의 출현에 결정적인 작용을 하였다. 주돈이周敦頤의 '무욕고정無慾故靜'의 학설은 선종의 '이상離相'·'무념無念'과의 긴밀한 연계성을 보이고, 장재張載의 '천지지성天地之性'·'민포물여民胞物與'의 사상은 불교의 '진여불성眞如佛性'·'만법유심萬法唯心'과 배대할 수 있고, 심지어 표면적으로 불교에 비판적인 모습을 보인 주희의 성리학조차도 '겉은 유학이지만 내용은 불교(表儒內釋)'라는 평가가 나타난다.

13. 선사 문하의 거사들

1) 우두종의 이화 거사

당나라에 들어서 선종은 중국의 중요한 종파로서 성립된다. 남북조 시기에 북방을 중심으로 달마-혜가계의 이른바 '남천축일승종南天竺一乘宗'이 활발하게 활동하였지만, 종파를 형성할 정도는 아니었다. 종파의 성립 조건을 독자적 사상과 그를 제시한 종조, 그리고 어느 정도 세력을 형성한 문도의 세 가지로 본다면, 선종의 본격적인 형성은 이른바 4조로 칭해지는 도신 선사와 5조 홍인 선사의 동산법문東山法門에 이르러서이다. 따라서 엄밀한 의미에서 본다면 선종 초조의 지위는 당연히 도신 선사가 되어야 할 것이다. 도신 선사의 선사상은 달마-혜가계와 상당한 차별을 지닌 독자성을 구비하고 있고, 또한 도신-홍인의 문하에는 각각 700여 명, 1,200여 명의 대중이 운집하였으며, 더 나아가 북종과 남종, 남종으로부터 분화된 오가칠종五家七宗, 염불선念佛禪 등 선종의 모든 분파가 도신-홍인의 동산법문으로부터 나오기 때문이다.

그러나 선종의 기치인 '교외별전'과 '이심전심'을 필연적으로 석가모니 불조佛祖로 연결되어야 하는 이론적 필요성 때문에 그 법맥이 달마-혜가로 연결된 것이라고 할 수 있다. 더욱이 당나라 초기에 유가에서는 '전법세계傳法世系', 도가에서는 '도통설道統說'을 확립시켰으며, 선종보다 앞선 기존 종파에서도 역시 부법付法의 법맥을 확립하였다. 이에 선종에서도 법통을 세울 수밖에 없었고, 또한 '이심전심'은 그 법통을 석가모니 불조로 이을 수밖에 없었다. 그에 따라 이른바 '서천 33조'와 '동토 6조'의 '조통부법설祖統付法說'을 세웠고, 결국 중국 선종의 초조는 서역으로부터 온 달마 대사가 차지하게 된 것이다.

중국의 제 종파 가운데 뒤늦게 형성된 선종은 여러 가지 시절인연으로 점차 중국의 대표적인 종파로 정립되어 송·명 시기에 있어서는 정토와 결합함으로써 천하를 석권하게 된다. 이러한 과정에는 선사상 자체가 중국인들의 성향에 맞게 재구성되었던 점과 기라성 같은 선사들의 업적이 바탕이 되었지만, 수많은 거사들의 다양한 활동 역시 결코 간과할 수 없다. 특히 앞에서 언급한 선종의 정통성을 부여하는 법통의 문제와 교세의 확장에 있어서는 사대부 거사들이 중요한 역할을 한다. 이에 선종에 있어서 뛰어난 거사들의 면면을 살펴보기로 하겠다.

선종의 거사들에 있어서 시기적으로 가장 먼저 주목할 인물은 바로 이화(李華, 715~766)이다. 이화는 자字가 하숙遐叔으로 조주趙州 찬황(贊皇, 현 河北省 元氏) 사람이다. 어려서 진사에 급제하여 감찰어사監察御史, 우보궐右補闕 등의 관직을 맡아 많은 사람들의 시샘을 받았다고 한다. 『신당서新唐書』에 실린 그의 전기에 따르면, 이화는 안록산의 난이 일어났을 때 모친을 구하려고 반란군이 점령한 장안에 갔다가 오히려 반란군에게 잡혔다. 난이 평정된 이후, 그 과오를 물어 항주사호참군杭州司戶參軍으로 강등되었다. 후에 다시 이부吏部 원외랑員外郞으로 중용되었으나 그는 "위급한 난을 당하여 절개도 지키지

도신 　　　　　 우두 법융 　　　　　 경산 현소

못하고, 또한 모친을 편안하게 모시지도 못했다"며 관직을 사양하고, 강남의 산양山陽에 은거했으며, 자식들에게도 관직에 나가지 말고 농사를 지으라고 권했다고 한다. 이러한 정치적인 이력 때문인지 그는 만년에 더욱 불교에 심취하게 된다.

이화는 일찍이 천태종의 형계 담연으로부터 천태학을 배웠는데, 담연 대사는 거사를 위하여 『지관대의止觀大意』를 찬술하기도 하였다. 또한 『대일경』 등의 밀교경전을 번역한 선무외(善無畏, 637~735) 삼장으로부터 밀교를 배웠다. 개원開元 23년(735), 선무외 삼장이 입적하자 거사는 삼장의 『행장』과 『비명碑銘』 등을 찬술하였다. 만년에 그는 우두선牛頭禪에 지대한 관심을 갖는다. 거사는 우두 법융牛頭法融 선사의 5세손인 경산 현소(徑山玄素, 鶴林玄素, 668~752) 선사를 스승으로 모시며, 우두선을 널리 펴는 데 중요한 역할을 한다. 현소 선사가 입적한 후, 그는 『경산대사비명徑山大師碑銘』을 찬술했다. 이 비명에서 거사는 우두선의 법맥을 "도신-법융法融-지암智巖-혜방慧方-법지法持-현소"로 설정하고 있다. 역대로 선종에서는 거사가 설정한 법맥에 따라 법융 선사를 도신 선사의 사법嗣法으로 받아들였고, 그에 따라 우두선을 정통 선맥으로 인정했었다. 그런데 이러한 법

3장 수·당대의 거사들　139

맥은 최근의 연구에 의하여 믿을 수 없는 것으로 판명되었다. 더구나 우두 법융 선사와 동시대에 활동한 도선道宣은 최초로 법융 선사의 전기를 『속고승전續高僧傳』에 기재하면서 도신 선사와의 사법관계를 언급하지 않고 있다. 만약 도신 선사와의 사법관계가 사실이라면 법맥을 극도로 중시하는 선종 승려의 전기를 집필하면서 그를 누락시킨다는 것은 상상하기 어렵기 때문이다. 그렇다면 이화는 무엇 때문에 이렇게 법맥을 설정한 것일까?

이는 이화가 활동할 당시의 동산법문의 위상과 관련이 있을 것이다. 신수神秀 대사의 북종北宗이 측천무후則天武后의 귀의를 받음으로써 제도帝都 불교에 진입하여 위세를 떨치고 있는 상황에서 하택 신회 선사가 육조 혜능 선사를 선양하기 위하여 '북종은 방계이고, 혜능의 남종만이 정맥'이라는 '남종현창南宗顯彰운동'을 맹렬하게 전개하던 시기였다. 따라서 북종과 남종을 모두 배출한 동산법문은 선종에 있어서 최고의 권위를 담보하고 있었다. 이러한 상황에서 이화가 귀의한 우두선의 법맥을 동산법문의 창시자인 도신 선사에게 연결시킨다면 그 효과는 너무도 분명하기 때문이다.

『경산대사비명』의 끝부분에 현소 선사에 대한 이화의 마음이 드러나 있는 구절이 있다. "제자는 경산 선사로부터 법을 들음은 마치 악정자춘樂正子春이 부자(夫子, 공자)에게 들은 것 같도다." 이 구절에서 말하는 "악정자춘이 부자에게 들은 것 같다"는 것은 바로 『예기禮記』의 「제의祭義」편에 나오는 고사에서 비롯된 것이다. 즉 악정자춘이 발을 다쳐 몇 달 동안 근심하였는데, 제자들이 물으니, 효는 몸을 상하지 않음을 기본으로 하는데 몸을 다쳤으니 나는 그를 근심하는 것으로, 이를 증자에게 들었고 증자는 다시 부자에게 들었다는 내용이다. 다시 말하여 '효'를 극단적으로 강조하는 표현이다. 이화가 이러한 표현을 쓴 것은 바로 스승을 향한 지극한 '효'를 표현하고자 한 것이다. 예로부터 '군사부일체君師父一體'라고 하여 스승에게도 지극한 효를 다해야 함은 당연한 것이다. 그렇다면 지극한 효의 완성은 무엇인가?『효경』에서는 효의 완성을 '입신양명立身揚名'으로 설정하는데, 우두선에 귀의한 그의 '양명'은 무엇이었을까? 선종에서의 양명은 이화가 귀의한 우두선에 정통성을 부여하여 선법이 보다 널리 세상에 펼쳐지는 것이 아니었을까? 이는 물론 필자의 추론일 뿐이다. 그러나 이화의 의도는 성공적이어서 역대로 우두선은 정통 선맥으로 평가되었다. 또한 거의 반세기가 지난 후(829), 선종에 심취한 유우석에 의해『우두산제일조융대사신탑기牛頭山第一祖融大師新塔記』가 찬술되는데, 여기에서도 법융 선사는 도신 선사의 법맥으로 묘사된다. 아마도 유우석은 이화가 찬술한『비명』을 답습한 것으로 보인다.

그런데 이화의『비명』에는 현소 선사가 입적하자 "주의 자사와 읍의 관리가 상례를 주관했고, 대중들을 인솔하여 애도하니, 강호에 슬픔이 가득하였다"라는 표현이 나타난다. 또한 '보살계 제자'로서 "이부시랑 제한齊澣, 형부상서 장균張均, …… 예부원외랑 최영흠崔令欽" 등 십여 명의 중앙 고위관료들의 명칭이 보인다. 이로부터 보자면, 현소 선사의 주변에 상당히 많은 거사들이 활동하고 있었음을 짐작할 수 있다. 또한 이들 가운데 여러 명이 신·구의『당서唐書』에 그 전기가 게재되어 있어 보다 구체적인 관계를 유추할 수 있게 한다.

이화는 대력大歷 원년元年에 52세의 나이로 입적하였다. 그는 시문에 능하여 주옥과 같은 많은 글들을 남겼는데, 후인들이 그를 모아『이하숙문집李遐叔文集』10권으로 편찬했다.

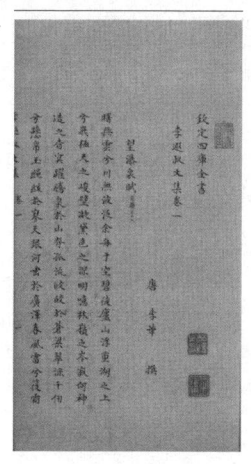

이하숙문집

최근의 연구에 따르면, 우두종은 삼론종三論宗의 반야사상과 노장사상, 특히 성현영이 『장자莊子』를 새롭게 해석한 '중현학重玄學'을 결합시켜 새로운 선학禪學사상을 제시한 것으로 평가한다. 따라서 『문수설반야경文殊說般若經』(도신 선사)과 『금강경』(홍인 선사)의 '일행삼매一行三昧'를 중심으로 전개하는 동산법문과는 사상적으로 차별이 나타난다. 그러나 우두선이 선종의 정맥으로 들어오면서 후기 선종, 즉 조사선에 있어서는 점차로 『장자』의 영향을 깊이 받게 되어 이른바 '장학화莊學化'의 현상이 두드러진다. 이러한 흐름은 바로 이화가 우두선의 법맥을 조작한 결과라고 한다면 너무 큰 비약일까?

2) 우두선에 귀의한 거사들

이덕유

이화에 이어 우두선에 귀의한 수많은 거사 가운데 유명한 이는 바로 이덕유(李德裕, 787~850)이다. 그의 부친인 이길보(李吉甫, 758~814) 역시 불교에 귀의한 거사였다. 이길보는 고위관직을 역임했으며, 『불법금탕편』에 따르면 화엄종의 청량 징관淸凉澄觀대사가 그를 위해 『화엄정요華嚴正要』1권을 찬술했다고 한다. 그러나 그는 말년에 앞에서 언급했던 현소 선사의 제자인 법흠法欽 선사에게 귀의했으며, 선사가 입적한 후 선사의 비문을 지었다. 이러한 부친의 영향으로 이덕유 역시 우두선에 귀의한다.

이덕유는 자字가 문요文饒로서 절서관찰사折西觀察使, 서천절도사西川節度使 등의 관직을 역임했으며, 특히 당 무종이 일으킨 회창 법난(會昌法亂, 841~847) 시기에 승상丞相을 맡았다. 『구당서』 권147에 실린 전기에 따르면, 이덕유는 일찍이 조정에 국가의 허락을 받지 않은 사도를 금지시키는 법안을 주청했다고 한다. 그러나 태화太和 3년(829) 검교예부상서檢校禮部尙書의 직위에 있으면서 20만 전錢을 보시해 남경南京에 법융法融 선사의 새로운 탑을 건립했고, 유우석 거사에게 『탑기塔記』의 찬술을 청했다. 유우석은 이 『탑기』에서 이덕유를 평하여 "이치를 숭상하고, 옛것을 믿으며, 유가와 현학을 함께 닦았다. 승려들이 부처를 팔아 사람들을 현혹시키는 것을 금지시켰지만, 참다운 실상實相에는 깊게 통달하였다"라고 적고 있다. 이처럼 사도를 금지시키는 법안을 주청해 실행했지만, 그것은 바로 "부처를 팔아 사람들을 현혹시키는 것"을 금하게 하려는 의도였다. 또한 유우석의 "참다운 실상에 깊게 통달"했다는 평가로부터 이덕유가 불교를 깊이 이해하고 있었음을 알 수 있게 한다. 그리고 "유가와 현학을 함께 닦았다"는 평가에서 그가 심취하고 있던 불교의 경향을 짐작할 수 있게 한다.

"유가와 현학을 함께 닦은" 이덕유의 안목에 만족할 만한 불교는 과연 무엇이었을까? 이미 부친으로부터 불교적 훈습을 받고 성장한 그의 불교에 대한 이해가 상당한 수준이었을 것은 충분히 짐작할 수 있다. 또한 천태학과 화엄학 등에 능통한 부친이 만년에 우두선에 매료되었던 영향으로 인해 이덕유에게는 어떤 종파보다도 우두선에 관심이 많았을 것이다. 특히 그가 관직 때문에 상당 기간 동안 강남에 머물러 있었던 일도 우두선에 관심을 가지는 계기를 제공하였다.

여기에서 이른바 강남불교의 특징에 대하여 잠시 고찰해보자. 중국문화는 장안(지금의 西安)과 낙양의 관중關中을 중심으로 하는 황하문화와 남경을 중심으로 하는 장강문화로 크게 대별된다. 한대와 위·서진 시기까지는 주로 관중지역이 문화의 중심지 역할을 하였다. 그러나 서진의 실정으로 북방지역이 소수민족에 의해 점령되면서 대다수의 지식인들이 남방으로 남하하여 남경을 도읍으로 동진東晉을 세우게 된다. 이를 '동진 16국' 시대라고 하고, 후에 다시 남방과 북방이 여러 왕조로 명멸하는 시기를 바로 '남북조' 시기라고 한다. 이러한 남북으로 분리된 정치적 상황은 중국불교의 전개에 결정적인 작용을 한다. 남방에 있어서는 관중으로부터 형성된 학문적 전통, 즉 현학을 그대로 유지하고 있었다. 북방으로부터 대승교학, 특히 반야학이 전래되면서 중국 전역은 반야학에 대한 관심이 집중되는데, 남방은 그 전통에 따라 현학과 반야학을 결합시킨 상태로 출현하게 된다. 본무종本無宗, 심무종心無宗, 즉색종卽色宗 등 철저하게 현학과 결합된 이른바 '육가칠종六家七宗'의 반야학파가 모두 강남불교에서 출현하게 되었다. 그런데 현학은 바로 『주역』, 『노자』, 『장자』의 '삼현三玄'을 대상으로 하고 있는 학문이므로 필연적으로 강남불교의 반야학은 이 '삼현'과 결합될 수밖에 없었던 특징을 지닌다. 중국 반야학파인 삼론종에 노장과 도가적 색채가 가득한 이유를 바로 여기에서 찾을 수 있다.

이러한 상황은 당대에 이르러서 더욱 심화된다. 특히 도사인 성현영은 삼론종의 학설을 흡수하여 『장자』를 새롭게 해석하면서 강남지역에 새롭게 '현학'을 부흥시켰다. 이것을 '중현학重玄學'이라고 칭하는데, 우두선은 바로 그러한 중현학과 긴밀한 사상적 관계가 있다고 할 수 있다. 우두선의 조사인 법융 선사의 『절관론絶觀論』에서는 대도大道를 "충허유적充虛幽寂"으로 파악하여 "허공을 도의 근본(虛空爲道本)"으로 세운다. 이는 바로 현학의 '무로서 근본을 삼음(以無爲本)'과 그대로 일치하는 것이며, 더욱이 최종적으로 '성품에 맡겨 소요함(任性逍遙)'을 제창하는데, 이러한 사상은 장자의 사상과 다를 바가 없다.

또한 우두선은 삼론종의 길장吉藏 대사의 '무정성불無情成佛'의 학설을 받아들이고, 나아가 장자의 '도는 없는 곳이 없다(道無所不遍)'는 사상을 결합하여 '푸르고 푸른 대나무가 모두 법신이며, 활짝 핀 노란 꽃이 반야 아님이 없다(靑靑翠竹, 盡是法身, 郁郁黃花, 無非般若)'고 하는 유명한 명제를 제시한다. 후대에 이러한 사상은 조사선에서 상당히 중시된다.

그렇다면 무엇 때문에 이러한 우두선에 이덕유와 같은 당시 최고위 관료들이 매료되었을까? 특히 그는 무종이 회창 법난을 일으킬 때, 승상의 지위에 있으면서 법난을 막았던 것이 아니라 오히려 동조했던 인물이다. 어쩌면 이덕유의 안목에는 당시 교학불교의 상황이 상당히 불만족스러웠던 것은 아니었을까? 우두선은 앞에서 말한 바와 같이 순수불교라기보다는 가장 중국적 사상인 현학과 결합된 불교, 즉 가장 중국화된 '선禪'이었기 때문에 유가와 현학을 함께 닦은 그의 마음에 계합되었던 것은 아니었을까? 회창 법난은 결국 교학의 쇠퇴를 가져왔고, 선종이 중국 천하를 석권하는 계기가 되었던 것은 역사적 사실이다.

양관 진소유

우두선에 귀의한 유명한 관료 가운데 한 사람은 양관(楊綰, ?~777)이다. 그는 어려서 부친을 잃고 몹시 가난했지만, 모친에 대한 지극한 효성과 청렴함으로 유명했다. 양관의 청렴함은 황제까지도 인정하여 이부상서吏部尙書, 중서령中書令 등의 고관을 지냈으며, 역대로 청렴함의 귀감으로 이름이 높다. 『구당서』에 실린 전기에 따르면, 양관의 성품에 대해 "현리玄理를 극도로 숭상하고, 고요하여 욕심이 없다"라고 평가한다. 또한 양관은 상당히 총명하여 학자들이 경서의 오의奧義를 깨닫지 못하고 있을 때, 경서를 일람하고 그 도리를 깨우쳐 대중들에게 설명해 주었으며, 불교와 도교의 양교를 모두 숭상하여 뛰어난 선사나 도사들과 도를 논함을 즐겼다고 한다. 특히 우두선의 법흠 선사와 관계가 밀접했는데, 양관은 선사를 '방외方外의 고사高士'라고 극찬하였다.

양관 이외에 배도(裵度, 765~839)와 진소유(陳少游, 724~784), 최군(崔群, 772~832) 등이 모두 우두선에 귀의한 거사들이다. 배도 역시 어사중승, 문하시랑 등의 고관을 역임하였으며, 만년에 우두선의 법흠 선사에게 귀의하여 백거이, 유우석 등의 거사들과 함께 도를 논하며 어울렸다고 한다. 진소유는 어려서 노장사상에 심취했지만, 도사 오균吳筠이 입궁하여 불교를 비판하는 것을 보고 불교에 귀의했다는 묘한 인연을 가지고 있다. 최군은 한림학사, 중서시랑中書侍郎 등의 고관을 역임했으며, 우두선의 법흠 선사와 마조 도일 선사의 사법 제자인 여회如會 선사에게 귀의하였다. 아마도 여회 선사가 마조 선사에게 법을 받기 전에 법흠 선사에게 와서 법을 물었던 시기에 인연이 되었을 것이다. 최군은 『거사분등록居士分燈錄』에 전기가 게재되어 있다. 그에 따르면, 그는 법흠 선사에게 출가를 원한다고 말씀드렸다. 그러자 선사는 "출가는 바로 대장부가 할 일인데, 어찌 장상將相, 장수와 재상이 능히 할 수 있겠는가?"라고 호통을 치자 양관은 말끝에 깨달았다고 한다.

이상으로 우두선에 귀의한 이화, 이덕유, 양관, 배도, 진소유, 최군 등의 거사들을 살펴보았다. 이들 사대부 거사들의 특징은 모두 유학을 바탕으로 하고 있고, 또한 대부분 현학에 깊은 관심을 가졌다는 것이다. 우두선은 사상적으로 중현학과 삼론종을 결합시켜 그를 실천적으로 재구성한 선학이라고 할 수 있는데, 이러한 점이 바로 사대부 거사들을 깊이 매료시킨 것이 아닐까 한다. 또한 이러한 사대부 거사들의 귀의는 강남을 중심으로 하여 우두선이 크게 번창하는 계기가 되었으며, 이후 선종이 중국 천하에 널리 퍼지게 하는 토대가 되었다.

3) 보당선에 귀의한 거사들

우두선이 절강지역에서 흥성하던 시기에, 지금의 사천四川 성도成都 일대에 보당선保唐禪이 활약하고 있었다. 보당선의 선구자는 자주(資

州, 지금의 四川省 資中) 덕순사德純寺의 지선智詵 선사이며, 실제적인 창립자는 성도成都 정중사淨衆寺의 무주無住 선사이다. 무주의 스승은 정중사의 신라 무상無相 선사였다. 보당선과 정중선淨衆禪은 사자상승관계일 뿐만 아니라 선학禪學에 있어서도 긴밀한 관련을 가지고 있다.

종밀宗密의 『중화전심지선문사자승습도中華傳心地禪門師資承襲圖』에 따르면, 지선 선사는 홍인弘忍 선사의 십대제자 가운데 한 사람으로, 출가 후에 먼저 현장玄奘 법사를 사사하다가 후에 홍인 선사의 제자가 되었다고 한다. 홍인 선사를 떠난 후에는 사천 자주의 덕순사에 주석하였다. 만세萬歲 통천通天 2년(697), 측천무후가 천관랑중 장창기張昌期를 파견하여 지선 선사의 입경入京을 청하였으며, 지선 선사는 이에 응하여 장안으로 가서 내도량內道場의 공양을 받았으나 오래지 않아 병을 이유로 사직하고 돌아왔다.

무상 선사는 속성이 김씨였기 때문에 또한 김화상金和尚이라고도 불렸는데, 신라 왕족 출신이다. 출가 후에 서해를 건너 당에 와서 스승과 불도를 구하였으며, 처적處寂 선사에게서 법을 얻었다. 후에 대부大夫인 장구겸경章仇兼瓊의 청으로 성도에 들어와 약 이십여 년간 선법을 폈으며, 정중선을 창립하였다. '정중선'의 건립은 필시 장구겸경의 도움과 대단히 밀접한 관계가 있는 것으로 보이는데, 거사에 대해서는 알려진 바가 거의 없다.

무상 선사는 신회神會 등의 많은 제자를 두었다. 이 신회는 정중사에 기거하였으며,

무상 선사

위고가 완성한 낙산대불

남양南陽의 하택 신회와는 다른 인물이다. 그는 남강왕南康王 위고(韋皐, 745~805)의 귀의를 받았다.

위고는 자字를 성무城武라 하며, 경조京兆 사람이다. 고위관직을 역임하고 남강군왕南康郡王에 책봉되었다. 덕종德宗의 재위 기간에 그는 남쪽 운남의 만족과 연합하여 서쪽 토번의 침략을 물리치고, 서남지역의 변방을 안정시켰다. 위고는 유명한 불교거사로 『가주미륵여래석상기嘉州彌勒如來石像』, 『재수성도부대성자사금동보현보살기再修成都府大聖慈寺金洞普賢菩薩記』, 『보응사기寶應寺記』, 『보원사전수비니신소기寶圓寺傳授毗尼新疏記』, 『사천앵무사리탑기四川鸚鵡舍利塔記』 등을 찬술했는데, 『전당문全唐文』에 게재되어 있다. 신회 선사가 입적하자 위고는 친히 비석을 세우고 비문을 써서 그에 대한 존경심을 보였다.

무상 선사의 또 다른 제자는 무주로, 그는 일찍이 진초장陳楚章 거사에게서 법을 얻었다. 『역대삼보기歷代三寶紀』와 『원각경대소초圓覺經大疏抄』 등의 기록에 의하면, 무주의 속성은 이李씨, 봉상미현(鳳翔眉縣, 지금의 陝西省 眉縣) 사람이다. 북방에서 종군할 때 신안왕信安王의 중용을 받는다. 그러나 어느 날 "선지식을 만나지 못하고, 일생을 허비할 수 없다"고 하여 관직을 버리고 구도생활을 시작한다. 이 시기에 무주가 먼저 만난 사람이 진초장이었다. 그는 홍인의 법사法嗣 가운데 한 명으로, 숭산嵩山 노안老安의 재가제자였다. 그는 무주를 위하여 '돈오법'을 설하고 노안 선사의 선법을 전수해 주었다. 이 당시에는 무주는 아직 거사의 신분이었다. 후에 거사불교의 생활에 만족을 느끼지 못하고 태원太原 자재自在 선사 아래서 출가하였다. 수년 후에 다시 성도 정중사에 들어와 무상 선사를 참알하였다. 무상 선사는 세상을 떠나기 전에 동선董璇 거사를 청하여 비밀리에 가사를 주며 무주에게 전하게 하여 정중선법淨衆禪法을 전승하였다. 영태永泰 2년(766), 무주 선사는 두홍점杜鴻漸의 청으로 성도 보당사에 머물며 선법을 펴기 시작하였고, 보당선을 창립하였다. 보당선의 창립과정에 진초장, 동선, 두홍점 등 여러 거사들이 모두 적극적으로 참여했음을 엿볼 수 있다.

두홍점(杜鴻漸, 709~769)의 자字는 지선之選이며, 재상 두섬杜暹의 혈족이다. 숙종肅宗 때에 병부시랑兵部侍郎으로 임용되었고, 영태永泰 2년(766)에 재상에 등용돼 성도윤成都尹, 산남서도山南西道, 검남동천부원수劍南東川副元帥를 겸하였다. 신·구 『당서唐書』의 기록에 의하면, 두홍점은 불교에 대한 신앙이 대단히 진실하고 성실하였다고 한다. 재상과 성도윤을 겸하면서 검남서천절도사의 임무를 수행하는 기간에 촉蜀의 땅에 보당선이 흥성할 수 있도록 적극적으로 지원하였으며, 불교의 발전에 중요한 공헌을 하였다. 『신당서』 권126에 실린 그의 전기에는 수천 명의 스님들에게 공양을 올렸다는 기록이 나타나고, 『구당서』 권108에 실린 전기에는 만년에 선리禪理를 추구하다가 스님께 부탁하여 삭발수계를 받았으며, 죽은 후에는 다비를 하라는 유언을 남겼다고 한다.

두홍점이 처음 익주益州에 도착했을 때, 사자를 백애산白崖山으로 파견하여 무주 선사를 청하고 법을 물었다. 『역대삼보기』의 기록에 의하면, 두홍점은 무주 선사를 추종했기 때문에 현지의 여러 장군들의 지지를 받았다고 한다. 이는 무주 선사가 이미 현지에 견실한 지지 기반을 가지고 있었다는 것을 의미한다. 또한 『경덕전등록景德傳燈錄』에는 거사와 무주 선사 사이에 다음과 같은 선문답을 나눈 내용을 기록하고 있다.

두홍점이 무주 선사에게 묻기를,
"김화상(무상 선사)이 설한 무억無憶, 무념無念, 막망莫妄의 삼구三句를 들었습니까?"
라고 하자, 선사는
"들었습니다."
라고 했다. 거사가
"이 삼구는 하나입니까? 아니면 셋입니까?"
라고 하자 선사는
"무억은 계戒의 이름이요, 무념은 정定의 이름이며, 막망은 혜의 이름입니다. 한 마음(一心)이 생하지 않으면 계정혜를 갖춘 것이기에 하나도 셋도 아닙니다."

라고 하였다. 또 거사가 묻기를
"선사께서도 이 삼구를 사람들에게 보입니까?"
라고 하자, 선사는
"초심학인에 대해서는 생각을 쉬게 하고, 식識의 파도를 그쳐 맑게 하며, 물을 맑게 하여 그림자를 비추게 하고, 무념체無念體를 깨닫게 하여 적정寂靜이 현전하게 할 뿐으로, 무념은 또한 세우지도 않습니다."
라고 하였다.
이로부터 거사는 무주 선사에게서 깨우침을 얻고 '마음에 선열이 깃들었다(棲心禪悅)'고 한다.

보당선의 성쇠와 상류층 거사들과의 관계는 대단히 밀접하다. 무주 선사는 파촉巴蜀 지역의 군벌, 관료, 사자士者와 모두 교류가 있었다. 두홍점은 성도에 들어온 이후에 현지군벌 최령崔寧과 인연을 맺었고, 또한 최령을 통하여 무주 선사에게 산을 나와 그들을 위하여 선법을 보여주기를 간곡히 청하였다. 이로부터 보당선계가 형성된 것이다.

최령의 본명은 간旰이며, 조정에서는 두홍점의 요청으로 그를 서천절도사행군사마西川節度使行軍司馬로 임명하고, 령寧이란 이름을 내렸다. 파촉에 십여 년을 재직하면서 지역의 용맹한 군대를 거느리고 있었기 때문에 조정에서도 어찌 할 도리가 없었다. 이렇게 두홍점과 최령 두 거사의 적극적인 지원에 힘입어 보당선은 파촉 지역을 중심으로 하여 상당히 번창하게 된다.『역대법보기』에 따르면, "무주 선사가 익주에 도착하자 주의 관리들이 직접 영접하였으며, 현에 이르자 현령이 직접 길을 안내했다. 집집마다 깃발을 달았으며, 향을 피웠다"라고 한다. 이는 지방 세력의 불교에 대한 직접적인 작용을 나타낸 것이다.

두홍점이 세상을 떠나고 최령 또한 정치적 세력을 잃은 후에 보당선은 급속히 쇠락해 갔다. 무주 선사 이후에 그 제자들의 행적은 분명하지가 않다. 송대에 이르러 보당선의 역사와 사상에 관련된 것은 이미 사람들에게 잊혀 갔고, 그에 따라『송고승전』에는 무주 선사의 전기조차도 실리지 못했다. 이러한 측면에서 보자면, 법을 펼침에 있어서 선사의 뛰어난 선법도 중요하지만, 그를 지지해주는 재가거사의 지원이 성쇠의 중요한 요소라는 것을 알 수 있다.

4) 북종선에 귀의한 거사들

도신—홍인 선사로 이어진 동산법문은 실질적인 중국선종의 정맥으로, 이로부터 북종과 남종이 분화되고, 다시 남종으로부터 오가칠종으로 나뉘면서 중국 천하를 석권하게 된다. 이 동산법문이 세상에 크게 알려지게 된 계기는 바로 신수神秀—현색玄賾으로 이어지는 '북종선'의 등장이다. 특히 신수 대사는 이른바 '양경兩京의 법주法主'이고, '삼제三帝의 국사國師'라고 칭하여지며 측천무후와 중종中宗, 예종睿宗의 귀의를 받아 '동산법문'의 이름을 천하에 떨치게 한다. 신수가 세 황제의 귀의를 받게 된 배후

신수 대사

에는 역시 고위관직을 가진 사대부 거사들의 역할이 있었다.

『전당문全唐文』권240에 게재된 송지문(宋之問, 656~712)의 『위낙하제승청법사앙수선사표爲落下諸僧請法事仰秀禪師表』에는 측천무후가 신수 대사를 청한 시기는 대사가 90세가 넘었을 때의 일이며, 최고의 대우를 받았던 사실들이 상세하게 묘사되어 있다. 송지문은 측천무후로부터 높은 관직을 받아 총애를 받았던 인물이다. 따라서 명확한 기록은 없지만 무후가 신수 대사를 청하는 데 결정적인 작용을 한 것으로 추정된다.

신수 대사가 입경하자 대사에게 깊이 매료된 거사는 바로 연국공燕國公 장설(張說, 667~730)이다. 장설은 자字가 도제道濟이고, 하남河南 낙양 사람이다. 어려서부터 불교에 심취하여 수많은 고승들과 교류하면서 불교와 관련된 작품들을 찬술했다. 또한 그는 측천무후 시절에 태자교서太子校書, 중종 때에는 배공부시랑拜工夫侍郎과 병부시랑兵部侍郎, 예종 때에는 중서시랑中書侍郎 등의 고위관직을 맡으면서 황제들에게 끊임없이 백성들을 위하여 불교를 신앙할 것을 아뢰었다. 그의 전기가 실린 『구당서』권97에 따르면, 장설은 30여 년간 세 황제 아래에서 여러 가지 정책을 빈틈없이 수행했으며, 또한 문필에 능해 특히 비문과 묘지는 당대에 누구도 따라갈 수 없었다고 전한다. 신수 대사가 입적한 후, 그는 『대통선사비大通禪師碑』를 찬술했다. 『송고승전』의 신수 대사 전기에 따르면, 장설은 몇 차례 대사를 방문하여 불법의 요지를 묻고서 '제자의 예'를 갖추었다. 또한 사람들에게 선사를 평하여 "선사의 키가 8척尺에 달하고, 진한 눈썹에 눈이 수려하며 위풍당당한 모습이 패왕霸王의 그릇이다"라고 하였다. 신수 대사가 '양경의 법주'와 '삼제의 국사'가 되고, 또한 당시에 북종선이 크게 부흥할 수 있었던 것은 세 황제 밑에서 고위관리를 지낸 장설 거사와 같은 이들의 귀의와 전폭적인 지지가 그 결정적인 힘이 되었다.

『조계대사별전曹溪大師別傳』에 따르면, 북종선의 선양에 크게 기여를 한 사대부 거사로 무평일(武平一, ?~741)을 언급하며 "북종속제자北宗俗第子"라고 말하고 있다. 무평일은 바로 송지문의 친밀한 친구로 두 사람은 모두 북종선의 유력한 지지자였다. 측천무후가 황권을 찬탈하고 국호를 '주周'로 바꾸자 무평일은 숭산에 은거하여 불도를 닦으며, 무후가 몇 차례 소환했지만 응하지 않았다. 중종이 황제에 오르자 소환에 응하여 기거사인起居舍人의 관직에 있었으며, 후에 고공원외랑考功員外郎을 역임했다. 말년에 남종선에 귀의하여 조계산에 들어가 혜능 탑에 예배하였다는 기록이 있지만, 구체적인 내용은 알려져 있지 않다.

신수 대사의 제자들 가운데 유명한 이가 보적普寂, 경현敬賢, 의복義福, 혜복惠福 등이다. 이들은 모두 사대부 거사들의 귀의를 받아 북종선이 수도를 중심으로 흥성하는 데 중요한 역할을 하였다.

신룡神龍 2년(706), 중종은 신수 대사의 연세가 높음을 이유로 보적 선사에게 그 문도를 대신 이끌게 하라는 조서를 내렸다. 보적 선사는 개원開元 13년(725)에 입적했는데, 현종玄宗은 '대조선사大照禪師'라는 시호를 내렸다. 『구당서』의 「신수전」에 따르면, 보적 선사가 제도에서 선법을 펼친 것은 수십 년으로 제왕을 비롯한 문무백관이 모두 귀의하여 제자를 자청했고, 승속의 제자가 만여 명을 헤아린다고 한다. 보적 선사에게 귀의한 이옹(李邕, 678~747) 거사의 『대조선사탑명』에는 장례식의 장면이 상세하게 묘사되어 있고, 『구당서』의 「신수전」에는 "도성에 일찍이 선사에게 참배한 자는 모두 제자의 옷을 입고 예의를 다해 장례를 모셨다"라고 한다.

보적 선사에게 귀의한 수많은 거사들 가운데 유명한 이는 이옹, 배관裵寬, 독고급獨孤及 등이다.

이옹은 자가 태화泰和이고, 광릉廣陵 강도(江都, 지금의 江蘇省 楊州) 사람이다. 관직은 북해태수北海太守에 이르렀고, 특히 서예가로도 유명하다. 이옹에게는 불교와 관계된 많은 작품들이 있는데, 그 가운데 『국청사비國淸寺碑』, 『숭악사비嵩岳寺碑』, 『동림사비東林寺碑』, 『청량사비淸涼寺碑』 등은 불교사에 있어서 중요한 자료이다. 『구당서』 권190에 실린 그의 전기에 따르면, 이옹은 어려서부터 비명碑銘에 관심이 많았고, 비록 먼 지방에서 관직을 맡고 있지만 항상 천하의 여러 사찰을 돌며 비문을 구했으며, 또한 수백 편이 넘는 비명을 찬술했다는 기록이 보인다. 재미있는 것은 그가 비명을 찬술하여 엄청난 재물을 모은 것은 역대에 없었던 일이라는 전기의 기록이다. 이는 그만큼 그가 비명에 능했다는 반증이라고 할 수 있다. 이옹이 찬술한 『숭악사비』에는 '달마-혜가-승찬-도신-홍인-신수-보적'의 전법이 나타나 있다. 그런데 『숭악사비』의 찬술은 보적 선사가 생존 시에 있었던 일이다. 이로부터 거사와 보적의 문하에서 북종의 전통을 세우기 위하여 얼마나 고심초사했는지를 엿볼 수 있다. 당시는 바로 신회 선사에 의하여 끊임없이 남종과 북종의 정통성 문제로 심각하게 쟁론이 일어나던 때였기 때문이다.

배관(681~755)은 보적 선사의 재가제자이다. 그는 병부시랑, 이부시랑 등의 중요관직을 두루 겸했다. 『구당서』 권100에 실린 배관의 전기에 따르면, 성품이 강직하고 소박하여 모든 사람들이 그를 따랐다고 한다. 또한 당시 실권자였던 이림보李林甫의 정치적 박해를 견디다 못해 관직을 버리고 출가하여 승려가 되겠다고 아뢰었지만 황제는 허락하지 않고, "석존의 경전을 숭신崇信하며, 항상 승도僧徒와 왕래하고, 늙도록 독실하게 분향 예참하라"고 조서를 내렸다. 『송고승전』에 따르면, 배관 거사는 보적 선사가 신이神異를 행하는 것을 여러 차례 목격하고 제자가 되었다고 한다. 또한 그는 선사로부터 심인心印을 얻었고, 아침저녁으로 선사를 찾아뵈어 제자의 예를 다했다. 이로부터 그는 재시와 외호의 역할을 했던 일반적인 사대부 거사와는 조금 차별이 있음을 알 수 있다.

보적 선사에게 귀의한 사대부 거사 가운데 유명한 사람은 독고급(725~777)이다. 그는 자가 지지至之이고 하남 낙양 사람이다. 천보天寶 말년에 진사에 합격하여 예부원외랑禮部員外郎, 상주常州자사 등을 역임했다. 이화, 양숙과 함께 당대唐代에서 고문에 능한 인물로 손꼽힌다. 독고급은 주로 찬문讚文을 찬술한 것으로 유명하다. 그가 찬술한 『서주산곡사각적탑수고경지선사비명舒州山谷寺覺寂塔隋故鏡智禪師碑銘』에는 '신수-보적'계의 북종선에 대한 극도의 찬양이 나타난다. 비록 비명의 대상은 3조 승찬僧璨 선사이지만, 그 내용으로 볼 때는 바로 보적 선사에 대한 정통 지위를 확립하고자 하는 의도가 보인다. 대력大曆 5년(770), 독고급은 서주舒州자사로 부임하면서 승찬 선사를 정식으로 포창褒彰해줄 것을 상주하게 되고, 그에 따라 7년(772) 대종大宗이 승찬 선사의 시호를 '경지鏡智', 탑명을 '각적覺寂'으로 하는 조서를 내렸다. 이로써 '3조 승찬 선사'는 정식으로 인정을 받게 되었던 것이다.

이러한 송지문, 장설, 무평일, 배관, 독고급 등의 고위관직을 지닌 사대부 거사들의 북종선에 대한 귀의와 절대적 지지를 바탕으로 북종선은 수도로부터 중국 천하로 빠르게 전파되어 나갔다. 또한 이 과정에서 형성된 '조통부법설祖統付法說'은 다시 남종선에서도 그대로 채택되면서 후대에 '서천 28조, 동토 6조'의 '33조사설'을 이루게 된다.

5) 하택 신회 선사에게 귀의한 거사들

신수-보적 계통의 북종선이 위세를 떨치고 있을 때, 남방에서는 같은 동산법문 출신인 혜능 선사 문하로부터 기라성 같은 선사들이 대거 배출되었다. 그 가운데 혜능 선사의 남종선을 선양하는 계기를 만든 이가 바로 하택 신회荷澤神會 선사였다.

 신회 선사는 출가 이전에 유가와 도가에 대해 능통했던 것으로 알려져 있다. 13세에 출가 후에는 형주荊州 옥천사玉泉寺의 신수 대사 문하에서 3년 동안 북종선을 수학하였다. 그에 따라 신회 선사는 북종선에 대하여 깊게 이해하고 있었다. 대족大足 원년(701) 신수 대사가 측천무후의 칙명으로 입경한 이후, 신회 선사는 남하하여 조계로 가서 혜능 선사의 제자가 되었다. 신회 선사에게 절대적인 지지를 보냈던 왕유王維의 『능선사비能禪師碑』에는 신회 선사가 어려서 혜능 선사의 "만년에 만나 중년에 이르기까지 도道를 들었다"라고 표현하는 것처럼, 비록 늦게 문하에 들어왔지만 입적 시까지 시봉하여 혜능 선사의 십대제자의 반열에 들었다. 그러나 실제적으로는 혜능 선사의 남종선을 크게 선양한 이는 바로 신회 선사라고 할 수 있다.

 근대에 돈황사본 가운데 최초로 신회 선사의 저작을 발굴하고, 수차례에 걸쳐 그에 대한 교감을 진행하여 편찬한 호적胡適은 『신회화상유집神會和尙遺集』에서 신회 선사에 대하여 다음과 같이 결론을 내리고 있다.

중국불교사에 있어서 가장 성공한 혁명가, 인도선의 훼멸자, 중국선의 건립자, '가사전법'이라는 위조의 역사를 건립한 자, '서천 28조'의 위사僞史를 최초로 세운 자, 『육조단경』의 소재를 최초로 제공한 자, 역사를 조작하여 혁명의 무기로 사용한 최대의 성공자, 이 사람이 신회 선사이다.

하택 신회

이러한 호적의 평가는 좀 더 검토해볼 필요가 있겠지만, 대체로 신회 선사의 중요성을 충분히 공감시킬 수 있는 결론이라고 할 수 있다. 신회 선사의 활약은 당연히 그 배후에 선사를 지지해주는 영향력 있는 사대부 거사들의 작용이 없었다면 불가능했을 것이다. 따라서 신회 선사에게 귀의한 거사들에 대하여 살펴보기로 하겠다.

혜능 선사의 입적 후인 개원 8년(720), 신회 선사는 황제의 명령으로 남양南陽의 용흥사龍興寺에 주석하게 된다. 이때 그곳의 태수 왕필王弼과 현령 장만경張萬頃의 귀의를 받아 절대적인 지지를 획득하게 되었고, 남양 지방의 교화를 크게 일으키게 되었다. 왕필과 장만경의 구체적인 행적은 분명하지 않지만, 『신회어록神會語錄』에 두 거사와 신회 선사와의 문답이 보인다. 이를 통해 볼 때, 두 거사의 불교에 대한 이해의 수준이 결코 낮지 않았음을 짐작할 수 있다. 이러한 거사들의 지지는 신회 선사의 남종선 선양을 위한 토대가 되었다.

개원 21년(733), 남양 지방으로부터 비롯된 북방의 관료 사대부 거사들의 절대적인 지지 아래 신회 선사는 활대(滑臺, 현재 河南省 滑縣) 대운사大雲寺에서 '무차대회'를 개최하여 신수-보적의 북종선에 대한 전면적인 공격과 이른바 '육조현창운동'을 본격적으로 시작하게 된다. 여기에서 신회 선사가 주창한 논리가 바로 "북종의 사승師承은 방계傍系이며, 법문은 점수"로서 혜능 선사의 남종이야말로 달마-혜가계 "남천축일승종南天竺一乘宗"의 참다운 계승자라는 것이었다. 더욱이 신회는 달마 대사로부터 법통의 신물信物로서 '가사'를 전수했으며, 그것이 혜능 선사에게 있다는 주장을 폈다. 그러나 이러한 신회의 주장은 사실과는 상당한 차이가 있다. 달마-혜가계와 도신-홍인의 동산법문이 교류했다는 역사적 근거는 현재의 사료에서 거의 찾아볼 수 없는 것이고, 법통의 증거라는 '가사'도 그 신빙성에 의심이 간다.

활대의 '무차대회'의 사정은 독고패獨孤沛에 의해『보리달마남종정시비론菩提達摩南宗定是非論』에 자세히 기록되고, 이는 돈황에서 발견된『신회어록』에 게재되어 있다. 독고패의 서문에는 "제자는 신회 화상의 법회에서 화상과 숭원 법사崇遠法師가 여러 이치들을 두고 논쟁하는 것을 보고 이 책을 지었는데, 개원 18년(730)에서부터 3년 동안 그 의론이 확정되지 않아 책을 완성시킬 수 없었다. 의론하는 바가 모두 다르니 이제 개원 21년에 논쟁한 내용을 발췌해 한 권으로 묶는다"라고 하였다. 이렇게 보면, 활대의 무차대회는 몇 년에 걸쳐서 진행되었던 것임을 알 수 있다. 이로부터 유명한 '남돈북점南頓北漸'의 기치가 세워지고, '남종'과 '북종'의 대립이 발생했음을 알 수 있다.

천보 4년(745), 병부시랑 송정宋鼎은 신회 선사를 청하여 낙양의 하택사荷澤寺에 주석하도록 한다. 이로서 세상에서는 '하택 선사'라고 호칭하게 되었는데,『경덕전등록』에 실린 신회의 전기에 따르면, "천보 4년 양종, 즉 남종 혜능 선사의 돈교와 북종 신수 대사의 점교를 확정하고,『현종기顯宗記』를 찬술하여 세상에 성행하였다"고 한다. 여러 가지 기록을 종합하면, 신회 선사는 낙양의 하택사에서 "매달 법회를 열어 대중을 위해 설법하되 청정선淸淨禪을 타파하고 여래선如來禪을 세웠고", "조계의 요의교了義教가 낙양 전역에 퍼지고 하택의 돈오 교리가 온 천하에 성행하였다"고 한다. 이러한 과정에서 일찍이 신수-보적의 북종선에 귀의했던 수많은 거사들이 다시 신회 선사에게 귀의하고 있음을 발견할 수 있다.

특히 앞에서 언급한 왕유(王維, 701~761)는 본래 북종의 신수-보적 선사에게 귀의했지만, 신회 선사가 낙양에 머물자 신회 선사에게 귀의하여 열렬한 남종선의 예찬자가 되었다. 왕유는 어려서부터 독실한 불교신자로서 '유마힐維摩詰 거사'를 추종하여 호를 '마힐摩詰'로 했다. 개원 9년(721)에 진사에 합격하여 감찰어사, 고부랑중庫部郞中 등의 고위관직을 역임했다. 왕유는 시, 서, 화에 모두 뛰어나서 후대의 유명한 문장가 소식은 "마힐의 시 속에는 그림이 있고, 그림 속에는 시가 있다"라고 찬탄하였다. 왕유는 무엇보다도 독실한 불심과 선시禪詩로 유명하여 후인들은 그를 '시불詩佛'이라 불렀다.

왕유의 시 세계는 북종선을 추종했을 때와 남종선에 귀의했을 때가 상당히 달라 흥미롭다. 예를 들자면, 그의 전기 작품인「향적사를 지나며(過香積寺)」라는 시 가운데 "해질녘 사람 없는 못 가에서, 편안히 선정에 들어 독룡을 제압한다(薄暮空潭曲, 安禪制毒龍)"는 두 구절에서 "독룡毒龍"이라는 망심妄心을 "안선安禪"이라는 점수漸修의 수단으로 "제압"하는 의미를 담고 있는데, 이는 명확하게 '수심간정修心看

淨'을 제창하는 북종선의 사상적 자취가 엿보인다.

왕유는 40세에 신회 선사를 만나는데, 그 이후의 작품인 「조명간鳥鳴澗」이라는 시는 다음과 같다.

사람은 한갓진데 계수나무에 꽃이 떨어진다.
밤은 고요하고 봄 산은 적막한데,
달이 뜨니 산새가 놀라서,
봄 개울에서 때때로 우는구나.
(人閑桂花落, 夜靜春山空, 月出驚山鳥, 時鳴春澗中)

이 시는 사물의 움직임과 소리로 오히려 공적한 경지를 드러내고 있다. '동動'과 '정靜' 속에서 생명의 율동을 포착하여 표현하고 있는 것이다. 한없이 광활하고 고요한 가운데 명월이 홀연 떠올라 천지에 은근히 빛을 뿌리지만 아무런 소리도 없으니 오히려 이에 스스로 "두려운" 산새가 움직인다. 산새가 "봄 개울에서 때때로 우는(時鳴春澗中)" 것은 예로부터 지금까지 하나의 운치를 이룬 표현으로, 사람들

왕유

로 하여금 "견심見心" 혹은 "견성見性"의 묘제妙諦를 마음속 깊이 느끼게 한다. 이는 명확하게 '명심견성明心見性'을 제창하는 남종선의 품격을 느끼게 해준다.

북종선의 절대적인 지지자였으며, 신수 선사의 입적 후 『대통선사비大通禪師碑』를 찬술했던 장설張說 역시 신회 선사가 낙양에 머물자 신회에게 귀의하게 된다. 특히 그는 신회 선사의 '무념無念' 설법에 깊은 관심을 보여 신회 선사와 이를 집중적으로 논의했다. 그에 따라 당시 사대부의 고위관료 사이에 '무념' 설법이 크게 유행하게 되었다.

이렇게 왕유, 장설과 같은 고관들이 신회 선사에게 귀의하게 되자 수많은 사대부 거사들이 줄지어 신회 선사를 찾아온다. 『신회어록』에는 예부시랑 소진蘇晉 등 당시 고위관료들의 이름이 20여 명 등장하는데, 그들과의 문답은 상당히 깊은 수준이었다. 이러한 사대부 거사들의 귀의는 신회 선사의 '육조혜능현창운동'을 성공적으로 수행하게 했고, 드디어 '남종선'이 북종선을 밀어내고 제도 불교의 주류를 이루게 된다. 더욱이 '안사安史의 난'이 발생하여 국가가 위기상황에 처했을 때, 신회 선사는 이른바 '향수전香水錢'을 모아 군비를 돕는 등의 정치적 활동을 하였다. 난이 평정된 이후 이러한 공적을 인정받아 숙종의 귀의를 받게 된다. 이러한 과정은 결국 남종선이 중국 천하를 석권하게 되는 계기가 되었다. 이러한 북종선과 남종선의 주도권 교체 과정에서 거사들의 역할을 명확하게 엿볼 수 있다.

6) 남악 문하에 귀의한 거사들

하택 신회의 적극적인 활동에 힘입어 남종선은 점차로 중국 천하에 명성을 떨치게 되었다. 특히 안사의 난(755~763) 이후에 신회 선사가 숙종의 귀의를 받게 되면서 제도帝都는 하택종荷澤宗 천하가 되었다. 그러나 반란의 영향은 상당히 심각했다. 8년간 지속된 반란은 당시 세계에서 가장 화려한 문명을 자랑했던 대당제국을 한순간에 쇠퇴의 길로 접어들게 했다. 기록에 따르면, 반란 전에는 890만 호에 달했던 인구가 반란이 진압된 후에는 293만 호로 자그마치 70%의 인구가 감소했다고 한다. 또한 이러한 상황은 국가경제를 근본적으로 붕괴하게 만들었고, 이에 따라 주로 사대부 거사들의 재시財施에 의존하고 있던 불교계 역시 커다란 타격을 받게 된다. 더욱이 반란 이후에도 계속된 민생의 피폐와 정치적 혼란은 뜻있는 불교인들로 하여금 새로운 사상을 희구하게 만들었다. 이러한 상황에서 혜능 선사의 또 다른 제자들이 남방을 중심으로 본격적인 조사선을 활발하게 펼치고 있었는데, 이러한 선풍이 당시 문인 사대부 계층의 호응을 받기 시작하면서 서서히 중국 천하에 퍼지게 된다.

신회 선사 외에 혜능 선사의 유명한 제자는 남악 회양(南嶽懷讓, 677~744)과 청원 행사(青原行思, ?~740) 선사이다. 회양 선사는 마조 도일馬祖道一에게 법을 전하고, 도일 선사 문하에서는 백장 회해百丈懷海, 남전 보원南泉普願, 서당 지장西堂智藏, 아호 대의鵝湖大義 등 기라성 같은 선사들이 배출되었다. 행사 선사는 석두 희천石頭希遷에게 법을 전하고, 희천 선사 문하에서 단하 천연丹霞天然, 약산 유엄藥山惟儼, 천황 도오天皇道悟 등 그 풍격이 선명한 선사들이 대거 출현하였다.

이른바 남종선의 남악계와 청원계의 양대 선맥으로, 이 두 계통의 선법이 남방으로부터 크게 맹위를 떨치게 되었다. 따라서『송고승전』희천 선사의 전기에는 유가劉軻 거사의 비문을 인용하여 "강서江西의 법주法主는 대적(大寂, 마조 도일)이요, 호남湖南의 법주는 석두 선사로서 서로 왕래함이 끊어지지 않으니, 두 선사를 모르는 사람이 없었다"라고 한다. 이러한 마조와 석두 두 선사의 선풍은 지식인들에게 새로운 활력을 제공하게 됨으로써 사대부 거사들의 전폭적인 지지를 얻게 되었고, 이는 점차로 전국적으로 퍼져나가게 되었다.

혜능-회양 선사의 법맥에 대해서는 근대 이후로 여러 학자들 사이에 논란이 되고 있다. 그것은 혜능 선사의 입적 시에 거명된 십대제자 가운데 회양 선사의 이름이 빠져 있기 때문이다. 이에 대하여 학자들은 '원사遠師'를 주장하는가 하면, 혜능 선사의 입적 시에는 이미 그 문하를 떠났기 때문에 십대제자의 명칭에서 누락되었다는 추론 등을 주장한다. 이와 관련해서 회양 선사 문하에 귀의한 장정보(張正甫, 752~834)와 권덕여(權德輿, 759~818) 거사 등이 찬술한 비문에서는 회양 선사의 법계를 명확하게 언급하고 있다.

장정보는 자가 천방踐方으로 남양南陽 출신이다. 정원貞元 2년에 진사에 급제하여 동주자사同州刺史, 소주蘇州자사, 호남관찰사 등을 역임하였다.『구당서』권162에 실린 그의 전기에는 마조 선사의 제자인 유관惟寬과 회휘懷暉의 청으로 회양 선사의 비명과 탑명을 찬술했다고 한다. 비명에는 달마의 전심專心 이후 육조六祖에 이른 후 남북 양종으로 나뉜 상황을 언급하고, 회양과 혜능 선사의 법을 전하는 상황을 상세하게 설명하고 있다. 비명은 원화 10년(815)에 찬술된 것으로 되어 있는데, 이때는 정정보가 호남관찰사를 역임하던 시기이다.

규봉 종밀

이에 앞서 권덕여는 홍주선洪州禪을 드러내고 마조 도일 선사를 찬탄하는 탑명(『전당문全唐文』 권501 게재)을 찬술했는데, 그 가운데 분명하게 "형악衡岳에 회양 선사가 있는데, 조계 육조 대사의 가르침을 받았고, 진심眞心의 설법에 뛰어나 그를 돈문頓門이라 하였다"라고 하여 혜능-회양의 사법관계를 밝히고 있다. 이러한 두 거사의 기록을 근거로 하여 규봉 종밀圭峯宗密 선사는 『원각경대소초圓覺經大疏抄』 권3하에서 드디어 "남악南岳 관음대觀音臺 화상(회양 선사)은 육조의 제자이다. 본래 법을 펴지 않고 산에 머물면서 수도하였다"라고 하여 혜능-회양의 사법관계를 인정했다. 그런데 이 종밀 선사의 문구를 분석한다면, 이미 당시에 회양 선사의 사법관계가 문제시되었음을 알게 해준다. 다시 말하여 종밀 선사는 회양 선사가 본래 홀로 수행하기를 좋아해서 이름이 알려지지 않아 혜능의 십대제자에 들지 못했음을 변론하고 있음을 짐작할 수 있다.

회양 선사의 사법문제는 선종사의 연구에 맡기기로 하겠지만, 『송고승전』의 회양 선사 전기에는 선사에게 귀의한 사대부 거사로서 형양衡陽태수 영고권令孤權과 상시常侍 귀등歸登 등의 이름이 보인다.

영고권은 형양태수의 재임 기간에 수시로 선사를 찾아 법을 물었으며, 재물을 보시하여 기재忌齋를 개최했고, 이로부터 매년 8월에는 관음기재觀音忌齋를 개최하게 되었다고 한다. 귀등은 회양 선사의 입적 후에 비문을 찬술했다고 하지만, 아쉽게도 현존하지 않는다. 이로부터 회양 선사에게도 대다수 사대부 거사들의 귀의가 있었음을 추정할 수 있고, 후에 이러한 거사들의 활동으로 '대혜大慧 선사'의 시호를 받게 되었다.

실제로 회양 선사가 유명해진 까닭은 불세출의 제자인 마조 도일 선사의 행화行化 때문이라고 볼 수 있다. 마조 선사는 본래 당화상(唐和尙, 處寂)에게 출가하여 신라의 김화상(金和尙, 無相)을 사사했다가 개원 22년(732) 호남의 형산에 머물면서 회양 선사로부터 저 유명한 '벽돌을 갈아 거울이 되겠는가(磨磚成鏡)'라는 질책으로 깨달음을 열었다. 그 후 천보 원년(742)에 형산을 떠나 복건성의 건양建陽 등지에 머물다가 대력 4년(769), 강서江西의 진현進賢 개원사開元寺에 주석하면서, 약 30여 년 동안 수많은 도속道俗을 교화하여 이른바 '홍주종洪州宗'의 선법을 널리 펼쳤다. 이 과정에서 수많은 사대부 거사들의 귀의를 받게 된다. 또한 선사에게 귀의한 사대부 거사들의 여러 가지 활동과 영향으로 홍주종은 더욱 널리 알려지게 되며 하나의 거대한 세력을 형성하면서 중국불교가 세대교체를 이룰 수 있는 계기를 만든다.

마조 선사에게 귀의한 거사 가운데 가장 눈에 띄는 이는 앞에서 언급한 권덕여이다. 그는 자가 재지裁之이고, 천수天水 약양(略陽, 현 甘肅省 泰安) 출신이다. 『구당서』 권148에 게재된 그의 전기에는 벼슬운이 좋아 예부시랑禮部侍郞, 예부상서禮部尙書 등의 고위관직을 30여 년을 역임했으며, 특히 문장이 뛰어나 명기銘紀의 찬술에 '종장宗匠'의 칭호를 들었다고 전한다. 권덕여가 찬술한 비명에는 스스로 "일찍이 대적(마조) 선사에게서 도道를 들었다", "일찍이 대사의 울타리에서 놀았다", "찾아가서 머리를 조아리니, 거칠게 어리석음을 깨우쳐

3장 수·당대의 거사들 167

주었다", "이미 청량해지게 해주었다"라고 하여 마조 선사로부터 깨우침을 받았다는 표현을 한다.

　권덕여가 마조 선사를 만나게 된 인연은 바로 마조 선사가 머물던 강서의 관찰사를 역임했던 이겸李兼의 소개로 비롯되었다. 이겸 역시 마조 선사에게 깊이 "마음이 이끌려 가르침을 따른(傾向順敎)"(『송고승전』권10「도일선사전」) 재가제자였다. 이겸은 특히 강서관찰사와 어사대부를 겸직했기 때문에 마조 선사와의 인연은 더욱 깊었다. 『도일선사탑명』에 따르면, 그는 마조 선사를 모시는 데 극도로 예의를 다했으며, 불법을 보호하는 데 정성을 바쳤고, 마조 선사의 최후의 말씀을 계승했다고 한다.

　마조 선사에게 귀의한 거사들은 수십 명에 달함을 알 수 있다. 그들은 대부분 중앙의 고위관료를 역임한 사대부 거사들이며, 상당수가 문인으로 유명하다. 이러한 거사들이 무엇 때문에 중앙으로부터 멀리 떨어진 지방의 선사에게 매료되었는가? 그 원인은 바로 앞에서 언급한 당시의 시대 상황과 밀접한 관계가 있다. 안사의 난 이후의 정치적인 극심한 혼란과 경제의 파탄, 그리고 점차로 기울어가는 당조唐朝의 운명 앞에서 지식인들은 마조 선사가 제공하는 '평상심시도平常心是道', '즉심즉불卽心卽佛'의 선리禪理에서 '안심입명安心立命'의 도리를 찾으려고 한 것이 아닐까 한다. 이러한 사대부의 심리는 또 다시 중국 거사의 성격을 변화시킨다. 단순히 선사에게 귀의하는 것이 아니라 '함께' 도를 논하고 즐기는 형태로 거사의 성격과 역할이 달라진 것이다. 이러한 거사의 전형이 바로 방 거사龐居士이다.

7) 남악 문하에 귀의한 방 거사

강서의 법주法主로서 남악계의 마조 도일 선사와 호남의 법주로서 청원계의 석두 희천 선사가 조사선을 크게 펼칠 때, 선종사에 커다란 족적을 남긴 거사가 출현했으니, 그가 바로 방온龐蘊 거사다. 방온은 평생을 통하여 석두와 마조 두 선사를 비롯하여 단하 천연, 약산 유엄, 대매 법상, 낙포 원안落浦元安, 앙산 혜적仰山慧寂 등 당시 유명했던 선사들과의 깊은 교류가 있었다. 그에 따라 『거사전』, 『거사분등록』, 『불법금탕편』 등의 거사전에 그의 전기가 실려 있다. 또한 『조당집』, 『경덕전등록』, 『속고승전』, 『불조통기』 등 거의 모든 선종사서에 방 거사와 관련된 기사들이 실려 있으며, 『고존숙어록』, 『연등회요』, 『오등회원』, 『지월록』 등의 공안집과 『벽암록』, 『대혜보각선사어록』 등 수많은 선사들의 어록에 거사와 관련된 선화禪話가 언급되어 있다. 조금 과장되게 말한다면 방 거사가 활약했던 이후에 출현한 거의 모든 선종서적에 거사가 언급되고 있다고 할 수 있다. 따라서 방 거사는 선종에 있어서 가장 대표적이면서 가장 전형적인 거사로 거론되고 있다.

방온 거사는 자字가 도현(道玄, 팽제청의 『거사전』에는 '道元'으로 되어 있음)으로 대대로 유가를 업으로 하는 집안 출신이며, 부친이 형양衡陽 태수를 역임했다. 『거사분등록』이나 『거사전』에 따르면, 방 거사는 본래 부유한 집안에서 거주하지 않고, 본가의 서쪽에 암자를 지어서 부인과 자녀와 함께 수년 동안 수행을 하여 모두 득도했다고 한다. 방 거사의 "아들이 있으되 장가 안 들고, 딸도 시집가지 않은 채, 온 식구 모두 단란하여, 함께 무생無生의 이야기를 주고받노라(有男不

婚 有女不嫁 大家團欒頭 共說無生話)"는 게송은 이 시기에 지은 것으로 보인다. 방 거사는 득도 이후에 암자를 버리고 본가를 절로 만들고, 가재家財 수만 점을 배에 실어 동정호洞庭湖의 상강湘江에 던져버리고 청빈한 생활을 했다.

정원 초년(785)에 방 거사는 석두 희천 선사를 참알하여 물었다.
"만법萬法과 짝하지 않는 이는 어떤 사람입니까?"

석두 선사는 그 말이 떨어지자마자 바로 손으로 거사의 입을 막아 버렸다. 이에 거사는 활연히 깨달음을 얻었다고 한다. '만법과 짝하지 않음'이란 바로 불교에서 최고의 경지로 설하는 '자재自在'할 수 있음을 의미하는 것으로 '참다운 도인이 어디 있는가?'라는 물음이다. 석두 선사는 거사의 입을 막아 '언어도단言語道斷'의 도리로써 답했는데, 방 거사는 바로 이른바 '말을 잊어 참 도리를 깨우침(忘言會旨)'을 실현한 것이라고 하겠다.

어느 날 석두 선사가 거사에게 "그대는 노승을 찾아온 이래로 일상생활은 어떠한가?"라고 묻자 거사는 "만약 일상생활을 묻는다면 입을 열 수 없습니다"라고 답하였다. 그리고는 다시 게송을 읊었다.

일상생활은 별다른 게 없으니,
오직 나와 한가지로다.
낱낱이 취하고 버릴 것이 없고
처처에 어그러질 것이 없네.
벼슬아치들을 누가 귀하다고 하였는가?
언덕과 산은 한 점의 티끌도 없도다.
신통과 묘용은 물 긷고 나무하는 것일세!

(日用事無別 唯吾自偶諧 頭頭非取捨 處處沒張乖

朱紫誰爲號 丘山絶點埃 神通幷妙用 運水與搬柴)

이에 석두 선사는 "그대는 승려인가 아니면 속인인가?"라고 묻자 거사는 "다만 마음 끌리는 대로 살아가려 합니다"라고 하였다.

석두 선사의 물음은 그렇게 명확하게 선리禪理를 깨달은 거사가 무엇 때문에 출가하지 않는가 하는 것이었고, 방 거사의 답은 마치 유마거사처럼 재가거사의 신분으로 살아가겠다는 뜻이다. 결국 거사는 평생을 재가거사의 신분으로 있었고, 그에 따라 '방 거사'로 칭해지게 되었다. 석두의 문하에 머물면서 방 거사는 단하 천연, 약산 유엄, 대매 법상 등의 선사들과 깊게 교류하였다.

그 후 방 거사는 마조 선사를 참알하게 된다. 거사는 석두 선사에게 물었던 "만법과 짝하지 않는 이는 어떤 사람입니까?"라는 질문을 마조 선사에게도 묻자, 선사는 "그대가 서강西江의 강물을 한 입에 다 마셔 버린다면 말해주리라"라고 답했다. 이에 거사는 확철대오하고는 필묵을 빌려

방 거사

시방에 있는 사람들이 함께 모여,

개개인이 무위의 도를 배우니,

이것이 부처를 가려내는 도량이라.

마음이 공하여 급제해 돌아가네!

(十方同聚會 箇箇學無爲 此是選佛場 心空及第歸)

라는 게송을 지었다. 이는 후대에 '한 입에 서강의 물을 다 들이킴(一口吸盡西江水)'이라는 화두로 선객들이 즐겨 참구하게 되었다. 특히 오조 법연五祖法演 선사는 이에 대하여 "한 입에 서강의 물을 다 들이키니, 낙양의 목단에 새 꽃술이 터지네. 흙을 털고 먼지를 날려도 찾을 수가 없으니, 눈을 들면 자신과 마주치게 되리라(一口吸盡西江水 洛陽牡丹吐新蘂 土揚塵無處尋 擡眸撞着自家底)"(『선종송고련주통집禪宗頌古聯珠通集』권14)라고 평했다. 방 거사를 '한 입에 서강의 물을 다 들이켰던' 인물로 평가했음을 알 수 있다. 이렇게 마조 선사로부터 확철대오하였으므로 거사를 마조 선사의 사법嗣法으로 인정한다.

방 거사는 2년 동안 마조 문하에서 수학하다가 원화 연간(806~820)에 북방으로 유행하여 양양襄陽에 이르러 그곳에 정착하였다. 거사의 딸인 영조靈照가 조리를 만들어 팔아 생활에 필요한 것을 충당하였다. 양양에 머물면서 방 거사는 당시 주목州牧이었던 우적于頓 거사와 막역한 친구로 지내면서 수시로 왕래하였다. 『거사분등록』에는 방 거사가 입적할 때의 상황을 다음과 같이 묘사하고 있다.

거사가 입적할 때가 되었음을 알고, 딸에게

"이 세계는 환상과 같아 참답지 못하니, 너는 인연에 따라 살아라."

라고 말하고, 딸에게 몇 시쯤 되었는지 밖에 나가 해를 보고 오라고 시켰다. 딸이 나갔다 돌아와서는

"해가 이미 떴지만 일식 중이어서 잘 안 보이니, 잠깐 보시지요."

라고 말했다. 거사가

"있는가?"

라고 묻자, 딸은

"있습니다."

라고 답했다.

거사가 자리에서 일어나 창가로 가자 딸은 얼른 거사의 자리로 올라가 합장을 하고 좌망坐亡하였다. 거사는 웃으면서

"내 딸의 기봉機鋒이 민첩하구나!"

라고 하고서 딸의 시신을 화장했다. 7일 후에 우적 거사가 찾아오자 거사는 손으로 우적의 무릎을 삽고서 한참 동안을 쳐다보다가

"다만 원컨대 온갖 유有를 공空으로 돌릴지언정, 삼가 온갖 무無를 진실이라 여기지 말라. 세간에 잘 머물러라. 모든 것이 그림자와 메아리 같으니라.(但願空諸所有 切勿實諸所無 好住世間 皆如影響)"

라는 게송을 읊었다. 게송을 마치자 방안에는 기이한 향기가 가득하였고, 마침내 거사는 입적하였다.

우적 거사는 여법如法하게 다비를 모시고, 거사의 부인과 아들에게 방 거사와 영조의 죽음을 알리고자 사람을 파견했다. 방 거사의 부인은 그 이야기를 듣더니,

"이 어리석은 딸과 지혜 없는 늙은이 같으니라고, 알리지도 않고 가다니, 참을 수 없구나."

라고 하고서 아들에게 가서 방 거사와 영조가 갔음을 알렸다.

아들은 김매던 호미를 놓더니 "앗!" 하고 소리를 지르더니 선 채로 가버렸다. 부인은

"바보 같은 아들이 어리석기가 더욱 심하구나."

하고서 또한 화장하였다.

이를 지켜본 사람들은 모두 기이해하였다. 얼마 지나지 않아 방 거사 부인은 동네 사람들을 찾아다니며 이별을 고하고, 그 후 어디로 갔는지 아무도 몰랐다.

이러한 방 거사와 가족의 입적 이야기는 『거사전』 권17, 『조당집』 권15, 『경덕전등록』 권8 등을 비롯한 여러 선종문헌에 조금씩 가감되어 미담으로 전해지고 있다. 그런데 실제적으로 방 거사의 입적을 지켜보았던 우적 거사는 방 거사의 입적 후 『방거사어록』을 편찬하면서 다만 방 거사의 딸인 영조가 방 거사보다 '민첩하게' 좌망한 일만을 기록하고 있어 방 거사의 부인과 아들 이야기는 후대에 첨가된 듯하다.

방 거사는 평생 동안 게송을 짓는 것을 즐겼는데, 그의 어록에는 약 3백여 수의 게송이 전해진다. 이러한 게송들은 모두 지극한 선리禪理에 부합되는 것으로 그 전편에 흐르는 사상은 바로 마조 선사의 홍주종 선법이다. 거사의 게송 가운데 "만약 번뇌를 버리고서 보리를 찾는다면 어디에 부처자리가 있는지 알지 못한다(若捨煩惱覓菩提 不知何方有佛地)", "보살도를 논하지 않고서는 부처 또한 애써 이룰 것이 없다(非論菩薩道 佛亦不勞成)", "신통과 묘용은 물 긷고 나무하는 것이다(神通幷妙用 運水與搬柴)" 등의 내용들은 바로 유명한 마조 선사의 "도道는 닦음을 쓰지 않으니, 다만 오염되지 말라. 어떻게 오염되는가?

다만 생사의 마음이 있어 조작하고 좇아가면 모두 오염이다. 만약 바로 그 도를 알고자 하면 평상심平常心이 도이다. 무엇을 평상심이라 이르는가? 조작造作, 시비是非, 취사取捨, 단상斷常, 범凡·성聖이 없음 (無)이다. 경전에 이르기를, '범부의 행함도 아니며 성현의 행함도 아님이 보살행이다'라고 하였다. 다만 지금 행주좌와行住坐臥하고 근기에 따르고 사물을 접함이 모두 도이다"라는 사상과 일치한다.

방 거사는 재가에 있으면서 관직이나 다른 생업에 종사하지 않고 선禪에 몰두하였던 특수한 입장에 있었던 인물이다. 이는 주로 재시와 외호에 힘썼던 사대부 거사와는 차별을 보이는 것이고, 승속의 경계조차도 초탈한 조사선의 풍격을 그대로 드러냈다고 평할 수 있다.

8) 남전 보원 선사 문하의 육긍

마조 도일의 문하에는 뛰어난 제자들이 많았다. 『조당집』 권14에는 "마조 선사 문하에서 직접 법을 계승한 88인이 세상에 출현하였으며, 은둔자까지 더한다면 그 수를 헤아릴 수 없다"라고 하였다. 『경덕전등록』과 『고존숙어록』에서는 입실 제자의 수를 139인으로 말하고, 그들은 모두 "각각 한 지방의 종주宗主가 되었으며, 교화하기에 다함이 없었다"라고 한다. 또한 『송고승전』 권11에서는 "천하에 불법이 극히 성행하여 홍주종(洪府)을 넘는 바가 없었다. 문하에 수많은 현성賢聖이 어깨를 겨루고, 득도한 자가 무리를 이루었다"라고 하여 당시 천하에 홍주종이 널리 유행했음을 밝히고 있다. 가속賈餗 거사가 보력 원년(825)에 찬술한 『대비선사비명大悲禪師碑銘』에서는 "조계 대사의 입적 후, 그 법을 이은 신회神會와 회양懷讓이 또한 두 종宗을 이루었다"(『전당문』 권732)라고 하여 남종선의 주류를 하택종과 홍주종으로 보고 있음을 알게 해준다.

　이처럼 남악계를 하택종과 비견될 정도로 크게 일으킨 이는 바로 마조 선사라고 할 수 있다. 그 문하에 수많은 선사들이 있지만, 대표적인 인물은 바로 '삼대사三大士'로 칭해지는 백장 회해, 남전 보원, 서당 지장이다. 이들 세 선사의 문하에는 모두 폭넓은 문인과 사대부들의 귀의를 받아 뛰어난 거사들이 무리를 이루었지만, 그 가운데 마조 선사 문하의 방 거사와 비견될 수 있는 거사가 바로 육긍(陸亘, 764~834)이다.

　육긍은 남전 보원 선사의 속가제자로서, 흔히 '육긍대부陸亘大夫'로 칭해진다. 육긍의 자字는 경산景山이고, 오군(吳郡, 현재 江蘇省 蘇州) 사람이다. 관직은 여러 주의 자사를 역임했고, 선감호부시랑, 어사대부에 이르렀다.

　『송고승전』에 따르면, 보원 선사는 정원 11년(795), 지양池陽의 남전산南泉山에 선사禪寺를 짓고서 30여 년간 하산하지 않고 주석했다. 태화 초년(827), 선주자사 시절의 육긍은 전 지양태수 모某씨와 호군護軍 유공劉公과 함께 '속진에서 벗어나 사방의 법안法眼을 열고자' 남전 선사를 청하여 '북면(北面, 극도의 존중을 의미)하여 제자의 예'를 갖추고 스승으로 섬기게 되었다. 그 후 2년이 채 안 되어 '분주하게 달려온 고관대작의 자식들이 수백 명이 넘었다'고 한다. 이로부터 본래 보원 선사는 30여 년간 일반대중에게 교화를 하지 않다가 육긍의 청으로 일반대중들에게 교화를 하기 시작했으며, 그 교화가 대단히 성공적이었음을 알 수 있다.

　이렇게 남전 선사와 사제의 인연을 맺은 육긍 거사는 선사가 입적

때(834. 12. 25)까지 수시로 참문하게 된다. 『조당집』, 『경덕전등록』 등에 육긍과 관련된 여러 공안이 실려 있다. 이러한 공안들은 다시 여러 공안집에 전재되어 있고, 또한 다양한 선사들의 어록에 인용되어 있다. 따라서 대표적인 몇몇 공안을 소개하고자 한다.

『조당집』 권18에는 다음과 같은 내용이 실려 있다.

육긍 거사는 친히 남전 선사의 심계心戒를 받았다. 육긍 대부가 남전 선사에게 "제자의 집에 한 조각의 돌이 있는데, 혹 앉기도 하고 디디기도 하는데, 지금 부처님 모습을 새기려고 하는데, 여전히 앉아도 되겠습니까?"라고 묻자, 선사는 "된다"라고 했다. 그러자 거사가 "안 되는 것이 아닙니까?"라고 다시 묻자, 선사는 "안 된다, 안 된다"라고 답하였다.

이러한 문답은 바로 집착을 부수고자 하는 입장에서 이해할 수 있는 공안이라고 하겠다.

육긍 거사와 남전 선사 사이에 가장 유명한 공안이 『경덕전등록』 권8에 나타난다.

거사가 선사에게 말하였다.
"승조僧肇 대사는 참으로 기기합니다. '천지는 나와 한 뿌리이며 만물은 나와 한 몸(天地與我同根 萬物與我一體)'이라고 했습니다."
그러자 선사는 정원의 목단화를 가리키며 말했다.
"대부, 요즘 사람들은 이 한 송이의 꽃을 마치 꿈과 같이 보고 있다."

여기에서 언급하는 승조 대사의 "천지는 나와 한 뿌리이며 만물은 나와 한 몸"이라는 구절은 바로 『조론肇論』의 「열반무명론涅槃無名論」에 나오는 말이고, 그것은 또한 『장자』의 「제물론齊物論」에 보이는 "천지는 나와 함께 태어났으며, 만물도 나와 함께 하나가 된다(天地與我並生, 而萬物與我爲一)"는 구절에서 연원한 것이다. 중국선은 사상적으로 불성론을 근거로 하여 '반야'의 논리로 구성된 것이라고 할 수 있는데, 불성론에 있어서는 유가의 인성론·심성론과 결합이 되었고, '반야'의 구체적인 사상적 운용에 있어서는 노장, 특히 『장자』의 사상과 밀접한 관계를 갖는다. 육긍과 남전 선사의 문답에는 조사선과 관련된 사상사의 역정을 거쳐야 제대로 해석될 여지가 있다. 여기에서 육긍이 '기괴'하다고 했는데, 진짜 기괴한 것이 아니라 더없는 찬탄인 것이고, 남전 선사가 '꿈'과 같이 본다고 한 것은 거사가 아직 꿈속에 있음을 질타하는 말이다. 여전히 승조류의 논리로서만 볼 뿐이지, 그 자취조차도 벗어나 평상심으로 보지 못한다는 지적이다. 이후 이 문답은 '육긍천지동근陸亘天地同根', '남전일주화南泉一株花', '남전목단南泉牡丹' 등의 명칭으로 선사들이 즐겨 참구하는 화두가 되었다.

또한 육긍과 남전 화상의 문답 가운데 『경덕전등록』 권10에 실린 다음과 같은 공안이 있다.

어느 날 육긍 대부가 남전 선사에게 물었다.
"옛 사람이 병 속에 거위새끼를 넣고 키웠습니다. 거위가 점차 크게 자라나 병에서 나올 수 없게 되었습니다. 거위를 죽이거나 병을 깨트리지 않고 어떻게 그 거위를 꺼낼 수 있겠습니까?" 선사가 "대부!"라고 불렀다. 거사가 대답하자, 선사는 "나왔구나!"라고 하였다. 육긍 대부가 이로부터 깨달음을 얻었다.

이 공안은 옛날에 베스트셀러였던 김성동의 『만다라』라는 소설에 소개되어 잘 알려진 화두이다. 여기에서 설정한 '병'과 '거위'의 두 가지는 어떤 것도 희생할 수 없는 모두 소중한 대등가치이다. 이는 크게는 '진眞'과 '속俗', 작게는 우리 삶에서 부딪치는 다양한 대등가치의 문제로 전환할 수 있는 문제이고, 또한 일상적으로는 '선택'을 강요받는다. 그런데 문제는 하나만을 취할 수밖에 없는 상황에서 둘 다 취하라는 것이다. 이에 대한 해답은 무엇일까? 앞의 공안에서 말한, "천지는 나와 한 뿌리이며 만물은 나와 한 몸'이라면 당연히 풀릴 것이다. 결국 이 화두는 철저하게 '진속원융眞俗圓融'의 '실상무상實相無相'한 궁극적 진리를 체득하라는 것이고, 마조-남전의 홍주종 계통의 선에서는 '평상심시도平常心是道'라는 방향으로 이끄는 것이라고 하겠다. 이른바 "조작, 시비, 취사, 단상斷常, 범성凡聖이 없는(無)" 평상심을 체득했다는 마음도 없이 완전히 체득하라는 것이다.

『경덕전등록』 권10에는 이 공안에 이어서 남전 선사가 입적할 때의 일을 다음과 같이 적고 있다.

남전 선사가 원적圓寂하자 육긍 대부가 문상을 왔는데 울지 않았다. 이에 원주院主가 물었다.
"대부는 어째서 선사가 입적했는데 울지를 않습니까?"
육긍 대부가 "원주가 도를 얻으면 바로 울겠습니다"라고 말하자 원주는 대답이 없었다.

이 공안은 또한 여러 어록과 『거사분등록』에 조금씩 가감되어 실려 있다. 『벽암록』과 『거사분등록』 등의 내용은 다음과 같다.

육긍 거사가 문상을 하러 절에 들어오자마자 도리어 "하하!" 하고 크게 웃었기 때문에 원주가 "어째서 울지 않습니까?"라고 물었다. 거사가 "도를 얻으면 바로 울겠습니다"라고 답하자 원주는 대답이 없었다.
그러자 거사는 "하늘이 푸르고 푸르구나!(蒼天 蒼天) 선사先師가 세상을 떠나신 지 아득하구나"라고 하였다.

이러한 차별은 편찬자의 사상적 성향에 따라 나타난 것이고, 그 의미는 상당히 달라질 수 있다. 어쨌거나 생사를 넘나드는 선의 세계에서 문상의 형식은 다양하게 나타날 수 있다고 하겠다.
마조 선사 문하의 방온과 함께 육긍은 선종에 있어서 전형적인 거사라고 할 수 있다. 이러한 거사들의 행적으로부터 선종 거사의 독특한 지위와 역할을 엿볼 수 있다. 이전의 사대부 거사들이 주로 시주와 외호를 담당했다고 한다면, 방온과 육긍은 '함께' 도를 논하고 깨우치는 입장으로의 변화를 보이고 있다.

9) 황벽 희운 선사 문하의 배휴

마조 선사 문하의 방온, 남전 선사 문하의 육긍과 함께 선종에서 유명한 거사는 바로 황벽黃檗 선사 문하의 배휴이다.

배휴(裴休, 797~870)는 자字가 공미公美로서 하내河內 제원(濟源, 현재 河南省 濟源) 사람이다. 장경 연간(797~ 824)에 진사에 급제하여 대화 초년(827)부터 감찰어사 등의 관직을 역임하다가 회창 會昌 연간(841~846)에 상서랑尙書郞을 맡았으며, 대중 연간(847~859)에 병부시랑, 동평장사, 그 후에 여러 지역의 절도사를 역임했다. 『구당서』 권177에 실린 전기에는 배휴의 가문이 역대로 불교를 신봉했고, 특히

배휴

경전을 깊이 연구했다고 한다. 이러한 인연으로 배휴도 어려서부터 명산을 찾아 학승들과 불법에 대하여 논하기를 즐겼으며, 중년 이후에는 훈채와 고기를 먹지 않고 항상 재계齋戒하여 법락法樂을 즐겼다.

『거사전』에는 배휴가 어려서 과거를 공부하고 있을 때, 청량산淸凉山에서 온 기이한 승려와의 만남을 싣고 있다. 승려가 사리 3과顆와 죽간竹簡 하나를 배휴에게 주었는데, 그 죽간에는 범어梵語가 쓰여 있었고, 범어에 능통한 이에게 번역을 시켰더니, "대사大士는 속세에 노닐며, 소사小士는 출가에 머문다. 불도를 구하고자 한다면, 어찌 홍진紅塵을 떠나겠는가"라는 의미였다. 그 후에 배휴는 진사에 급제했다. 이러한 인연 때문인지 그는 늘 불법을 연구하면서도 평생 고위관직을 역임하였다.

황벽 선사를 만나기 전에 배휴는 규봉 종밀(780~841) 선사와 밀접한 관계를 맺고 있었다. 종밀 선사는 화엄종의 제5조로 추앙받는 당시 최고의 종장宗匠이었다. 종밀 선사의 입적 후, 배휴는 친히 『규봉선사비명圭峯禪師碑銘』(『전당문』 권743)을 찬술하는데, 그 가운데 거사와 종밀 선사의 관계를 "법에 있어서는 형제요, 의義에 있어서는 친구

배휴의 규봉선사비

이고, 사유思惟에 있어서는 선지식이요, 교教에 있어서는 내외의 호법護法"이었다고 말한다. 이렇게 밀접한 관계에 있었기 때문에 종밀 선사의 『중화전심지선문사자승습도中華傳心地禪門師資承襲圖』가 바로 배휴의 질문에 의하여 찬술되었고, 『선원제전집도서禪源諸詮集都序』에 또한 '서敍'를 지었으며, 『화엄원인론』, 『원각경략소』, 『주화엄법계관문』 등에도 서문을 찬술하였다.

그러나 배휴가 마음 깊이 스승으로 모신 분은 황벽 선사이다. 그가 쓴 「전심법요서傳心法要序」에서는 회창 2년(842)에 일찍이 관직을 맡았던 종릉(鐘陵, 洪州의 경내, 현재 江蘇省 南昌市 東南)의 용흥사龍興寺에 황벽 선사를 청하여 모시고 "아침저녁으로 도를 물었고(旦夕聞道)", 또한 대중 2년(848) 완릉(宛陵, 현재 安徽省 宣城)에 관직을 맡게 되자 다시 예로써 선사를 맞아 개원사開元寺에 모시고 "아침저녁으로 법을 받았다(旦夕受法)"고 한다. 이렇게 장기간에 걸쳐서 선사에게 불도를 익혔는데, "물러나면 기록하되, 열에 한둘밖에 얻지 못하였다. 이를 심인心印으로 삼아 지니며 감히 드러내 보이지 못하다가, 이제 입신入神의 정밀한 법의法義를 미래에 듣지 못할까 두려워, 드디어 내어놓는다"라고 한다. 이렇게 출현한 것이 바로 『전심법요』와 『완릉록宛陵錄』이다.

『거사분등록』에서는 황벽 선사와의 만남을 다음과 같이 묘사하고 있다.

거사가 홍주洪州 자사로 있을 때, 용흥사로 가서 헌향을 하였다. 그때 선사는 대중을 버리고 용흥사로 와서 막일을 맡아 전당殿堂을 청소하고 있었다.

주지 스님이 배휴를 맞아 벽화를 보고 "이는 무슨 그림입니까?"라고 물었다.

"고승의 참다운 모습(眞儀)입니다"라고 답하자

"고승들의 참다운 모습은 볼 수 있는데, 고승들은 어디에 계십니까?"라고 묻자 스님들이 모두 답하지 못했다.

그러자 거사는 "이곳에는 선승이 없습니까?"라고 물으니

"최근에 한 스님이 절에 와서 막일을 하시는데, 마치 선승 같습니다"라고 대답했다.

거사는 "빨리 청하십시오"라고 했다. 선사를 뵙고, 전의 일을 물었다.

선사가 큰소리로 "상공!" 하고 묻자 거사는 대답했고, 바로 이어서 "어디에 있는가?"라고 묻자, 거사는 그 자리에서 깨달았다.

황벽 선사를 만나기 이전에 배휴는 어려서부터 불법을 연구했고, 더욱이 종밀 선사로부터 이미 불법을 이해하고 있었는데, 황벽 선사를 만난 뒤의 배휴의 깨달음은 무엇이었을까? 그 문제는 아마도 그가 「전심법요서」에서 논한 다음과 같은 황벽 선사에 대한 소개의 글에서 그 실마리를 찾을 수 있을 것이다.

홀로 최상승을 지니고, 문자의 인印을 떠났으며, 오직 한 마음(一心)만을 전하고 다시 다른 법이 없으니, 심체心體 또한 비었다. 만

가지 인연이 함께 고요하여 마치 대일륜大日輪이 허공 가운데 떠올라 광명을 밝게 비추어 깨끗하기가 가는 먼지 하나 없는 것과 같다. 이를 증득한 이는 새롭고 오램이 없고, 얕고 깊음이 없으며, 이를 설하는 이는 의해義解를 세우지 않고, 종주宗主를 세우지 않으며, 문호를 열지도 않은 채, 곧바로 이것이다. 생각(念)을 움직이면 곧 어긋나는 것이다. 그러한 뒤에 본래의 부처가 되는 것이니, 그러므로 그 말이 간명(簡)하고 그 이치가 곧으며(直), 그 도는 준엄하고(峻) 그 행이 고고(孤)하다.

황벽 선사는 마조-백장의 법계를 이은 선사로서 이른바 "즉심시불卽心是佛, 무심시불無心是佛"의 선법으로 유명하다. 그런데 이러한 '즉심'과 '무심'을 거사는 '일심'으로 파악하고, 그것이 바로 '최상승'임을 밝히고 있다. 다시 말하여, '마음에 접근함(卽心)'이 이루어진 상태가 '마음이 무인 상태(無心)'인 것이고, 그것은 바로 '한 마음(一心)'에서 이루어지는 것이라는 설명이다. 이렇게 볼 때, 배휴의 심중에는 종밀 선사로부터 훈습된 화엄의 '일심론一心論'과도 연결되어 황벽 선사의 선사상을 이해하고 있다고 볼 수 있다. 이러한 설명은 보다 깊은 선학적 논증이 필요하다. 그러나 동아시아의 선사상이 최종적으로 '무심'으로 흐르고, 그 무심은 다시 '일심'으로 귀결되고 있음을 상기한다면, 이러한 전개는 상당히 중요한 사상사적인 의의가 있다.

청대에 거사불교에 관심을 두고 『거사전』과 『선여인전善女人傳』을 찬술한 팽제청은 『거사전』 권13에서 당대唐代에 불법에 가장 뛰어난 사대부 거사 3인을 '삼군자三君子'라고 하여 이사정, 양숙, 배휴를 들고 있다. 그 가운데 이사정은 역대로 중국불교에 있어서 가장 전형적인 호법의 논서라는 평가를 받는 『내덕론』(『광홍명집』 권15에 수록)의 저자로서 유명하고, 양숙은 형계 담연으로부터 직접 불교를 사사받았으며 『천태지관통례』를 찬술해 심성론에 있어서 불교와 유가를 회통시킨 것으로 유명하다. 그렇다면 배휴는 무엇 때문에 팽제청에게서 당대의 3대 거사로 평가를 받았던 것일까? 『거사전』에서는 이사정, 양숙, 배휴 등 세 거사의 전기를 차례로 논술한 다음에 불유도 삼교조화론으로 유명한 수대隋代의 대표적 거사인 문중자(文中子; 王通, 580~617)를 "원형이정元亨利貞의 운행이 결핍됨이 없어 지혜의 공功이 있고, 그 『주역』에 있어서 가까웠다"라고 평하고, 이어서 "배휴 거사는 원각圓覺에 있어서, 문중자는 『주역』에 있어서 모두 단서를 보여주었다"라는 극찬을 했다. 그리고 삼군자 모두에 대하여 "불문佛門 가운데 문질文質이 빛나고 빛나는구나"라고 찬탄했다.

또한 명대 주시은의 『거사분등록』에서는 배휴에 대하여,

> 황벽 선사의 설법은 마치 손을 거칠게 들어 화산華山을 부순 것과 같아, 임제의 큰 담장에 구멍을 뚫었고, 목주睦州의 짚신을 삼았다. 또한 그 나머지 단초로 오히려 능히 질그릇을 만들었도다. 배 상공은 그 『전심법요』를 읽고서 참담게 대장교大藏敎를 해석하고 주해하니, 후인이 좇을 수 없도록 훌륭하구나!

라는 찬사를 보냈다. 배휴에 대한 이러한 평가는 종밀 선사가 찬술한 전적들의 '서'와 황벽 선사의 『전심법요』를 편찬하고 『완릉록』의 재료를 제공한 것에 기인한다. 또한 배휴는 회창 법난 과정과 그 후에 조정의 중신으로 재임하면서 법난에 의한 피해를 최소화하고 법

난 이후에 불교계가 빠르게 그 폐해로부터 회복할 수 있도록 힘을 보탰다.

10) 민중과 함께한 시인 백거이

조사선의 기치가 활발하게 펼쳐지면서 방온, 육긍, 배휴 등의 뛰어난 거사들이 출현하였으며, 이들과 거의 동시대에 민중 시인으로 유명한 백거이(白居易, 772~846) 역시 거사불교의 역사에 커다란 족적을 남겼다.

백거이는 자字가 낙천樂天으로 태원太原의 하규下邦 사람이다. 거사는 가난한 하급관료 집안 출신으로 어려서부터 매우 총명하여 시작詩作에 능했다. 전하는 바에 의하면 그는 강보에 싸여 있을 때에 '지무之無' 두 자를 분별하여 사람들을 놀라게 했다고 한다. 후대에 글자를 어렴풋이 알아보는 것을 '약식지무略識之無'라 하였는데 백거이의 이러한 경력에는 그 전거가 있다. 정원 3년(787), 16세의 소년으로 수도인 장안에 당시 유명한 명사인 고황을 찾아가 자신의 시를 보여주었다. 고황은 그의 초라한 행색과 '머물기 쉽다(居易)'는 의미의 이름을 보고 "장안의 쌀값이 비싸므로 머물기 쉽지 않겠군!(居住不易)"이라고 말했다가, 그의 시를 읽고 난 후에 "이러한 시구를 능히 쓰니, 머물기 어렵지 않겠다(居不難)"라고 했다고 한다. 이로부터 그의 이름이 널리 알려지게 되었다.

백거이는 정원 14년(798)에 진사에 합격하여 원화 2년(807)에 한림학사를 시작으로 여러 고위관직을 역임했다.

백거이의 전기에 의하면, 그는 시를 쓰고 난 후 항상 글을 모르는

할머니에게 읽어주어 능히 이해되는가를 물었다고 한다. 그 때문에 그의 시는 대체적으로 평이하여 여러 비평가들로부터 속되다는 평을 받기도 했지만, 도리어 일반 대중들에게 많은 사랑을 받았다. 백거이의 생존 시에 이미 그의 시는 일반 서민들의 입에 오르내렸고, 식당이나 여염집 담벼락에 써 붙여지기도 했다. 그의 현존하는 작품 수는 약 3천 8백여 수이고, 그 가운데 「장한가長恨歌」, 「비파행琵琶行」 등은 불멸의 걸작으로 알려져 있다. 현

백거이

재 전하는 그의 작품집은 『백씨장경집白氏長慶集』 75권 가운데 71권이 있고, 『백향산시집白香山詩集』 40권도 있다.

백거이는 이백李白이 사망한 지 10년 뒤, 두보杜甫가 사망한 지 2년 뒤에 태어나 같은 시대의 한유와 더불어 당대의 4대 시인이라는 의미인 '이두한백李杜韓白'으로 칭송된다.

그는 중년에 이르러 점차 불교에 관심을 갖게 되는데, 40세에 모친을 여의고, 이듬해에 어린 딸마저 잃게 된다. 이로부터 그는 더욱 불교에 심취하게 되었다. 백거이는 성품이 강직하여 항상 직언을 하였고, 정치와 사회를 비판하는 시들을 썼다. 결국 고관들의 미움을 사서 구강九江의 사마司馬로 좌천되었다. 팽제청의 『거사전』에 따르면, 이러한 좌천은 오히려 그에게 더욱 불전佛典을 접할 수 있는 계기를 갖게 했으며, 더욱이 구강은 역대로 뛰어난 고승이 많았던 여산廬山과 인접하여 이 시기에 많은 선덕禪德들과 교류했다고 한다. 헌종憲宗이 죽고 목종穆宗이 즉위하면서 다시 백거이를 중앙으로 불러 중용하였

으나, 권력다툼에 회의를 느껴 그는 항주杭州 태수를 자청했다.

항주 태수 시절에 백거이는 아름다운 항주의 풍광과 많은 벗들을 만나면서 시세계가 더욱 풍부해져 유명한「비파행」등을 쓰게 되었다. 또한 그는 이 시기에 불교와 더욱 깊은 인연을 만나게 된다. 『거사분등록』에는 항주 태수 시절인 원화 15년(820)에 조과 도림鳥窠道林 선사와의 만남을 다음과 같이 쓰고 있다.

거사가 조과 도림 선사를 참알하여 물었다.
"선사가 머무는 곳이 너무 위험합니다."
그러자 도림 선사는 "태수가 더욱 위험합니다"라고 하였다.
거사가 "제자는 진강산鎭江山에 있는데, 어찌 위험하겠습니까?"라고 반문하자,
도림 선사는 "섶나무와 불이 서로 만나듯이 식성識性이 멈추지 않으니, 어찌 위험하지 않겠습니까?"라고 하였다.
거사가 다시 "무엇이 불법의 대의大義입니까?"라고 묻자,
도림 선사는 "모든 악을 짓지 말고, 뭇 선을 받들어 행하라(諸惡莫作 衆善奉行)"라고 했다.
거사가 "세 살 먹은 아이도 아는 것을 어찌 말하십니까?"라고 항변하자,
도림 선사는 "세살 먹은 아이도 말할 수 있지만, 팔십 노인도 행할 수 없는 것입니다"라고 했다. 이에 거사는 예를 갖추었다.

이는『경덕전등록』권4「항주조과도림선사전」에도 실려 있고,『대혜보각선사어록』등 여러 어록과『오등회원』,『지월록』등 공안집에

도 실려 있다. 도림 선사는 '새둥우리(鳥窠)'라는 외호가 말해주듯이 높은 나무 위에서 좌선을 즐겨했다. 그에 따라 백거이가 보기에 위험하다고 말하자, 도림 선사는 온갖 번뇌망상이 마치 섶나무에 불이 붙은 듯하니 도리어 거사가 위험에 처해 있다고 지적한 것이다. 또한 불법의 대의를 "모든 악을 짓지 말고, 뭇 선을 받들어 행하라"는 이른바 '칠불통계게七佛通戒偈'의 앞부분을 말하면서 실천을 강조하고 있는 것이다.

그러나 백거이가 마음 깊이 받든 선사는 마조 선사의 사법嗣法인 불광 여만佛光如滿 선사였다. 『경덕전등록』 권10에는 마조의 사법인 불광 여만 선사의 제자로 유일하게 백거이를 들고, 그의 전기를 싣고 있다. 하지만 관련된 자료에는 백거이가 여만 선사로부터 구체적으로 어떤 법을 받았는지는 나타나 있지 않다. 다만 『경덕전등록』의 여만 선사 전기에 선사가 동도응東都凝 선사로부터 '팔점지목八漸之目'을 받았다는 기록이 있고, 『거사분등록』의 「백거이거사전」에 응 선사의 '관觀, 각覺, 정定, 혜慧, 명明, 통通, 제濟, 사捨'의 여덟 조목과 그에 대한 설명이 나타난다. 그러나 그 설명들에서는 이른바 마조 선사 홍주종 계통의 '평상심시도平常心是道', '즉심시불卽心是佛, 무심시불無心是佛'의 활달한 기상은 잘 보이지 않는다.

백거이는 만년에 형부상서를 끝으로 관직에서 물러나 낙양 향산香山에 머물면서 자신의 집을 보시하여 향산사香山寺로 만들고 여만 선사를 모셨으며, 자호를 '향산 거사'라고 했다. 그는 여만 선사를 극진하게 모셨으며, 임종 시에 가족들에게 여만 선사의 묘탑 옆에 자신을 묻어달라고 유언할 정도로 각별한 사제의 정을 가졌다.

백거이는 향산사에서 여만 선사와 함께 '향화사香火社'를 결성한다.

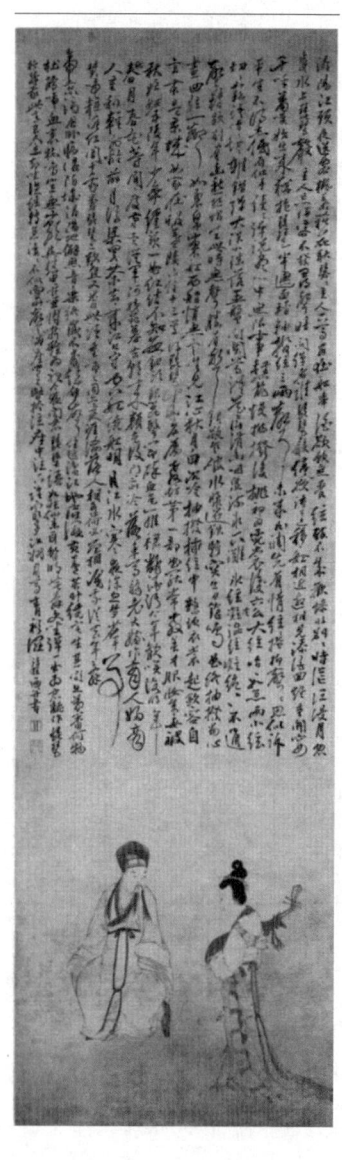
백거이의 「비파행」

이 결사의 성격은 '정토결사'였다. 『거사전』에 따르면, 이에 앞서 거사는 태화 연간에 동도東都 장수사長壽寺에서 승속 140인과 미륵상생도彌勒上生圖를 그리고, 함께 도솔내원兜率內院에 왕생하기를 발원했다고 한다. 또한 그는 3만 전을 보시하여 화공에게 서방의 극락세계를 그리도록 했는데, 높이가 9척(尺, 2미터 10센티미터)이고, 넓이가 1장丈 3척(3미터 90센티미터)이며, 아미타불을 주존으로 하여 관음보살과 대세지보살을 좌우로 협시하였고, 백만의 인천人天이 둘러싸 공경하는 모습을 나타냈으며, 누대樓臺는 칠보 등으로 경전에서 설하는 것과 같이 장엄했다고 한다. 그리고 「원사願詞」라는 제목으로 "극락세계의 청량토淸凉土는 모든 악도惡道와 괴로움이 없으니, 원컨대 내 몸과 같이 늙고 병든 자들과 함께 무량수불께서 계신 곳에 태어나기를 바랍니다"라고 발원하였다.

명대 광귀廣貴가 편찬한 『연방시선蓮邦詩選』에 실린 백거이의 '염불게念佛偈'에서는 다음과 같이 말한다.

내 나이 일흔하나인데, 다시는 풍월로 일삼지 않으리.

경전을 보자니 안력眼力만 소모되고,

복을 짓자니 세파에 휩쓸릴까 두렵네.

그렇다면 무엇으로 심안心眼을 제도할 것인가?

한 구절 아미타가 있도다.

가도 아미타, 앉아도 아미타,

바쁘기가 화살 같아도 아미타를 떠나지 않겠네.

달인達人들은 분명 나를 보고 웃으며 아미타를 뿌리치겠지.

통달하면 어찌 되고, 통달치 못하면 또한 어떤가?

통달하고 통달하지 못함을 말하지 말고,

모름지기 아미타불만 염하리.

(余年七十一, 不復事吟哦. 看經費眼力, 作福畏奔波.

何以度心眼, 一聲阿彌陀. 行也阿彌陀, 坐也阿彌陀,

縱饒忙似箭, 不廢阿彌陀. 達人應笑我, 多却阿彌陀.

達又作麼生, 不達又如何. 普勸法界衆, 同念阿彌陀.)

이와 같이 백거이는 선가의 법을 이었음에도 불구하고 또한 정토에 상당히 전념하고 있음을 알 수 있다. 이는 아마도 구강에서 사마의 직책을 역임하는 기간에 여산 동림사東林寺에서 시작된 중국 최초의 정토결사이며 오늘날까지도 이어지는 '연화사蓮華社'에 입사入社한 사람들과 교류했던 영향이 아닐까 짐작된다. 그러나 한편으로는 그의 시가 다른 시인과는 달리 민중을 염두에 두고 있음을 볼 때 아마도 선, 특히 홍주종의 격외格外의 활달하고 난해한 선을 민중들이 이해하지 못할까 저어하는 마음에 오히려 정토에 더욱 치중한 것은 아닐까 하는 생각도 든다.

그러나 앞에서 언급한 바와 같이 백거이의 법맥은 여전히 선가에 편입되고 있으며, 많은 후대의 선종 문헌에 그가 등장하고 있다. 이는 어쩌면 후대에 선종이 '선정일치禪淨一致'의 기치 아래 점차적으로 정토와 혼합되었던 것에 기인했을 수도 있다. 그렇다면 백거이야말로 선으로부터 정토에 들어간 선구적 인물이라고 할 수 있다.

14. 구화산 김지장 스님과 비관경

중국에서 지장보살에 대한 신앙이 일어난 것은 비교적 늦은 당대唐代에 이르러서였다. 『지장보살본원경』 등에 따르면, 지장보살은 부처님의 부촉을 받아 과거의 오랜 겁 동안 중생들을 널리 제도할 것을 발원하였다. 이른바 "지옥이 텅 비지 않는다면 성불하지 않겠노라(地獄不空, 誓不成佛)"라는 언구로 대표되는 지장신앙이 본격적으로 중국에서 일어나게 된 계기는 바로 구화산에서 보여준 신라 왕자 출신인 김지장金地藏 스님의 행화行化로부터 비롯되었다.

구화산에 지장도량이 형성되는 과정과 김지장 스님에 대한 최초의 기록은 비관경費冠卿 거사가 원화 8년(813)에 찬술한 『구화산화성사기九華山化成寺記』(『전당문』 권694)이다. 이에 따르면, 지장 스님은 "신라 왕자로서, 목이 솟아 골상이 기이하고 키가 7척에 달하며 힘이 장사였다. 출가하여 바다를 건너 구화산에 이르렀다"고 한다. 또한 이로부터 세속과 단절하여 수행에만 전념했다. 지덕 초년(756)에 이르러 제갈諸葛 절도사 등이 구화산에 올라 지장 스님의 수행하는 모습에 감동하여 보시를 하여 땅을 매입하고, 가까운 곳에 사는 사람들이 모여들어 사찰을 창건하였다. 건중 초년(780)에 지주池州 태수 장암전張巖典 거사가 스님의 덕을 우러러 보시를 많이 하여 사찰을 중건하고 옛 현판을 옮겨 안치했다. 이로부터 구화산의 지장도량은 널리 알려지게 되었고, 신라에까지 명성이 퍼져 "본국에서 소문을 듣고 서로 바다를 건너왔는데, 그들이 무리를 이루자, 대사는 식량이 없음을 걱정하여 돌을 들어 흙을 파니, 그 색은 청백靑白으로 모래가 섞이지 않아 밀가루와 같았다. 여름에는 흙을 섞어 먹고, 겨울에는 옷으로 불을 아끼고, 나이에 관계없이 모두 밭을 일구고 땔나무를 캐서 자급하였다. 그 대중들은 법을 청하여 식량으로 삼았으며, 먹는 것으로 목숨을 이어가지 않으니, 남방에서는 그들을 '고고중枯槁衆'이라고 칭하며 높이 우러르지 않는 자가 없었다"고 한다.

『구화산화성사기』에는 지장 스님의 입적 당시의 모습을 다음과 같이 묘사하고 있다.

대사의 나이 99세, 정원 10년(785) 여름, 홀연히 문도들에게 고별하여 간 바를 알지 못하였다. 그러나 산이 울고 돌 떨어지는 소리가 들리니, 무정無情도 감동했구나. 시적示寂에 있어 비구니 시자가 와서 미처 말하지 않았는데, 절에서 종을 울리니 소리가 땅에 떨어지지 않았다. 함函 중에 결가부좌의 자세로 모시기를 3년이 지나서 함을 열고 탑에 모시고자 하니, 얼굴이 살아 계실 때와 같았으며, 옮길 때 골절이 움직여 쇠사슬 움직이는 소리가 울렸다. 경전에 이르기를, 보살의 몸은 쇠사슬과 같아서 모든 뼈에서 울림이 난다고 했다. 그 탑이 세워진 땅은 마치 불타는 것과 같이 빛을 발하여 원광圓光을 이루었다.

이러한 묘사는 지장보살과 관련된 여러 경전에서 나타나는 바와 상당히 일치하여 지장 스님은 지장보살의 현신으로 추앙받게 되었고, 점차로 구화산은 지장보살도량으로 명성을 얻게 되어 중국의 4대성지 가운데 하나가 되었다. 당시 지장 스님에게 귀의한 거사들이 많았고, 그들의 적극적인 지원 아래 구화산이 지장보살도량으로 형성되었다.

『구화산화성사기』를 찬술한 비관경 거사에 대해서는 『전당문』, 『당척언唐摭言』 등에 간략한 전기가 실려 있다. 비관경의 자字는 자군子軍으로 지주池州 청양(靑陽, 현 安徽省 靑陽縣) 사람이다.

김지장보살상

본래 가난한 집안에서 태어나 젊어서 출세하고자 10년 동안 집을 떠나 뼈를 깎는 노력으로 원화 2년(807)에 진사에 급제했다. 그러나 진사에 급제한 후 노모가 위독하다는 편지를 받고 급히 집으로 가지만 이미 장례를 치룬 뒤였다. 이에 비관경은 3년을 수묘守墓한 후에 "관록은 바로 모친을 잘 모시고자 했던 것이었는데, 이제 관록이 왜 필요하겠는가!"라고 한탄하며 관직을 포기했다. 이로부터 구화산에 은둔하여 수행에 힘썼다. 15년 후인 장경 2년(822)에 전중시어사殿中侍御使 이행수李行修가 거사의 '효절孝節'이 뛰어남을 인정하여 추천하자 목종穆宗 황제는 비관경에게 우습유右拾遺의 높은 관직을 하사하였다. 거사는 끝내 거절하고 수행에만 매진하다가 임종 후에 구화산에 묻혔다. 거사는 비록 관직에 몸담은 적은 없지만, 황제가 우습유의 관직을 제수했기 때문에 세상에서는 비관경을 존중하여 "비습유費拾遺", "비정군費征君"으로 칭했다고 한다.

비관경과 지장 스님은 동시대 사람으로 『구화산화성사기』의 끝부분에 "어려서 듣고 본 바(幼所聞見)"를 "경건하게 기록한 것(謹而記

之)"이라고 표현하고 있다. 그에 따라 후인들이 "천추에 믿을 수 있는 사료(千秋信史)"라고 평가하고 있다. 찬녕贊寧의 『송고승전』 「감통편」의 '김지장전'에서도 역시 비관경의 『구화산화성사기』를 인용하여 기술하고 있다. 그러나 후대에 구화산이 지장도량으로 명성을 떨치면서 다양한 전설이 부가되고, 여러 가지 고사들이 삽입되게 된다.

중화민국 시기에 출판된 『구화산지九華山誌』(釋德森 編, 上海國光印書局, 1930)에 의하면, 지장 스님의 출신은 신라의 왕실이며 성은 김이고 이름은 교각喬覺이라고 한다. 또한 당 고종 영휘 4년(653)에 24세의 나이로 삭발하고, 흰 개인 선청善聽을 데리고 바다를 항해하여 중국으로 건너와 청양 구화산에 이르렀다. 산에서 75년을 단좌하여 개원 16년(729) 7월 30일 밤에 도를 이루었다. 또한 각로(閣老: 벼슬이름, 員外라고도 함) 민공閔公이 있어 매번 백 명의 스님을 공양하는데, 반드시 한 자리를 비워놓고 동굴의 스님을 청하여 백 명을 채웠는데, 동굴의 스님이 바로 지장 스님이다. 또한 민공에게 "스님은 바로 가사 한 벌이 덮을 만한 땅을 보시하라고 하였고, 민공이 허락하자 스님이 가사를 펼쳐 구화산을 모두 덮으니, 민공은 모두 희사하였다. 또한 그 아들이 출가하기를 원하였는데, 바로 도명道明 화상이다. 민공도 후에 또한 속진을 벗어났다"고 기록되어 있다. 그런데 이 기록은 비관경의 『구화산화성사기』에 나타나는 연대와 맞지 않는다. 그러나 민공이 땅을 희사했다는 것과 도명 화상 등의 이야기는 민간에 전설로 내려와 매우 커다란 영향을 미쳤다. 오대五代 이후에 제작된 지장보살과 관련된 회화나 조각상 등에는 신라로부터 데리고 왔다는 흰 개 선청과 민공, 도명 화상 등이 나타나고 있어 아마도 오대 무렵에 형성된 전설이 아닐까 여겨진다.

『불조통기佛祖統紀』에서는 신라로부터 중국에 온 무상無相 선사가 김지장이라는 기록도 나타난다. 무상 선사는 신라왕의 셋째 아들로서, 속성은 김金이다. 무상 선사는 중국에 구법하여 입적할 때까지 중국에 머물렀으며, 널리 선법禪法을 펼쳤다. 그의 주요한 행적은 사천四川에 있는데, 처적處寂 선사로부터 법을 이어 '삼구용심三句用心'의 설을 세웠다. 그 영향은 대단하여 그의 문하를 정중종淨衆宗으로 칭한다. 그는 중국에 와 먼저 경사京師에 이르고 나중에 촉蜀 땅에 들어왔으며, 지덕至德 원년(756)에 79세로 입적하였다. 『불조통기』에서는 무상 선사와 지장 스님을 동일인물로 여긴다. 『불조통기』 권40에서는 "무상 선사는 후에 지주池州 구화산으로 가서 입적하였으니, 전신이 손상되지 않았다. 뼈에서는 쇠사슬과 같은 소리가 났으며, 99세였다"라고 한다.

『불조통기』는 남송南宋 함순咸淳 5년(1269)에 출판되었다. 그 이전에 찬술된 『송고승전』, 『역대법보기歷代法寶記』에서는 무상 선사가 법을 펼친 곳과 입적한 곳이 모두 성도 정중사라고 기술하고 있다. 오늘날 사천의 삼대현三臺縣이 당대唐代의 재주梓州인데, 혜의정사慧義精舍 남선원南禪院의 사증당四證堂의 회화에 무상 선사를 포함한 4대 선사의 그림이 있다. 이상은李商隱은 그것을 기려 『사증당비四證堂碑』를 지었는데, 그때는 무상 선사가 입적한 지 다만 수십 년의 차이가 있을 뿐이고, 전혀 구화산의 일을 언급하지 않고 있다. 따라서 『불조통기』에서는 무상과 김지장의 내력이 비슷하므로 한 사람으로 혼동하지 않았나 짐작된다.

중국의 지장신앙은 구화산 김지장 스님으로부터 비롯되었다. 그것은 후대에 출현하는 지장보살과 관련된 여러 가지 법회와 민간에서 유행하는 전설 등이 모두 지장 스님과 구화산 지장도량을 중심으로 전개되고 있기 때문이다. 이러한 지장신앙의 유행은 지장 스님의 수행과 교화에 기인한 것이지만, 또한 비관경 등 거사들의 역할도 무시할 수 없다. 당시 안사의 난 이후에 피폐해진 당조唐朝의 정치, 경제적 상황이 맞물려 지장보살이 주는 구원의 희망에 민중들이 몰입했던 것은 아닐까 한다. 실제로 당말, 오대의 혼란한 정치 상황에서 실의에 빠진 수많은 사대부들이 구화산 지장도량에서 은거했던 사실은 그 반증이라고 할 수 있다.

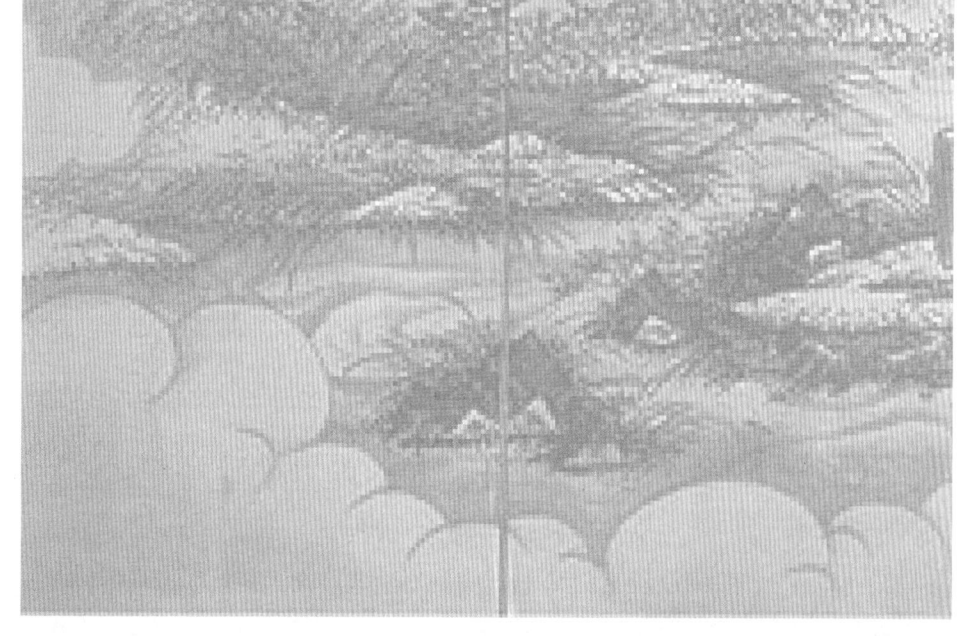

4장
오대·십국과 양송의 거사들

15. 오대·십국 군신들의 폐불과 봉불

화려한 문명을 구가했던 당조唐朝는 안사의 난을 시작으로 점차 기울 다가 황소黃巢의 난(875~884)을 계기로 결국 절도사 주전충朱全忠에 게 멸망하였다(907). 이후 송宋이 다시 통일(977)하기까지 약 70년간 중국의 북방지역에는 다섯 왕조가 교체되었고, 강남 일대에는 10개 의 크고 작은 군벌이 난립하고 있었다. 이 시기를 오대五代·십국十國 시대라고 부른다. 5대는 북방을 지배했던 왕조들로서 양梁·당唐·진 晉·한漢·주周의 다섯 왕조를 말하는데, 후대의 사가들은 이전에 존재 하였던 같은 이름의 왕조와 구별하기 위해서 앞에 '후後'자를 붙였다. 또한 십국은 각 지방에서 일어난 지방정권을 말하는데, 오吳·남당南 唐·오월吳越·민閩·형남荊南·초楚·남한南漢·전촉前蜀·후촉後蜀·북한 北漢 등을 말한다. 이러한 오대·십국의 정치상황은 불교에 깊은 영향 을 주었다.

당을 멸망시킨 주전충은 본래 황소의 부하였다가 당에 귀순하여 절도사가 된 후에 다시 반란을 일으켜 후량後梁을 세웠다. 이처럼 북 방의 오대는 모두 군벌의 쿠데타, 그것도 부하가 상사를 밀어내고 왕 조를 세우는 하극상의 양상을 띠고 있다. 따라서 오대의 정치적 상황 은 항상 불안하였고, 전란이 끊이지 않았다. 이러한 상황 아래서 전 란의 화를 면하기 위해 승가에 몸을 맡기는 사람들이 많아지자 오대 의 정권에서는 철저하게 승단을 관리하게 된다. 후량의 용덕원제龍德

元帝 시기(921)에 이구李樞는 "천하에 사도私度의 승니僧尼를 금하고, 망령되이 자의紫衣와 사호師號를 쓰지 못하게 하며, 출가를 원하는 자는 반드시 궐내로 와서 시험을 치르게 하고, 환속을 원하는 자는 바로 환속하게 하라"고 상주하였다. 그에 따라 "양도兩都의 거리에 자의를 하사받은 승려들의 명단을 게시하며, 도행이 깊은 사람들을 추천받아 매 명절을 맞아 양도에 관단官壇을 설치하여 7인을 득도하게 하며, 모든 지방에서도 출가를 원하는 자는 양도의 관단에 와서 사부祠部로부터 도첩을 받아야 한다"는 조칙을 내렸다.(『구오대사舊五代史』 권10, 「양서梁書·말제기末帝紀」) 이러한 사도승의 금지와 승단의 관리는 오대 전체 왕조의 정책이기도 했다.

오대 말년에 이르면 불교에 대한 정책은 더 가혹해지는데, 후한後漢 건우 2년(949) 이흠명李欽明은 「청태승인소請汰僧人疏」를 상주하여 "이 무리들은 농사를 짓지도 않고, 누에를 키워 베를 짜지도 않으며, 교화에 도움도 되지 않으니 실로 큰 우환이다. 승려가 많은 것은 병사가 많은 것과 같을 수 없고, 승려가 부유함은 백성이 부유함과 같을 수 없다. 옛날에 진시황이 육국을 병탄하고 천하를 통일한 것은 군병이 많고 백성이 부유했던 까닭이니, 승려들을 어찌 남기겠는가"(『전당문』 권855)라고 하였다. 후주後周 태조 광순 3년(953)에 이르러 도성인 개봉開封에 "이름 없는 사찰 58개소를 없애라"고 조칙을 내렸다. 그 후 세종世宗은 현덕 2년(955), 폐불을 단행한다. 이것이 바로 '삼무일종三武一宗'의 폐불 가운데 마지막이면서 가장 심각한 폐해를 일으킨 법난이다. 『구오대사』 권115 「주서周書·세종기世宗紀」에 따르면, 이로 인하여 북방에서 폐사된 사찰이 3,336개소, 남은 사찰은 2,694개소, 합법적인 승려는 61,200명이 남았을 뿐이라고 한다. 이러한 오대의 불교정책과 세종의 폐불정책으로 북방의 불교는 완전히 쇠락하게 되고, 중국불교의 주도권은 자연스럽게 남방으로 옮겨갔다.

그런데 아이러니컬한 것은 오대의 군신들이 비록 정책적으로 불교를 억압했지만, 개인적으로는 불법을 신앙했다는 기록이 나타난다는 점이다. 『구오대사』와 『불조통기』 등의 자료에는 후량을 세운 주전충으로부터 후당後唐의 장종莊宗 이존욱李存勖과 마지막 황제인 이종가李從珂, 후진後晉의 고조高祖 석경당石敬瑭 등과 후당의 조신朝臣인 장전의張全義 등의 많은 중신들을 독실한 불자로 묘사하고 있다. 그러나 이러한 군주와 중신들의 개인적인 불교신앙은 오대 전체의 불교정책에 큰 영향을 미치지 못했다. 이는 아마도 이들의 신앙이 대체로 당대唐代의 거사들과 달리 기복적인 것에 국한되어 있었기 때문인 듯하다.

북방의 오대에 비하여 남방의 십국은 정치적으로 비교적 안정되어 있었다. 특히 오대와는 다르게 십국의 군주들은 대부분 불교를 신봉하고 있었다. 그 가운데 오월吳越의 군왕들이 대표적이다. 오월은 송宋 태종太宗 흥국 3년(978)에 북송北宋에 귀순하기까지 72년 동안 단 한 차례의 전란도 없었을 정도로 정치적으로 안정되어 있었다. 이 시기에 오월은 정치적 안정을 기반으로 항주杭州를 중심으로 하여 경제적으로 큰 번영을 누렸으며, 또한 역대 제왕의 독실한 신앙으로 인하여 불법이 크게 발전하게 되었다.

오월의 무숙왕武肅王인 전류(錢鏐, 852~932)는 젊어서는 도교를 신봉하다가 만년에 불교를 신앙했다. 『불조통기』 권11은 무숙왕이 불교에 귀의하게 된 인연을 다음과 같이 쓰고 있다.

무숙왕 전류가 눈에 질환이 생겨 앞을 보지 못하던 중에, 어느 날 꿈속에서 흰옷을 입은 선인仙人이 나타나 영가永嘉로부터 왔다고 말했다. 다음 날 영가의 스님으로부터 관음상을 봉헌하겠다는 편지를 받았다. 간밤의 꿈에 나타난 일과 똑같아 신비로운 일이라며 위의를 갖추고 성 밖으로 맞으러 나갔다. 관음상을 맞아 한 번 바라보았을 뿐인데 무숙왕의 눈이 다시 밝아졌다. 이에 그 자리에 암자를 짓고서 흥복사興福寺라고 칭하여 받들었다.

이렇게 불법을 신앙하게 된 무숙왕은 건화乾化 원년(911) 홍초鴻楚 법사에게 조칙을 내려 항주 용흥사龍興寺에 계단戒壇을 열었으며, 후량 태조 주전충에게 자의紫衣와 사호師號를 하사할 것을 청했다.(『송고승전』 권25 홍초전) 또한 『불조통기』 권42에 따르면, 무숙왕은 또한 자신의 어린 아들을 출가시키고자 사찰에 보냈으며, 후량의 태조가 '무상無相 대사'의 법호를 내려주었다고 한다.

오월의 경제적 번영과 무숙왕의 친불교적 성향이 알려지면서 항주를 중심으로 하여 각지의 고승들이 몰려들었다. 그에 따라 무숙왕은 수많은 사찰과 탑을 건립하여 "오월의 무숙왕이 건립한 사찰과 탑은 다른 9국에서 건립한 것을 합한 것보다 배가 많았다"(『금석췌편金石萃編』 권112)고 한다.

무숙왕 전류를 계승한 문목왕文穆王 전원錢元 역시 독실하게 불교를 신앙하였다. 무숙왕은 설봉 의존雪峯義存 선사의 법을 이은 도부道怤 선사를 천룡사天龍寺에 주석하도록 청해 '순덕順德 대사'라는 법호를 올렸다. 문목왕은 또한 용책사龍册寺를 창건하여 도부 선사를 주석하도록 청했고, 오월의 선학禪學이 이로부터 흥성했다고 한다.(『송고

충의왕 전숙　　　　영명 연수

승전』 권13 「도부전」)

　오월의 제왕 가운데 봉불에 가장 열성을 다한 이는 바로 충의왕忠懿王 전숙(錢俶, 929~988)이다. 충의왕은 평생 수백 개의 대사찰을 건립했으며, 송에 귀순한 이후에는 아들을 출가시키기도 했다. 또한 당시 저명한 고승들, 예를 들어 천태 덕소天台德韶, 나계 의적螺溪義寂, 영명 연수永明延壽 등과 깊은 인연이 있다. 덕소 선사는 법안종法眼宗의 창립자인 청량 문익淸凉文益의 법사로서 전숙이 태주台州 자사를 역임하던 시기에 만나 도를 물었고, 충의왕으로 즉위하자 바로 사자를 파견하여 "제자의 예를 다하여 국사國師"로서 항주로 청했다고 한다.(『석씨계고략釋氏稽古略』 권3) 의적 대사는 천태종의 저명한 스님으로서 또한 전숙의 귀의를 받았다. 전숙은 의적 대사를 위하여 특별히 천태산에 나계도량을 건립하고, 의적 대사를 청하여 강좌를 개설하여 천태학설을 물었다. 그때 전숙은 천태의 전적들이 완전하지 못함을 알게 되어 그를 개탄하고, 사신을 고려와 일본에 파견하여 없어진 천태의 전적들을 모두 복원시켰다.(『불조통기』 권10) 연수 선사는 덕소 선사의 법사로서 전숙의 깊은 예우를 받았다. 북송 건륭 원년(960), 전숙은 영은사靈隱寺를 중건하고 연수 선사를 주석하도록 청했고, 다음해 다시 영명사永明寺에 머물도록 청했다. 또한 전숙은 『송고승전』의 저자로 유명한 찬녕贊寧 대사를 양절(兩浙, 浙東과 浙西)의 승통僧統으로 삼았다.

오월 제왕들의 이러한 봉불 정책과 행적은 남방의 십국을 대표한다고 할 수 있다. 다른 아홉 나라는 오월의 군왕들과 같이 두드러지게 봉불 정책을 실시하지는 않았지만, 기본적으로는 친불교적 정책을 유지하고 있었다.

북방 오대에서의 불교에 대한 통제와 멸불, 남방 십국의 친불교적인 정책은 중국불교의 중심지가 북방으로부터 남방으로 옮겨지는 결정적인 작용을 하게 되었고, 또한 중국불교의 전체적인 성격을 변화시키는 중요한 계기가 되었다. 다양한 교의가 치열하게 개진되어 화려한 종파불교의 시대를 연 것이 당대 불교의 특징이라고 한다면, 오대·십국 시기에서는 그러한 종파들이 점차로 선종으로 통합되어 가는 일종의 통불교적인 경향을 보인다. 여기에는 바로 남북방 군왕들의 정치적 입장이 크게 작용했던 것으로, 이것은 또한 중국 거사불교의 중요한 맥이라고 할 수 있다.

16. 양송 군주들의 불교정책

오대 말년 후주의 세종은 폐불을 단행하고, 천하를 통일하기 위해 적극적인 군사행동에 들어갔다. 그러나 북방의 거란을 정벌하러 출전했다가 세종은 중병에 걸리고, 얼마 후에 세상을 떠났다.(959) 그 다음해 병마절도사였던 조광윤趙匡胤이 정변을 일으켜 송宋을 세웠다. 송의 태조가 된 조광윤은 스스로 유가의 원칙대로 모범을 보이며 뛰어난 외교술과 군략으로 남방의 십국을 모두 통합하고 다시 중국을 통일한다. 이후 1127년 여진족이 세운 금金나라가 북방을 점령하게 되자 고종高宗은 수도를 임안(臨安, 지금의 杭州)으로 옮겨 남방만을 지배하게 되었다. 사가들은 이를 북송과 남송으로 구분하고, 그를 통칭하여 양송兩宋으로 칭한다.

양송은 비록 북방을 여진족의 금나라에게 정복당했지만, 1279년 원元나라에 멸망하기까지 320년 동안 지속된, 중국에서 가장 존속 기간이 길었던 왕조이다. 그러나 송나라의 통치기간은 결코 전쟁의 위협으로부터 편안할 날이 없었던 불안정한 시기의 연속이었다.

송나라의 이러한 나약함의 원인으로는 문치를 추구했던 송대의 통치철학을 그 이유로 들기도 하지만, 보다 근본적인 원인은 지나친 중앙집권적 정책에 있었다고 보아야 한다. 송을 건국한 태조는 역사의 교훈, 특히 당의 멸망과 오대의 왕조교체를 통해 군사력과 행정력을 모두 장악한 지방의 번진(藩鎭, 절도사)의 위험성을 경계하여 모든 군

조광윤

사·경제·정치적 권한을 군주에게 집중시키는 군주전제통치를 실현시켰다. 즉 지방에는 최소한의 무력과 재력만을 남기고 모든 재정권, 군사권 등을 중앙으로 귀속시켜 황제의 독재체제를 강화시킨 것이다. 결과적으로 송대의 각 지방은 외부의 침략에 취약한 상태가 될 수밖에 없었으며, 이것이 요나라와 금나라 그리고 몽고로 이어지는 북방 민족의 침입을 불러오게 된 것이다. 이러한 전제군주의 이론적 바탕을 제공하고 그 인적 토대가 되어준 것은 과거 등을 통하여 새롭게 중앙에 진출한 신흥사대부 집단이었다. 수·당 시기에 시작된 과거제도가 송대에 이르러 더욱 확대되면서 새로운 관료계급이 형성되었는데, 이들은 황제의 절대 권력의 이론적 근거를 제공하고 그 특권을 보장받고자 하였다.

　송대에 일어난 이학理學은 여러 가지 측면에서 그 원인을 찾을 수 있겠지만, 중요한 것으로 다음과 같은 두 가지 원인을 꼽을 수 있다. 첫째는 신흥사대부와 절대 권력의 기술적 타협의 결과라는 점이다. 송대의 신흥사대부는 황제의 전제체제를 불변하는 우주자연의 질서로 상정하고 신분에 따른 각종 사회적 규범을 앞세워 이러한 규범의 준수를 강조했다. 이러한 사회적 체제를 가장 잘 대변하는 것이 바로 유학이었으며 그 이면에는 신흥사대부의 특권 보장과 황제의 권력을 절대화하고자 하는 의도가 있었다. 두 번째로 불교와 도교와의 사상적 논쟁과 소통을 통하여 유교적인 철학체계를 완비할 수 있게 되었다는 점이다. 사상적으로 유학을 바탕으로 불교 역시 강력한 황권의 지배하에 두고자 했던 태조의 통치는 불교에 대한 정책에서도 그대로 반영되었다.

송 태조는 즉위하자마자 후주 세종이 현덕 연간(954~959)에 내렸던 폐불령廢佛令을 해제시키는 동시에 어린 행자 8천 명을 출가시켰다. 이러한 조치는 사실상 불교신앙이 강한 남방의 오월吳越 등 십국을 귀순케 하려는 정치적 목적을 가진 것이기도 했다. 건덕 3년(965) 창주滄州의 도원이 18여 년 동안 오천축五天竺을 거쳐 우전국(于闐國, 현재 호탄Khotan 지역)의 사신과 함께 수도인 변경(汴京, 지금의 開封)에 도착해 태조를 알현하여 서역의 자세한 상황을 전하였다. 그 다음해 태조는 행근行勤 등의 157인을 서역에 파견하며 "각각 3만 전錢을 하사했다"고 한다.(『송사宋史』 권2 「태조본기太祖本紀」) 이를 통해 대량의 서역 경전이 북송에 유입되었다. 개보 4년(971) 태조는 칙령을 내려 『대장경』을 판각하라고 하는데, 이는 태종太宗 태평흥국太平興國 8년(983)에 완성되었다.(『불조통기』 권43) 이를 『개보장開寶藏』, 『북송 칙판대장경北宋勅版大藏經』, 『칙판勅版』 등의 명칭으로 부르는데, 중국은 물론 동아시아 최초의 목판으로 만든 『대장경』이다. 이 외에도 태조는 세종의 폐불로 손상된 몇몇 사찰들에 대해 중수하라는 조칙을 내렸다.

그러나 북송의 태조는 친불 정책을 펴는 동시에 불교에 대한 견제를 여전히 늦추지 않았다. 건륭 원년(960)에 "모든 주부州府의 사찰들 가운데 현덕 2년(세종의 폐불 시기)에 이미 없어진 사찰은 복원하지 말라. 그때 폐해지지 않은 사찰은 존속하도록 하라"(『속자치통감장편續資治通鑑長編』 권1)는 조칙을 내렸다. 이러한 조칙은 사실상 세종의 폐

불을 승인하는 것으로 볼 수 있다. 또한 개보 8년, 태조는 관정도량灌
頂道場과 수륙재를 금지시키고, 또한 야간에 이루어지는 모든 불사를
금지시키는 조칙을 내렸다.(『송대조령집宋大詔令集』 권223)

　태조를 이은 태종은 태평흥국 5년(980), 중천축의 승려 법천法天,
천식재天息災, 시호施護 등이 범본의 경전들을 가져오자 조정에 역경
원을 설립하고, 관에서 관리하여 역경하게 한다. 또한 태종 8년(983)
에는 새롭게 번역된 경전을 대신들에게 전시하고는 "부처님의 가르
침은 정치에 도움이 된다. 그러나 양 씨(양 무제)가 사신捨身하여 사노
寺奴가 되고, 사문의 법도를 실천하라고 조칙을 내리는 것은 참으로
크게 미혹된 것으로, 짐은 이를 취하지 않겠노라"라고 했다.(『태종실
록太宗實錄』 권26) 이러한 입장에서 태종은 한편으로는 십여만 승니의
출가를 허용하고, 엄청난 재물을 들여 사찰을 보수시키지만, 또 한편
으로는 승니의 수를 철저하게 통제하는 조칙을 내렸다.(『불조역대통
재』 권18)

　이와 같은 북송의 태조와 태종의 불교에 대한 태도는 사실상 북조
로부터 오대로 이어지는 북방의 기본적인 정책이라고 할 수 있다. 이
른바 '삼무일종'의 법난이 모두 북방에서 발생했으며, 남방에서는 거
의 불교에 대한 탄압이나 통제가 이루어지지 않았음을 상기한다면
더욱 분명해진다.

　그러나 양송의 군주들은 '폐불'과 같은 극단적인 조치는 취하지 않
았다. 그것은 태조의 "도교와 불교의 두 가르침은 모두 세상을 교화
하는 데 도움이 되는 것이다. 그렇지만 사람들이 미혹하여 한쪽에 치
우쳐 종종 서로를 헐뜯어 스스로를 높이려 하고 있다. 만약 승려와 도
사가 때에 따라 품행이 바르지 못하다고 해서 어찌 그 가르침을 폐하

겠는가?"(『속자치통감장편』 권36)라는 말로부터 그 이유를 유추할 수 있을 것이다. 아마도 태조는 '삼무일종'에 의한 법난의 역사를 통해서 '폐불'이 통치자에게 결코 도움이 될 수 없다는 것을 깊이 인식했기 때문이 아닐까 한다. 세종의 폐불과 이로 인한 불교인들의 다양한 반응을 몸소 겪으면서 국가를 통치하는 데 있어서 극단적인 조치는 오히려 다른 부작용만을 낳는다는 것을 체험했기 때문에 본인은 철저히 유가를 신봉하면서도 불교에 대하여 적당한 장려와 제한을 가한 것이라고 볼 수 있다.

태조와 태종의 불교에 대한 이러한 정책은 양송의 불교정책의 기본적 입장으로 유지된다. 송조의 역대 군주들은 더러는 친불교적이고 더러는 친도교적이었지만, 기본적으로는 철저하게 유교를 근본으로 하고 있음을 확인할 수 있다.

진종眞宗은 불교를 숭상한다는 의미인 『숭석론崇釋論』을 찬술하는데, 그 가운데 기본적인 인식은 바로 불교와 유교의 가르침이 "자취는 다르지만 그 도는 같다"는 것이었으며, 그 종지는 모두 "사람들에게 선을 권하고, 악함을 금지함"이라고 보았다. 또한 "불살생은 바로 인仁이요, 도둑질하지 않음(不盜)은 바로 청렴함(廉)이고, 미혹하지 않음(不惑)은 바로 신信이며, 망령되지 않음(不妄)은 바로 정正이고, 취하지 않음(不醉)은 바로 엄숙함(莊)이다"라고 논한다.(『불조통기』 권44) 이로부터 보자면, 불교는 유가와 함께 사회의 교화에 뛰어난 공이 있음을 인정하는 것으로 보인다. 그에 따라 진종은 사찰의 불상이나 금보金寶의 훼손을 금지하는 조칙을 내리고, 역경사업을 전폭적으로 지지한다. 그러나 당 무종의 회창 법난 시기에 훼손된 용문석굴을 복원하자는 상소에 명확하게 거절을 하며 "나라를 운용함에는 법도가 있어야 하는데, 외교外敎를 받들고자 한다면 백성의 노고와 재물의 낭비가 지나칠까 두렵구나"(『자치통감장편』 권65)라고 했다. 이러한 태도가 바로 불교에 대한 양송 군주들의 기본적인 입장이었다.

인종仁宗은 특히 선학禪學에 대한 이해가 깊었으며, 이준욱李遵勗이 편찬한 『천성광등록天聖廣燈錄』의 서문을 쓰면서 곳곳에 불교에 대한 '외호外護'를 표현했다. 그러나 당시 승려의 수가 급증하자 장동張洞이 "지금 사부祠部의 장부에 기록된 승려의 수가 30여만에 이르니, 승려의 수를 줄여 그 폐단을 막게 하라"는 상소를 올리자, "조정은 그 상소를 받아들여 전체 승려의 수에서 삼분의 일을 감하라"는 조칙을 내렸다.(『송사』 권299) 이로부터 비록 깊이 불법을 이해하는 군주라도 불교를 통제하는 정책을 채택하고 있음을 알 수 있다.

남송에 이르러서도 군주들은 기본적으로 북송의 불교정책을 따랐다. 무엇보다도 금나라로부터 패하여 남하했던 까닭에 전제군주통치를 더욱 강화하고자 했다. 특히 남송의 수도인 임안(항주)은 바로 십국 가운데 가장 불교를 신앙했던 오월의 중심지였기 때문에 군주들은 불교에 대한 통제를 통하여 민심을 수습하고자 했다. 그러나 금과의 화해가 이루어져 다시 평화의 시기가 도래하자 남송의 군주 가운데 불교에 귀의하는 황제들이 출현했다. 그 가운데 효종이 대표적이라고 할 수 있다. 효종은 특히 간화선의 제창으로 유명한 종고宗杲 선사에게 내도감內都監 황언黃彦을 파견하여 종고 선사로 하여금 "반야를 선양하라"고 명령하였다. 후에 다시 '대혜大慧'의 호를 내렸으며, 선사가 입적하자 "슬픔을 금할 수 없다"며 '보각寶覺'의 시호와 '보광寶光'의 탑호를 하사했다.

송대의 황제들은 역사로부터 교훈을 얻어 군주전제통치를 실현하려 했고, 그를 이론적으로 지지해주는 유교를 신봉하였다. 또한 북조와 오대로 이어지는 정책을 채택하여 불교를 철저한 통제에 두고자 하였다. 이러한 상황은 비록 양송 시기에 이른바 '선학의 황금시대'라고 칭할 만큼 오가칠종의 조사선이 번창했지만, 결국 불교는 유교를 기반으로 하는 '이학理學'에 그 주도권을 내주고 점차 쇠퇴하게 되었다. 이는 황권에 의해 모든 것이 결정되는 전제체제에서 불가피한 국면이었고, 이러한 측면도 중국 거사불교의 한 면모라고 할 수 있을 것이다.

17. 송대 사대부들의 배불과 귀불

1) 설숭 스님의 유불융합과 사대부들의 귀의

송대宋代는 황권에 모든 권력을 집중시키는 전제군주정치를 실현하고자 노력하였다. 그에 따라 사상적으로 전제군주정치를 지지해주는 '유학'을 극도로 중시하게 되었고, 또한 유학의 이념에 의해 관료들을 선발하고자 당대唐代에서 확립된 과거제도를 더욱 발전시켰다. 과거제도는 지방의 중소 지주들과 평민들에게 권력층으로 진입할 수 있는 희망을 주었지만, 당대에서는 그 수가 매우 한정적이었다. 예를 들어 매년 진사에 급제하는 인원이 1년에 많을 경우 30~40명, 적을 경우는 10명 미만일 경우도 있었다. 그러나 송대에 들어서면서 과거제도는 점차로 폭이 넓어져 진사의 경우 1년에 5, 6백 명이 급제했으며, 진사 이외에 성시省試, 전시殿試 등 다양한 과거를 통해 관직에 등용되었다. 그에 따라 송대에서는 문관 위주의 방대한 사대부 계층이 형성되었다.

송대 초기 사대부들의 특징은 황제들의 중유重儒 정책에 따라 정치적으로는 불교와 도교에 대하여 비판적인 입장을 보였지만, 사상적으로는 오히려 불교와 도교를 흡수하는 형태를 보였다. 이는 당대로부터 중국의 사상계가 불·유·도의 '삼교융합' 혹은 '삼교일치'를 제창했던 사상적 전통에 기인하는 것이라고 하겠다. 그러나 당대에서는 불교를 중심으로 하여 유·도 양가와의 '일치'가 제시되었지만, 송대에 이르러서는 유교를 중심으로 하여 불·도를 결합하려는 움직임이 주류를 이루었다. 이러한 흐름은 최종적으로 '이학理學'의 완성으로 나타났고, 결국 불교와 도교는 점차로 사상적 주류에서 멀어지게 된다.

북송 초에 태조의 정책에 따라 유학은 새로운 부흥기를 맞이한다. 이 당시의 유학자들은 한편으로 유학의 '부흥'을 주장하며 새로운 사상을 정립하면서 또 한편으로는 유학이 쇠퇴한 원인을 불교의 득세로 파악하여 불교를 배척하는 '운동'을 벌였다. 구양수(歐陽修, 1007~1072)의 문집에 따르면 "장표민章表民, 황오우黃聱隅, 이태백李泰伯" 등 대다수의 학자들이 불교를 폐하자는 주장을 했으며(『구양문충공문집歐陽文忠公文集』권17), 또한 손복孫復은 『유욕儒辱』, 석개石個는 『괴설怪說』, 호인胡寅은 『숭정론崇正論』 등을 찬술하여 유학을 부흥시키기 위해서는 불교를 철저히 배척해야 한다고 하였다.

이러한 폐불의 움직임에 대해 적극적으로 대응하여 유학에 경도된 수많은 사대부들을 불교로 전향시킨 이가 바로 운문종雲門宗의 설숭(契嵩, 1007~1072) 스님이다. 총 19권으로 이루어진 설숭의 『심진문집鐔津文集』에는 전편에 불교와 유학이 서로 일치함을 밝히고 있다. 『심진문집』은 철저하게 '고문古文'을 바탕으로 하여 "폭넓게 불·유·도의 경전들을 인용하여 삼가의 가르침이 일

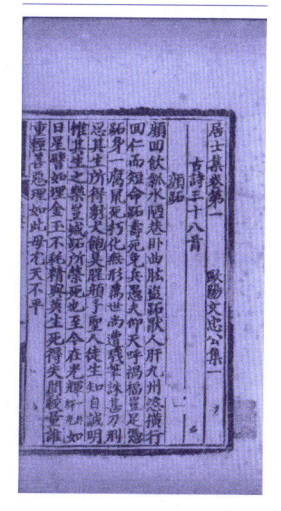

구양수의 문집

치되고, 서로 보충이 됨을 논증"했다는 평가를 받는다.(『소덕선생군재독서지昭德先生郡齋讀書志』 권1)

설숭 스님은 특히 '효孝'에 대하여 집중적으로 논하고 있다. 그것은 불교의 출가는 부모를 버리고 부모로부터 받은 신체를 훼손(삭발)하는 등 가장 기본적인 인륜을 위배하고 있다는 유학의 공격에 대응하고자 하는 의도이다. 스님의 『문집』에는 「효론」이 12장 들어 있는데, 기본적으로 "유가의 『효경』은 바로 부처님의 뜻을 밝힌 것"이라는 의도를 가진 것이고, 그 내용에 있어서 "무릇 효는 하늘의 길이며 땅의 정의이며 사람의 행할 바다. 지극하고 큼이여, 효도의 길이여!", "무릇 효는 모든 성현의 존중하는 바이며, 불교는 더욱 중시한다"라고 하여 극도로 '효'를 강조하고 있다. 또한 "오계는 첫째 불살생이고, 둘째 불투도이고, 셋째 불사음이고, 넷째 불망어이고, 다섯째 불음주이다. 대저 불살생은 인仁이요, 불투도는 의義요, 불사음은 예禮요, 불음주는 지智며, 불망언은 신信이니, 이 다섯 가지 수행은 곧 그 사람을 이루며, 그 어버이를 드러내니 또한 효도가 아니겠는가?"(『심진문집』 권3 「효론」)라고 하여 '효'를 중심으로 유학의 '오상五常'을 불교의 '오계'와 연결시켰다. 이러한 설숭의 '효'는 남북조 시기 유협이 『멸혹론』에서 "불가의 효도는 포괄하는 바가 폭넓고 심원하다. 그 이치는 마음에서 비롯되고, 걸림이 없이 발휘되는 것이다"라는 의미와 맥을 같이 한다. 또한 이 '효'는 유가의 『효경』에서 말하는 이른바 "신체의 모든 것은 부모로부터 받은 것이기에 감히 훼손하지 않음이 효의 시작이요, 입신양명함이 효의 끝이다"라고 하는 것과는 다른 '대효大孝'라고 한다.

설숭은 당시 사대부들이 유학에 경도되어 불교를 비판함을 못마땅하게 생각하여 "승려도 필요치 않고, 선비(儒)도 필요치 않으며, 이것도 필요 없고, 저것도 필요 없다. 이것과 저것은 정情일 뿐이고, 승려와 선비는 자취(迹)일 뿐이다. 성인이 자취를 드리운 것은 근본(本)을 보존하기 위함이요, 성인이 정을 행함은 성품(性)에 따름일 뿐이다. 근본을 보존함이지, 자취에 빠져서는 안 될 것이다"(『심진문집』 권2 「광원교廣原教」)라고 과감하게 논하고 있다. 불교니 유학이니 하는 형식적인 것에서 벗어나 참다운 '자성自性'을 찾자는 것으로 선승다운 기개를 엿볼 수 있는 구절이다.

진순유陳舜俞의 『심진명교대사행업기鐔津明教大師行業記』에서는 "설숭 대사는 세간의 경서의 장구章句를 배우지 않고도 능했고", "유학과 불교의 도를 일관했으며", 배불자들이 "대사의 글을 읽으면 모두가 그 글을 사랑했고, 그 논리의 뛰어남을 존경하여 많은 유학자들과 교류를 했다"고 평하고 있다. 이로부터 스님은 당시 배불자들과 상당히 많은 교류를 했음을 짐작할 수 있다. 스님은 이러한 교류를 통해서 "사대부 가운데 불교를 비방하는 자를 만나면 온 정성을 다해서 간곡하고 자세하게 설명을 하였고, 그로 말미암아 배불이 중지되었다"고 한다.

설숭은 직접 교류를 통해서 설득하기도 했지만, 또한 서신을 통해서도 배불론자들을 설득하였다. 『심진문집』의 권9, 10에는 위로는 황제와 재상으로부터 아래로는 관료 사대부에게 보낸 서신 43통이 실려 있다. 이러한 서신에는 논의에서 부족했던 부분을 보충하는 내용과 작품들에 대한 품평 등이 담겨 있는데, 스님의 호법에 대한 논리를 충분히 엿볼 수 있다.

기록에 따르면, 승상이었던 한기韓琦가 스님의 문집을 읽고서 감탄하여 구양수에게 보여주었다. 당시 구양수는 스스로 문장의 대가로서 자임하여 천하에 사표師表를 내었던 차에 스님의 문집을 읽고서 너무 놀라서 한기에게 "승려 가운데 이러한 분이 계시니, 날이 밝으면 마땅히 함께 찾아갑시다"라고 했다. 다음날 스님을 만나 해가 저물도록 함께 논하고, 크게 기뻐했다고 한다.(『인천보감人天寶鑑』) 이를 계기로 구양수는 배불의 입장을 바꿔 스님께 귀의하고, 스스로 '육일거사六一居士'라는 호를 지었다.

이러한 설숭 스님의 노력은 유학자들의 '배불' 주장을 종식시켰으며, 처음에 배불을 주장했던 구양수와 한기 이외에 부필富弼, 문언박文彦博 등의 유학자들을 불교에 귀의시켰다. 또한 그들은 인종仁宗에게 『심진문집』을 대장경에 포함시키도록(『대정장』 52책에 수록) 하였고, 입적 후에는 '명교 대사明敎大師'의 시호를 받았다.

송초 유학의 '부흥'에 있어서 '배불'의 상황을 맞아 설숭의 노력은 유학자들로 하여금 자연스럽게 불교와 유학을 '함께' 논할 수 있는 계기를 제공했다는 점에서 높은 평가를 내릴 수 있다. 이러한 점은 북송에서 '이학理學'의 건립에 토대를 만든 이른바 '북송오자北宋五子'인 주돈이周敦頤·소옹邵雍·장재張載·정호程顥·정이程頤 등이 불교, 특히 선학의 이론을 유학과 자연스럽게 융합하는 것으로부터 확인할 수 있다. 북송오자 가운데 주돈이와 정호·정이 형제는 『거사분등록』과 『명공법희지名公法喜志』 등에 전기가 실릴 정도로 불교거사로서 평가를 받

정호, 정이 형제

고 있다.

특히 주돈이는 황종염黃宗炎의『태극도변太極圖辨』에서 "목수穆修는 무극도無極圖로써 주돈이에게 가르치고, 주돈이는 수애壽涯 선사에게서 선천도先天圖의 게송을 얻었다"라고 하고 있으며, 중봉中峰 선사 문하의 호장유胡長孺가 지은『대동론大同論』에서도 "주돈이의 전함은 북고산北固山 학림사鶴林寺 수애 선사로부터 나왔다"고 하였다. 또한『거사분등록』의 '주돈이 거사 전기'에서는 명확하게 "나의 이 미묘한 마음은 황룡黃龍 선사에게서 가르침을 받았고, 불인佛印 선사에게서 밝힘을 받은 후『주역』의 이치를 확연히 통달하였으며, 상총常聰 선사의 탁마가 없었다면 안과 밖이 훤히 밝아질 까닭이 없었다"라고 스스로 자신의 학문적 배경이 불교에 있음을 인정하였다.

이로부터 송초의 관료 사대부들은 유학을 중시하는 정책에 따라 불교를 배척하고자 하는 움직임이 있었지만, 설숭 스님 등의 호법활동으로 점차 유학을 중심으로 하여 불교, 특히 당시 유행하던 조사선의 사상을 융섭하고 있음을 짐작할 수 있다. 이러한 점이 바로 송대 관료 사대부를 중심으로 하는 거사불교의 특징이라고 하겠다.

2) 조사선에 귀의한 사대부들: 부필, 양억, 이준욱

송나라 초기, 유가에 경도된 사대부들의 '배불운동'은 설숭 스님의 '유불융합'과 '삼교일치'의 사상과 다양한 호법활동으로 중단되었다. 이후 설숭의 '삼교일치'사상은 승가와 사대부 양쪽에 커다란 영향을 미치게 되었다. 양송의 불교는 당대唐代 전성기를 보였던 제 종파들이 점차로 '선종'으로 통합되는 양상을 보였으며, 특히 남종선의 '오가칠종五家七宗'이 대표적이었다.

설숭 스님과 동시대의 같은 운문종 스님인 대각 회련大覺懷璉 선사 또한 '삼교일치'를 제창하였다. 불인 요원佛印了元 선사 역시 출가하기 전에 "오경五經의 대의를 통달"했으며, "유가의 서적 가운데 읽지 않은 것이 없었고", 특히 왕안석王安石과 교류하면서 "도가의 관을 쓰고, 유가의 생활을 하며, 불가의 가사를 입고서, 삼가三家를 화회和會하여 일가를 이루었다. 도솔타천의 길을 잊고서, 쌍림雙林에 오로지 앉아 용화龍華를 기다리노라"라는 시를 남겼다.(『운와기담雲臥紀談』권 하) 또한 임제종의 원오 극근圓悟克勤과 제자인 대혜 종고大慧宗杲 선사 역시 '삼교일치'를 제창했다. 대혜 선사는 "삼교의 성인들이 설하는 법은 권선계악勸善戒惡이 아님이 없으며, 바로 사람의 마음을 밝히는 것"이며, "삼교의 성인들은 오직 가르침을 세운 것만 다를 뿐이고, 그 도는 함께 돌아와 일치한다. 이는 만고에 바뀔 수 없는 뜻이다"(『대혜보각선사어록』권24)라고 논했다.

이렇게 송대에서는 승가에서 적극적으로 '삼교일치'의 주장을 제시하고 있다. 이는 이미 당대唐代로부터 출현한 것이지만, '삼교일치'의 주장에는 당시의 정치상황이 고려되었다. 실제적으로 종교에서의 '진리'는 어떤 상황에서도 '양립'이 불가능하다. '진리'라는 것은 '궁극적인 도리'를 의미하는 것으로 만약 서로 다른 '진리'가 있다면, 그것은 모두 잘못되었거나 아니면 어느 하나만이 옳은 것이 되기 때문이다. 아무리 중국불교가 전래 초기로부터 불·유·도의 삼교융합의 길을 걸었다고 하더라도 불교만이 지니고 있는 '진리'는 결코 양보할 수 없는 것이다.

사실상 불교에서 제창된 '삼교융합'·'삼교일치'는 불교의 '진리'

를 중심으로 하여 유·도 양가의 사상을 포섭하자는 의도였지, 삼교가 '진리'를 '공유'한다는 의미는 결코 아니었다. 이사겸의 유명한 "불교는 태양(日)이고, 도교는 달(月)이며, 유교는 다섯별(五星)이다"라는 말과 같이 '삼교일치'의 주장에는 불교의 '진리'에 대한 자신감이 전제되어 있었던 것이다. 그러나 송대의 '삼교일치'는 그러한 최후의 벽까지도 넘어서는 '양보(?)'의 모습이 느껴진다. 이는 송대의 정치적 상황에서 그 원인을 찾을 수 있다. 만약 불교가 끊임없이 '우월함'만을 강조했다면, 황권에 의해 모든 것이 결정되는 전제군주체제에서 아마도 그 생존조차도 보장받지 못했을 가능성도 있다. 더욱이 당시 불교의 주류는 바로 '외연外延'이 극대화된 '조사선'이었기에 이러한 '양보'가 가능했을 것이다. 다른 한편으로는 이러한 '양보'를 전제로 한 '삼교일치'의 제시가 있었기 때문에 비로소 철저하게 유학을 바탕으로 한 사대부들이 불교를 받아들일 수 있었던 것이 아니었을까. 송초에 보였던 '배불운동'이 무엇 때문에 중지되었던가를 고려한다면 충분히 가능한 추론이다. 또한 이러한 점 때문에 '이학理學'에 불교의 이론들이 깊게 들어가 이른바 '표유내석表儒內釋', 즉 껍데기는 유학이지만 안의 내용은 불교라는 말들이 나타날 수 있었을 것이다.

송대 사대부를 중심으로 하는 거사불교가 최고의 전성기를 맞이하는 데에는 바로 이러한 내재적인 원인이 존재한다. 다시 말하자면, 사대부 계층은 철저하게 과거를 통해서 선발되기 때문에 높은 수준의 인문학적 능력과 성향을 갖추고 있었다. 이러한 지적 능력을 바탕으로 난해한 조사선을 받아들일 수 있었기 때문에 거사불교가 융성할 수 있었다고 볼 수 있다.

남송의 도융道融 선사가 편집한 『총림성사叢林盛事』(전 2권)에는 당

부필

시 고승들의 일화와 함께 '참선'과 관련된 수 많은 사대부 거사들의 인명이 보인다. 그 가운데 대표적인 거사 몇 명을 소개하고자 한다.

부필(富弼, 1004~1083)은 자가 언국彦國이며, 하남河南 낙양 사람으로 인종仁宗 시기에 추밀부사樞密副使, 영종永宗 시기에는 배추밀사拜樞密使 등의 고관을 역임했고, 송대의 뛰어난 재상 가운데 한 명으로 유명하다. 본래 그는 '배불운동'을 제창하다가 설숭 스님의 글을 읽고서 불교에 호의를 갖게 되었다. 팽제청의 『거사전』권21에 게재된 전기에 따르면, 부필은 청헌공淸獻公 조변趙抃이 보낸 "부귀가 이미 극에 이르고, 도덕이 매우 높은데, 어찌 여래의 일대사인연에 뜻을 두지 못하는가?"라는 편지를 받고서 참선에 뜻을 두고서 주야로 정진했다고 한다. 그가 진호주鎭豪州를 역임하던 시기에 영주穎州 화엄원華嚴院 수옹修顒 선사의 명성을 듣고서 선사를 참알하였다. 마침 선사는 법좌에서 대중들에게 설법을 하고 있던 차에 부필이 들어오자 한 번 바라봄이 마치 코끼리 왕(象王)이 고개를 돌리는 것과 같이 보였고, 이에 그의 마음이 움직여 바로 제자의 예를 올렸다. 선사는 그를 보고 "상공은 이미 들어와 있지만, 부필은 여전히 밖에 있습니다"라고 하자, 거사는 등에서 식은땀을 흘리면서 바로 대오했다고 한다. 후에 거사는 수옹 선사의 스승인 원조 종본圓照宗本 선사에게

한 번 수옹 선사를 뵙고서 깨달아 깊이 들어가
스승의 마음을 전해 얻은 인연이 되었네.

동남쪽의 속이는 말에 강산이 멀어졌지만,

눈앞에 신령스러운 빛과 묘음妙音이 드러나네.

라는 게송을 보냈다.(『오등회원五燈會元』권16) 이후 부필은 스스로 '남악 선사 문하의 방온 거사, 백장 선사 문하의 배휴 거사'를 표방하면서 운문선풍의 선양에 크게 기여하였다. 『속전등록』권19에 '수옹선사법사修顒禪師法嗣'로서 부필의 전기가 실려 있다.

양억(楊億, 자는 大年, 974~1020)은 건주(建州, 지금의 福建省 建甌) 사람이다. 진종眞宗 시기에 한림翰林의 학사學士가 되었고, 천희 2년(1018)에 배공부시랑拜工部侍郞을 역임했다. 『송사宋史』권305에 양억의 전기가 실려 있는데, 그 역시 처음에는 불교에 비판적이었다가 이유李維의 권유로 불교를 접하게 되었고, 후에는 "불전佛典과 선관禪觀

양억

에 깊이 마음을 두었다"고 한다. 대중상부大中祥符 7년(1014), 양억은 지여주知汝州를 역임하던 시기에 광혜 원련廣慧元璉 선사를 참알했다. 원련 선사는 수산 성념首山省念 선사의 유명한 제자로서 임제 선법을 계승했는데, 그는 원련 선사를 참알하고서 크게 깨달았다. 그리고는

팔각의 맷돌 판은 허공 속을 달리니,

금빛 털 사자를 개라 부른다.

몸을 뒤집어 북두성에 감추려거든,

마땅히 남극성 뒤에다 합장하게나.

라는 게송을 지었다. 이후 양억은 선림에 크게 이름을 떨치게 되었다. 각범 혜홍覺範慧洪 선사는 『임간록林間錄』에서 "양대년 사대부는 그 변혜辯慧가 뛰어나 불조가 전하지 못한 종지를 능히 통달한다. 지금 산림의 납자들이 오히려 머리 숙여 그를 따르며 선도禪道와 불법을 구하니, 우습도다"라고 감탄할 정도였다. 양억은 특히 문장에 뛰어난 것으로 유명한데, 이 때문에 이유, 왕서王曙 등과 함께 도원道原 스님이 찬술한 『경덕전등록』의 문장을 윤색하였고, 「서문」을 찬술하여 총림과 사대부 사이에 널리 유통되게 하였다.

이준욱(李遵勗, 988~1038)은 자가 공무公武이며, 노주潞州 상당(上黨, 현 山西省 長治) 사람이다. 벼슬은 좌룡무장군左龍武將軍, 부마도위駙馬都尉에 이르렀다. 본래 양억으로부터 학문을 배웠다. 이준욱은 먼저 곡은 온총谷隱蘊聰 선사를 참알했는데, 온총 선사 역시 수산 성념 선사의 제자이다. 그는 온총 선사에게 '출가사出家事'를 물었고, 선사는 '최월공문경산공안崔越公問徑山公案'으로 답하였다고 한다. 이 공안은 바로 당대唐代의 재상 최환催澳이 경산 선사에게 "제자가 출가하면 어떻겠습니까?"라고 묻자 선사는 "출가는 대장부의 일인데, 어찌 장상將相이 능히 할 수 있겠습니까?"라는 문답이다. 이 외에 다양한 문답을 통하여 이준욱은 대오했으며, "도를 배우려면 모름지기 무쇠로 된 놈이라야 하리니, 착수하는 마음에서 결판내야 하리라. 곧바로 무상보리無上菩提로 나아가려거든, 일체의 시비에 상관하지 말라"는 게송을 남겼다.(『오등회원』 권12) 이후 이준욱은 온총 선사를 몇 년간 참문하여 선법을 심화시켰다. 천성 4년, 그는 자신의 저택에 법좌를 설치해 온총 선사를 청하여 법회를 열었으며, 항상 여러 선사들과 담론을 즐겼다. 거사는 또한 『천성광등록天聖廣燈錄』 30권을 찬술했는데,

이는 『경덕전등록』을 바탕으로 하여 선종 인물들의 기연機緣 등을 확충한 것이다.

송대 사대부 거사들은 대부분 유학을 바탕으로 하여 조사선의 선리禪理를 섭수하고 있는 특징을 보인다. 이러한 과정은 바로 승가에서 먼저 '삼교일치'를 제창하여 그들과의 경계를 허물었던 것에 기인한다. 다른 측면에서 말하자면, 불교의 독자적인 성격을 포기하는 대가로 불교의 존속을 보장받았고 또한 이를 통하여 불교, 특히 조사선의 심성론은 자연스럽게 유가의 '이학理學'에 흡수되어 그 사상을 풍부하게 하였다. 이러한 점이 바로 송대의 거사불교가 지니는 중요한 특질이다.

18. 소동파

송대에 대다수의 사대부들이 유학을 바탕으로 하여 불교를 섭수하는 풍조를 이루어 이른바 사대부 거사불교의 전성기를 이루게 되었다. 따라서 기라성 같은 수많은 거사들이 활약하는데, 그러한 거사들 가운데 가장 대표적인 거사로 빼놓을 수 없는 이가 바로 소식(蘇軾, 1036~1101)이다.

소식의 자子는 자첨子瞻이고, '동파東坡'는 자호다. 그는 부친 소순蘇洵, 동생 소철蘇轍과 함께 세상에서 '삼소三蘇'라고 칭해지고 있으며, 이들 모두 유명한 문장가로서 '당송팔대가'에 속한다. 거사의 부친인 소순은 진사에 합격하지 못하자 심양潯陽의 여산廬山에 가서 원통 거눌圓通居訥 선사를 참알하여 법을 배웠다. 가우(嘉祐, 1056~1063) 원년에 삼부자는 상경하여 한림학사인 구양수에게 소순의 글 22편을 올렸다. 이 글들이 높은 평가를 받아 당시 사대부들이 다투어 읽게 되었으며, 재상인 한기韓琦에 의해 추천을 받았고, 과거를 면제받아 비서성교서랑秘書省校書郎의 관직을 받았다. 그해 가을에 소식 형제는 진사에 합격했고, 다음해 예부에서 주관하는 시험에 나란히 급제했지만 모친상을 당하여 고향으로 돌아갔다. 소식의 모친 정鄭씨도 독실한 불자여서 임종에 앞서 모친이 평생 지녔던 물건들을 사찰에 희사했다.『거사전』권26에 실린 전기에 따르면, 소식은 모친의 명복을 빌기 위해 화공에게 아미타불상을 그리게 했으며 『아미타불송阿彌陀佛頌』을 찬술했다고 전한다. 모친상을 마치고 수도인 개봉開封으로 돌아와 소식 형제는 관리임용 특별시험인 제과制科에 함께 급제했다.

이렇게 소동파 거사의 모든 가족은 불교에 귀의하고 있는데, 특히 동생인 소철은 균양(筠陽, 현 江西省 高安)에 유배당했을 때 황벽 도전黃檗道全 선사에게 귀의했고, 또한 진정 극문眞淨克文 선사와도 평생을 참문하는 도우道友였다. 소철은 향성순香城順 화상에게서 깨달음을 얻었는데, "무궁한 일을 녹여, 하나의 마음을 만들었으나, 이 마음마저 두지 않고, 예로부터 지금까지 이르렀구나(融却無窮事, 都成一片心. 此心仍不有, 從古至如今)"라는 게송을 올렸다고 한다.(『총림성사叢林盛事』권하)

소동파는 급제 후 구양수와 한기 등의 적극적인 후원에 따라 중용되었다. 그러나 직언을 서슴지 않는 성격으로 인하여 관료생활이 순탄하지는 않았다. 후에 왕안석王安石을 중심으로 한 개혁파가 집권해 '신법新法'을 시행하자 이에 비판적이었던 그는 지방근무를 자청하여 여러 곳의 지방관을 역임하였다.

소동파는 항주의 지방관을 역임하던 시기에 많은 고승들과 교류를 하게 된다. 항주는 오월吳越 이래로 중국불교의 중심지가 되어 수많은 고승대덕이 활동하고 있었던 까닭이다. 그는 "오월에는 명승들이 많아 나와 항상 교류하던 스님이 19명에 달했다"(『동파지림東坡志林』권2)라고 말하고, 그 가운데 "내가 오월에 있을 때 항상 오공五公을 뵈었는데, 교학으로는 변辯·진臻이요, 선禪에는 련璉·숭嵩이다"(『동파후집東坡後集』권16)라고 했다. 여기에서 말하는 '변'은 바로 해월 혜변

海月慧辯과 변재 원정辯才元淨 대사이고, '진'은 남병 범진南屛梵臻, '련'은 대각 회련大覺懷璉 선사를 가리키며, '숭'은 바로 명교 설숭明敎契嵩 선사를 가리킨다. 그 가운데 혜변, 변재, 범진은 모두 천태종의 승려이고, 회련과 설숭은 선승이다. 이러한 '오공' 가운데서도 소동파에게 가장 커다란 영향을 준 이는 바로 혜변 대사이다. 혜변은 당시 항주의 승정僧正으로 세속의 학문과 교학에 모두 정통하여, 소식이 교학을 이해하는 데 상당한 도움을 주었던 것으로 보인다. 혜변의 입적 후 『해월변공진찬海月辯公眞贊』을 찬술하는데, 여기에서 혜변을 '도덕과 재지才智를 갖춘 대사'로 표현하며 깊은 애도의 정을 나타냈다.

소동파가 선학과 깊은 관계를 맺게 한 계기는 바로 황주(黃州, 현 湖北省 黃岡縣)로의 유배이다. 그는 호주 지사知事로 있던 시기에 정치를 비방하는 내용의 시를 썼다는 죄목으로 어사대御史臺에 체포되어 수도로 호송되었다. 이때 어사들의 심문과 거사의 변명을 담은 기록이 『오대시안烏臺詩案』에 남겨져 지금까지 전해오고 있다. 다행히 사형을 면한 그는 100일간의 옥살이를 마치고 황주의 단련부사團練副使로 좌천되었다. 사실상 유배였던 이 시기에 부인은 양잠을 하고 소동파는 땅을 빌려 농사를 짓는 등 비참한 생활을 하였다. 이에 스스로 '동파(東坡, 동쪽 언덕)'라는 호를 지었는데, 농사를 짓는 자신의 처지를 담은 것이다. 이 시기에 그는 유명한 「적벽부赤壁賦」를 지었다.

소동파가 황주에서 5년의 유배를 끝내고 여주(汝州, 현 河南省 臨汝)의 지사로 가던 중, 여산廬山의 동림사東林寺에서 묵게 되면서 동생과 친밀한 진정 극문 선사와 임제종의 동림 상총東林常總 선사를 참알하였다. 밤새워 상총 선사에게 '무정無情설법'을 듣고, 이를 통해 깨달음을 열었으며, 새벽에

개울 물소리는 장광설이요,

산 빛이 어찌 청정한 몸이 아니랴.

어젯밤 다가온 이 무량한 소식을,

어떻게 그대에게 설명할 수 있으랴.

(溪聲便是廣長舌 山色豈非淸淨身

夜來八萬四千偈 他日如何擧似人)

라는 유명한 오도송을 상총 선사에게 올렸다.(『오등회원』 권17)

이 '무정설법'은 이른바 '푸르고 푸른 대나무가 모두 법신이며, 활짝 핀 노란 꽃이 반야 아님이 없다(靑靑翠竹 盡是法身 鬱鬱黃華 無非般若)'는 명제의 긍정 여부를 두고 중국 불교계에서 상당히 긴 시간을 걸쳐서 논쟁이 되어 왔던 부분이다. 선종의 하택 신회 선사는 "만약 푸른 대나무와 노란 꽃으로 법신, 반야와 동등하게 한다면 이는 곧 외도의 설이다. 무슨 까닭인가? 『열반경』에 불성이 없는 것은 이른바 무정물이라고 밝힌 글이 있다"(『신회어록神會語錄』)라는 반박으로부터 『육조단경』, 나아가 대주 혜해大珠慧海의 『돈오입도요문론頓悟入道要門論』에서도 부정되었던 내용이다. 그런데 송대에 와서 본격적으로 '무정설법'이 승인되고 있음은 이미 불교와 선사상에 상당한 변화가 일어났음을 말해주고 있다. 이는 선종사상사와 관련된 부분으로 여기에서 자세히 논할 여유는 없지만, 이 시기의 선사상에 노장에서 제창하는 '도道의 편재遍在' 사상이 깊이 개입되어 있음을 짐작할 수 있다.

여하튼 소동파의 이 오도송은 지금도 '무정설법'과 관련하여 가장 대표적으로 언급된다. 이러한 법연에 따라 소동파는 『거사분등록』과

『거사전』 등에 상총 선사의 사법제자로 전해진다.

소동파는 또한 불인 요원佛印了元 선사와도 깊게 교류하고 있는데, 도융의 『총림성사』 권상에는 다음과 같은 일화가 전한다.

거사가 불인 선사를 방문하자, 선사는
"여기에 앉을 자리가 없어 모실 수 없다."
라고 하였다. 그러자 거사는
"잠시 선사의 육신을 빌려 앉겠습니다."
라고 하였고, 선사는
"질문이 있는데, 만약 대답할 수 있으면 앉게 하겠지만, 답하지 못하면 거사의 옥대玉帶를 주십시오."
라고 하였다. 거사는 질문하라고 하였다. 선사가
"거사는 방금 전에 이 산승의 육신을 빌려 앉겠다고 했는데, 육신은 본래 빈 것(空)이요, 오음(五陰, 五蘊)도 있는 것이 아니니, 어디에 앉겠습니까?"
라고 묻자 거사는 답하지 못하였다.
이에 거사가 옥대를 풀어놓고 크게 웃으면서 밖으로 나가자, 선사는 행각할 때의 납의納衣를 거사에게 주었다. 이에 거사는 게송을 세 수 읊었고, 선사는 두 수의 게송으로 화답하였다.

이러한 일화에서 소동파와 불인 선사의 친밀한 관계를 엿볼 수 있다. 거사와 불인 선사의 교류는 이미 황주의 유배 시기로부터 시작되었으며, 『선림승보전禪林僧寶傳』 권29에서는 둘의 관계를 "묘한 문구를 주고받음이 연기와 구름이 다투고 짝을 이룸과 같다(酬酢妙句 煙雲

爭麗)"라고 표현하고 있다.

철종哲宗이 즉위하면서 선인태황후宣仁太皇后가 섭정을 시작해 왕안석이 세운 신법을 폐지하면서 소동파는 다시 중용되어 요직에 올랐다. 그러나 선인태황후가 죽고 소성紹聖 연간(1094~1098)에 신법을 부활시키자, 그는 다시 정치적 박해를 받아 결국 해남도海南島로 유배되었다. 휘종徽宗이 즉위하면서 제거옥국관提擧玉局觀이라는 관직에 봉해져 상경하던 도중 큰 병을 얻어 상주常州에서 66세로 생을 마감했다. 그는 평생 수많은 글을 남겼는데, 유작으로『동파전집東坡全集』115권,『동파역전東坡易傳』9권,『동파서전東坡書傳』13권,『동파지림東坡志林』5권,『동파사東坡詞』1권 등이 있다. 비록 정치적으로는 불운했지만, 소동파의 작품에는 당시에 유행한 후기 조사선사상으로부터 천태·화엄의 교학과 심지어 정토와 관련된 글까지 있어 해박한 불교사상을 엿볼 수 있다. 더욱이 그는 불교사상을 통해 현실적인 문제를 해결하고자 하고 있어 송대 거사불교의 한 귀감이라고 할 수 있다.

19. 『호법론』의 저자 장상영

북송 시기 기라성 같은 수많은 거사들 가운데 소동파와 필적하는 이는 바로 장상영(張商英, 1043~1121)이다. 그는 촉주(蜀州, 현 四川省 崇慶의 新津) 사람으로, 자는 천각天覺, 호는 무진 거사無盡居士이다. 어려서부터 매우 뛰어나 하루에 만언萬言을 암송했다고 한다. 19세에 급제하고 신종神宗 때에 왕안석과 함께 '신법'을 기획했다고 한다.

장상영이 불교와 인연을 맺게 된 계기를 팽제청의 『거사전』 권28에 게재된 그의 전기에서는 다음과 같이 전한다.

> 장상영이 처음에 통주通州 주부主簿를 임명받아 지내던 중 하루는 절에서 방대한 대장경을 정리하는 것을 보고 발끈하여
> "나의 공자 성인의 책들은 이에 미치지 못하는구나."
> 라고 말하였다. 집에 돌아가 한밤에도 잠을 이루지 못하며 침울해했다. 이에 부인 상向씨가 그 까닭을 묻자
> "다만 무불론無佛論을 지으려 할 뿐이요."
> 라고 하자, 상씨는
> "이미 부처가 없는데(無佛), 어찌 논이 있겠습니까?"
> 라고 되물었다. 장상영은 그 말이 의심스러웠지만 그냥 넘어갔다. 후에 다시 그 절에서 『유마경』을 발견하고 읽다가 '유마거사의 병은 지대地大로부터 온 것이 아니고, 또한 지대를 떠난 것으로부터

온 것도 아니다'라는 구절에 이르자 "오랑캐의 말에도 이러한 것이 있구나!"라고 탄식하여 말하고 경전을 빌려 돌아갔다. 부인 상씨가 이를 보고서
"이 경전을 숙독하고 난 후에서나 '무불론'을 쓰시지요."
라고 했다. 이후 그는 점차 깊게 불법을 신앙하게 되었다.

한편 『불조통기』 권25에도 같은 기사가 보이지만, 그 내용이 조금 다르다. 『불조통기』에서는 원풍 3년(1080)에 발생한 일이라 하고, 『유마경』의 그 구절로부터 대오大悟했다고 한다.

이로부터 장상영은 처음에는 불교에 대해 비판적인 모습을 보이다가 중년에 이르러 그의 부인과 『유마경』에 대한 인연으로 불교에 귀의하였음을 알 수 있다. 오히려 그는 불교에 귀의한 이후에 "내가 불교를 공부한 이후에서야 비로소 유학을 알게 되었다"(『인천보감人天寶鑑』)라고 말하곤 하였다.

신종 시기에 장상영은 왕안석의 추천으로 중앙관직에 오르고, 다시 감찰어사를 맡게 되었다. 원우 연간(1086~1093)에 하동河東의 제점형옥提點刑獄을 맡아 청량산(淸涼山, 五臺山)에서 재계하며 문수보살에게 기도하였다.(『불조통기』 권46에는 이 시기를 원우 2년[1087] 7월이라고 함) 이때 그는 몇 차례 금등광명金燈光明이 낮과 같이 환히 비추고 문수보살이 공중에 나타나는 것을 보았다. 이에 장상영은 문수보살상을 조성하여 산사에 공양하고 『발원문』을 찬술하였다.

이후 장상영은 동림 상총東林常總, 도솔 종열兜率從悅, 매당 조심晦堂祖心, 대혜 종고 등의 선사들과 밀접하게 왕래하면서 조사선을 접했고, 진정 극문眞淨克文 선사에 의해 깨달음을 열게 되었다. 장상영은

선화 4년(1121) 11월 아침, 병이 들어 침상에 누운 채 자식들에게 다음과 같은 유표遺表를 구술하여 받아 적게 하고서 세상을 떠났다.

꿈같은 벼슬살이 팔십일 년이,
거품처럼 생멸한 것임을 누가 알리오.
허공을 치고 부수어 오고감으로 돌아오니
쇠로 된 소가 바다로 들어가 소식이 없구나.
베개를 베고 누우니 창문에 부딪치는 소리가 우레 같도다.

그는 사후에 '문충文忠'이라는 시호를 받았다.
장상영은 불교와 관련된 수많은 글을 썼지만, 그 가운데 가장 대표적인 것이 바로 『호법론護法論』(『대정장』 52권에 수록)이다. 그의 『호법론』은 당나라 이사정의 『내덕론』, 원대元代 유밀의 『삼교평심론』과 함께 불·유·도 삼교합일로부터 호법을 논한 대표적인 저작으로 평가 받는다.
이러한 장상영의 『호법론』은 다음과 같은 측면에서 주목할 가치가 있다. 먼저 당시 불교계의 상황에 대한 변론이 들어 있다는 점이다.
송대는 유교를 치국의 이념으로 삼았지만, 사원의 경제는 유래 없이 번창하였다. 송대에 이르러 상업이 번창하여 화폐경제가 발전하면서 사찰의 보시 형태가 화폐로 전환됨에 따라 축재가 용이해졌기 때문이다. 특히 장생고長生庫의 경영과 사전寺田의 확대, 공덕분사功德墳寺, 왕공귀족들의 묘지에 짓는 사찰의 성행 등을 통하여 사원경제는 엄청난 규모로 확대되었다. 예를 들어 송대 영파寧波 천동사天童寺의 전답은 3,200무(畝: 사방 백 걸음이 1무, 1무는 대략 666.5㎡, 약 200

평)였으며, 임야가 18,900무였다. 북송의 전체 사전은 민전民田의 약 1/3에 달하는 규모였다. 이러한 사원경제의 비대에 따라 도첩度牒의 매매가 성행하기 시작했고, 그로 인하여 승가에 여러 가지 폐단이 나타나게 되었다.

대혜 종고의 『종문무고宗門武庫』에 다음과 같은 내용이 들어 있다.

부필富弼은 재상에서 물러나 낙양에 머물면서 항상 도를 물었던 화엄 수옹華嚴修顒 선사를 낙양의 초제사招提寺에 주석하도록 청했다. 수옹 선사가 낙양 경내에 들어왔다는 소식을 듣고 부필이 마중을 가려는 중에 마침 『자치통감』을 편찬한 사마광司馬光이 찾아와 함께 수옹 선사를 만나러 갔다. 도중에 수십 명의 짐꾼이 지나가는 것을 보고 사마광이 물었다.
"누구의 짐인가?"
짐꾼들이
"초제사에 새로 오시는 선사의 짐입니다."
라고 했다. 이에 사마광은 돌아가려고 하니, 부필이
"수옹 선사를 뵙고자 하더니, 어째서 먼저 돌아가십니까?"
라고 묻자 사마광은
"저는 이미 선사를 만나 뵈었습니다."
라고 하고서 돌아갔다.

이러한 일화는 당시 사원경제의 비대를 바라보는 사대부들의 심리를 보여주고 있다. 실제적으로 송대의 불교계를 자세히 묘사한 도융의 『총림성사』에는 당시 승려들의 타락상을 상세히 묘사하고 있다.

장상영 거사의 『호법론』은 이러한 시대적 상황에서 승가에 대한 경책과 함께 변호를 담고 있다는 데서 그 의의를 찾을 수 있다. 그는 『호법론』에서 당시의 불교 현상에 대해 "정법正法이 타락하고 마법 魔法이 기승을 부림"으로 진단하면서도, "오늘의 불교가 비록 천백의 승려 가운데 하나도 능히 고인을 따라갈 자가 없는데, 이것이 어찌 불법의 죄이겠는가? 사람의 죄일 뿐이다"라고 하여 당시 불교 현상을 변호하고 있다. 또한 그는 "역대로 관찰해보면, 큰 도둑, 간신과 역적들이 재능이 뛰어나고 박학한 선비들을 이끄는 것이 어찌 선왕先王의 죄이겠으며, 경사經史의 죄이겠는가? 이로부터 보자면, 말법末法 · 상교象敎의 승려 가운데 대중의 화합을 깨뜨리고 계율을 지키지 않는 자들이 있음은 면할 수 없는 추세이다"라고 논한다. 장상영은 당시 불교가 타락한 모습을 보이는 것은 바로 '말법' 시대이기 때문이고, 그 때문에 '대중의 화합을 깨뜨리고 계율을 지키지 않는 자'가 있을 수 있다는 논리로 변호하고 있다.

나아가 장상영은 이러한 불교의 타락은 단지 불교만의 문제가 아님을 강조한다.

어찌 불교를 배우는 무리들만이 그러한가? 공자의 시대에도 이미 선비 가운데 군자와 소인이 있었는데, 후세에 유복儒服을 입은 자가 모두 공자 · 맹자나 안회顔回 · 민자건閔子騫과 같은 이들뿐이겠는가! 비록 군자가 됨을 배운다고 해도 어찌 모두 군자일 수 있겠는가!

유가에서도 역시 소인배가 있을 수 있으니, 불교의 일부 타락한 승려들만을 보고 지나치게 비판하지 말라는 논리이다. 또한 그는 "옛날에 무착無著이 문수보살을 만났을 때도 이미 범성凡聖이 함께 있었고, 용과 뱀이 혼잡하고 있었으니, 지금 성인과 점점 멀어져 그 순일純一을 구함이 또한 어렵지 않겠는가?"라고 하여 불교의 타락상에 대한 합리화를 하고 있음이 눈에 보인다. 그는 또한 불·유·도 삼교의 관계에 대하여

> 유교는 군자를 이루는 가르침으로 피부의 질환을 치료하는 것이요, 도가의 책들은 날마다 줄이고 또 줄이는 가르침으로 혈맥의 질환을 치료하는 것이요, 불교는 바로 근본을 가리켜 지엽을 남기지 않는 가르침으로 골수의 질환을 치료하는 것이다.

라고 평한다. 이러한 입장은 수나라 이사겸의 "불교는 태양(日)이고, 도교는 달(月)이며, 유교는 다섯별(五星)이다"(『불조통기』 권39)라는 입장과 유사하다. 또한 이후 원대 유밀의 『삼교평심론』의 첫머리에서 "불교로 마음을 다스리고, 도교로 몸을 다스리며, 유교로 세상을 다스린다"는 것과 맥을 같이 하는 것이다.

장상영의 『호법론』에는 불교의 당면한 문제에 대하여 "현재 세상에서 그를 정제整齊할 사람이 우리들을 제외하고 또 누가 있겠는가?"라고 사대부 거사들의 책임을 특히 강조하고 있다. 이러한 측면에서 그의 『호법론』은 거사들에게 중대한 책임을 부여하고 있다.

『호법론』은 장편이 아니다. 그러나 그 속에 전개된 논리는 이전의 호법론과는 다르게 현실적인 감각이 뚜렷이 살아 있다. 더욱이 『호법론』을 찬술하여 유통시킨 시기는 바로 장상영이 재상을 역임하던 기

간이었기에 이 책의 영향력이 더욱 극대화될 수 있었고, 또한 역대로 깊은 영향을 미치게 된다.

20. 대혜 종고 선사 문하의 사대부 거사들

송대는 유학을 중심으로 한 전형적인 관료사회지만, 대다수의 관료 사대부들이 불교에 귀의하고 있어 가히 거사불교의 전성기라고 할 수 있다. 사대부 거사들은 대부분 선종, 특히 남종선에 귀의하였다. 그것은 송대 불교가 남종선의 오가칠종이 주류를 이루었던 까닭도 있지만, 유가의 이학에서 상당부분 선학의 심성론을 차용했고, 그 때문에 사대부들이 조사선에서 내재적 동질성을 느꼈기 때문이다. 이렇게 조사선에 귀의해 보다 깊이 선학을 이해하고, 다시 그들의 이학 이론에 적용시켜 더욱 발전시키는 순환 고리를 갖게 되었다. 당시 승가에서는 앞 다투어 사대부들과 교류를 원했는데, 사대부들과의 교류는 바로 선사의 명예와 지위를 확보할 수 있는 지름길이었기 때문이었다. 다른 한편으로는 송대의 주류가 사대부였기 때문에 전체 민중에 대한 가장 효율적인 교화는 바로 사대부를 통하는 것이었기 때문이기도 하다.

선사들의 사대부들에 대한 교화는 필연적으로 유학과의 융합이 나타날 수밖에 없었고, 또한 시문에 능한 사대부들과의 교류로 인해 선학의 성격에 변화를 초래하게 되었다. 본래 선종은 '문자를 세우지 않음(不立文字)'으로 출발했지만, 송대에 이르러서는 점차 사대부들의 이해를 돕기 위해 '공안公案'에 주석을 달기 시작했다.

최초로 주석을 달았던 이는 바로 분양 선소汾陽善昭 선사의 『송고백칙頌古百則』이고, 이후 천동 정각天童正覺, 투자 의청投子義靑, 단하 자순丹霞子淳, 설두 중현雪竇重顯 등의 네 선사가 모두 송고(頌古, 評頌을 더하는 것)를 내고 있어 이들을 '선종송고사가禪宗頌古四家'라고 부른다. 특히 대혜 종고(大慧宗杲, 1089~1163)의 스승인 원오 극근 선사는 『벽암록碧岩錄』과 『격절록擊節錄』 2권을 저술하였는데, 『벽암록』은 『송고백칙』에 '평창(評唱, 구체적인 설명)'을 가한 것이고, 『격절록』은 바로 『염고백칙拈古百則』에 '격절擊節'을 붙인 것이다. 두 가지는 모두 설두의 '송고'와 '염고(古則을 골라내는 것)'에 대한 주석이다. 『벽암록』은 앞에 '수시(垂示, 總綱)'를 더하고, 송頌 가운데 '착어(着語, 夾註)'를 붙이는 동시에 다시 '평창'을 가하여 공안을 더욱 분명하고 쉽게 이해할 수 있도록 풀이한 것이다.

선을 보다 쉽게 이해하게 하기 위하여 시작한 이러한 작업은 그 본연의 모습을 넘어 점차 사대부들의 '문자'에 의한 희롱거리로 전락되는 폐해가 출현하게 되었다. 또한 이를 통하여 '불립문자'로 출발한 선종은 점차로 '불리문자不離文字'의 이른바 '문자선文字禪'으로 흐르는 경향을 띠게 되었다. 여기에 장상영張商英의 『호법론』에 보이는 것처럼 당시 불교계는 사원경제의 비대로 인한 상당한 문제를 드러내고 있었다.

이러한 상황에서 선종은 두 가지 모습으로 반성적 자정自淨의 노력이 나타났으니, 그것이 바로 대혜 종고 선사의 간화선과 굉지 정각宏智正覺 선사의 묵조선이다. 흔히 중국학계에서는 묵조선을 초기의 달마선의 전통을 회복하자는 입장으로, 간화선을 육조 혜능 선사의 조사선을 회복하자는 입장으로 파악한다. 마치 석존의 경전에 주석을 행한 부파불교의 폐해를 석존의 시대로 돌아가자는 기치를 세운 대승불교운동과 유사한 측면으로 파악한 것이다. 실제적으로 간화선과 묵조선의 사상적인 측면을 세밀히 고찰한다면 상당한 일리가 있다.

대혜와 굉지는 개인적으로 절친했고, 또한 굉지가 임종 전에 대혜에게 후사를 부탁할 정도였지만, 사상적으로는 그렇지 못했다. 대혜는 묵조선을 비판하였다.

대혜 종고

> 근래 몇 년 동안 하나의 삿된 스승이 있어 묵조선을 설하고 사람을 가르치기를, 12시時 가운데 모든 일에 상관하지 말고 쉬고 비우라고 하며, 소리도 짓지 말라고 한다. …… 가끔 사대부가 총명함과 지혜 있음에 이끌려 말이 번다한 것을 싫어하여, 잠시 삿된 스승들의 가르침에 따라 고요히 앉아 도리어 힘이 덜 드는 것을 보고, 바로 옳다고 하여 다시 미묘한 깨달음을 구하지 않고 다만 묵묵함을 궁극의 법칙으로 삼는다.(『대혜보각선사어록』 권26)
>
> ……
>
> 달마의 9년 공이 말에 떨어지니, 당시에 그 허물을 살피지 않음이 애석하도다. 지금에 이르러 묵조의 무리는 귀신 굴에서 오랜 세월 헛되이 앉았구나.(『오등회원』 권19)

라고 하였다. 또한 대혜 선사는 문자선의 폐해로 인해 스승인 극근 선사의 『벽암록』을 불사른 것으로도 유명하다. 송대의 정선淨善이 다시

편집한 『선림보훈禪林寶訓』 권4에는

천희 연간에 설두 선사가 변설과 박학의 재주로써 뜻을 미화시켜 달라지게 하고, 새로운 기교를 구하여 학인들을 농락하니, 학풍이 이로 말미암아 일변되었다. 체선 연간에 원오 선사가 또 자기의 뜻을 붙여 『벽암록』이라 하였다. …… 소흥 초에 대혜 선사가 민강閩江에 가서 학인들이 그에 매달려 돌이키지 않고 나날이 심하게 빠져들어 폐단을 이루는 것을 보고, 곧 『벽암록』을 불사르고 그 설을 금지시켰다.

라고 그 일을 기록하고 있다.

대혜 선사는 기본적으로 "물을 긷고, 땔감을 하는 것도 모두 신통묘용神通妙用"이라는 조사선의 기치에서 한 걸음 더 나아가 "기쁠 때나 화날 때, 고요한 곳이나 더러운 곳, 처자가 함께 있는 곳과 주객이 서로 술 마시는 곳, 사무 보고 가사 돌보는 곳, 혼인하는 곳 등이 모두 공부하기 제일 좋은 곳이며 살펴 점검하는 시절이다"(『지월록』 권31)라고 하여 그대로 세속사를 공부하기 좋은 곳으로 설정하고 있다. 또한 선사는 "크게 한 번 깨달으면 유학이 곧 불교요, 불교가 곧 유학이고, 승僧이 곧 속俗이요, 속이 곧 승이며, 범凡이 곧 성聖이요, 성이 곧 범이다."(『대혜보각선사어록』 권28)라고 하여 불교와 유학의 차별이 없음을 제창했고, 심지어

양문공(楊文公, 楊億), 이문화(李文和, 李尊勖), 장무진(張無盡, 張商英) 세 사람이 깨달음을 얻으니, 그 힘이 출가인보다 이십 배나 수

승하다. 무슨 까닭인가? 우리 출가인은 바깥 형상으로부터 공부하여 들어가고, 사대부는 속마음으로부터 공부하여 나온다. 바깥으로부터 공부하여 들어가는 것은 그 힘이 약하고, 속마음으로부터 공부하여 나옴은 그 힘이 강하다.(『대혜보각선사어록』권21)

라고 하여 오히려 재가수행이 출가수행보다도 더 수승하다고까지 말하였다.

이러한 대혜의 사상 때문에 선사의 문하에는 아주 많은 거사들의 집단이 존재하였다. 선사의 『대혜보각선사어록』 30권은 대체적으로 사대부들을 위한 참선의 평론과 지도를 내용으로 한다고 해도 지나치지 않다. 앞의 9권은 선사가 여러 사찰에서 행한 설법을 담았고, 10~12권은 선사의 시와 게송이며, 13~18권은 '보설普說'로서 대부분 사대부들의 청을 받아 설한 것이고, 19~24권은 '법어'로서 모두 사대부를 위해 '기연어구機緣語句'를 풀이한 것이며, 25~30권은 '서신書信'으로 역시 대부분 사대부를 위해 쓴 것들이다. 이로부터 선사가 사대부 거사들을 얼마나 중시했고, 또한 얼마만큼 열성적으로 지도했는가를 엿볼 수 있다.

『대혜보각선사연보』에 따르면, 선사의 사법제자 가운데 승려는 84인이고, 선사를 따라 참선한 승려와 거사들은 그 수를 헤아릴 수 없다고 하였다. 이 가운데 친히 계증契證한 사대부로 이병李邴, 증개曾開, 장구성張九成 등 수십 명의 사대부를 언급하고 있다. 이들의 관직은 재상으로부터 참정參政, 추밀樞密 등 최상층의 관료와 조정대신으로부터 지방관료 및 일반 사대부까지 다양하게 존재한다. 이로부터 본다면, 대혜 선사의 간화선 건립은 선승들을 위한 것이 아니라 오히려 사대부들을 위한 것이 아니었을까 하는 생각마저 들 정도이다.

도융의 『총림성사』에서는 대혜 선사 문하에 셀 수 없는 사대부 거사들이 존재했지만, 그 가운데 대표적인 인물이 바로 장구성, 이병, 여본중呂本中 등 세 거사라고 한다. 세 거사는 모두 "입실入室을 허락한 방외方外의 도우道友"였다.

이 가운데 선사와 가장 밀접한 관계를 가진 이는 바로 장구성(張九成, 1092~1159)이다. 선사가 소흥 7년(1137) 경산徑山 능인사能仁寺에 머물 때, 장구성이 참알하여 인연이 되었다. 당시 여진족의 금金나라가 침공해오자 장구성은 항전을 주장했지만, 당시 대권을 장악한 진회秦檜에 의해 함께 모함을 받아 소흥 11년(1141) 선사는 도첩을 빼앗기고 형주衡州로 귀양을 갔으며, 다시 소흥 20년에 매주梅州로 옮겨졌다. 장구성은 역시 남안南安으로 귀양 가 스스로 '횡포橫浦 거사'라는 자호를 지었다. 소흥 26년(1156) 진회가 죽자 대혜 선사와 장구성은 모두 복권되어 선사는 다시 도첩을 받아 경산에 머물고, 장구성은 지온주知溫州의 관직을 받았다.

대혜 선사 문하의 방대한 거사 집단은 선사의 승속을 초탈한 사상과 뛰어난 현실감각 등에서 비롯되었다. 특히 선사는 한순간도 놓치지 않는 의심과 늘 극명하게 깨어 있음을 강조하는 간화선을 제창해 당시 국가적 위기의 상황에서 살아 있는 불교가 되도록 애쓴 점이 두드러진다.

21. 『용서정토문』의 저자 왕일휴

송대의 불교는 남종의 오가칠종이 주류를 형성해 가히 '선학의 황금시대'라는 평가를 받을 정도였다. 이러한 조사선의 기치 아래 한편으로는 정토사상이 민중으로부터 널리 유행하였다. 이도 또한 조사선의 사상과 밀접한 관련이 있다.

선학에서는 사상적으로 모든 중생에게 '불성'이 갖추어져 있다는 '불성론'과 모든 중생은 본래 깨달아 있다는 '본각本覺'사상을 결합시킨다. 나아가 도道의 무소부재無所不在를 강조한 노장사상과 일체를 이루면서 이른바 '자성自性'·'자심自心'이 '본래 온전하게 이루어져 드러나 있음(本來現成)'을 논증하고 있다. 이렇게 '본래현성'의 입장이 강조된다면, '지금 이 자리'가 바로 진리가 현현한 세계이고, 바로 '불국토'라고 할 수 있다. 그렇다면 '지금 이 자리'는 바로 '정토'로 귀결될 수 있기 때문이다. 이러한 '정토'는 이른바 '유심정토'라고 할 수 있는 것이다. 왜냐하면 비록 '본래현성'을 강조하고 '닦음이 없는 닦음(無修之修)'을 논한다고 해도 여전히 중생의 '어리석음(迷)'과 '깨달음(悟)'은 남아 있기 때문이다. 다시 말해 오직 중생의 '마음'의 상태에 따라 '지금 이 자리'가 '정토'인지 아닌지가 결정된다는 입장이다.

그러나 이러한 정토사상에 커다란 변화를 가져온 인물이 있었으니, 그가 바로 왕일휴(王日休, ?~1173) 거사이고, 그의『용서정토문龍舒淨土文』(전 12권, 본래 10권이었지만 거사의 입적 후 후인들이 2권을 추가함.『대정장』47책 수록)은 바로 그의 사상을 집중적으로 강조한 저술이다.

왕일휴는 여주廬州 용서龍舒 사람으로 자字는 허중虛中이다. 고종高宗 때에 진사進士에 급제했지만 관직에 나아가지 않았다. 그는 경사經史에 널리 통달했으나 하루아침에 버리고 말하기를, "이것은 다 업습으로 구경법이 아니므로 나는 서방西方으로 귀의한다"라고 하였다. 그 이후 오로지 염불에만 전념했다. 나이 60에 베옷을 입고 소식蔬食을 하며 매일 일천 배 하는 것을 일과로 삼아 정진했다. 왕일휴는 소흥 30년(1160)에 『대아미타경大阿彌陀經』(2권, 『대정장』 12책 수록)을 편집했는데, 이는 『무량청정평등각경無量淸淨平等覺經』(支婁迦讖譯), 『무량수경』(康僧鎧譯), 『아미타경(阿彌陀過度人道經)』(支謙譯), 『무량수장엄경』(法賢譯)의 4본을 종합하여 3년에 걸쳐 교감한 것이다. 또한 소흥 신사년(1161)에 친구 집에 머물면서 『용서정토문』을 찬술했다. 왕일휴는 사대부로부터 백정, 거지, 하인, 기녀에 이르기까지 주변의 모든 사람들에게 정토법문에 귀의하도록 했는데, 아주 쉬운 말로 마치 아비가 자식을 가르치듯이 간곡하게 설명했다. 그는 입적하기 3일 전에 여러 도우道友들에게 작별을 고하며 힘써 정업淨業을 닦으라고 권했다. 입적 당일에는 후학들에게 평소와 다름없이 강의를 마치고 삼경에 이르러 갑자기 큰 소리로 "아미타불"을 수차례 외치고 "부처님께서 나를 맞으러 오셨구나!"라고 하고서 선 채로 입적했다.

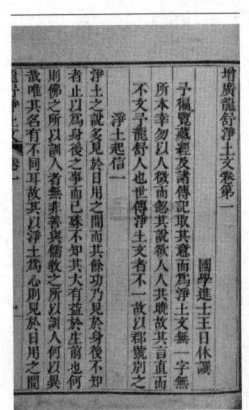

왕일휴의 『용서정토문』

이로부터 왕일휴는 평생을 정토법문에 전

념했음을 짐작할 수 있다.『용서정토문』에는 거사의 정토사상이 상세히 논술되어 있으므로 그를 통해 그의 정토사상을 이해할 수 있다.

왕일휴는 현실의 삶을 "모두 물거품과 같으며, 생멸이 무상無常함"으로 파악하고 "일이 뜻에 맞을 때에도 진실로 괴로움일진대, 대부분은 뜻에 맞지 않을 때가 많다"라고 하여 인생을 "괴로움이 아님이 없다"고 했다. 이것이 바로 정토법문의 출발점이다. 거사는 이어서 다시 육도윤회의 괴로움을 강조하고, 심지어 "비록 선업善業으로 천상과 인간에 태어난다 하더라도 복보福報가 다하면 구업舊業으로 윤회하여 표류에 빠져 벗어날 기약이 없음"을 강조했다. 따라서 "오직 서방정토가 있어 무엇보다 제일 먼저 윤회를 초탈하는 지름길이 된다"고 귀결시키고 있다.(『용서정토문』권3) 또한 그는 아미타불의 서원에 근거하여 "정토에 태어나면 장생불사에 대하여 애쓸 필요가 없이 생사에 자재할 수 있어", "천상에 태어나기를 원하면 그럴 수 있고, 인간에 태어남도 또한 그러하며, 청정한 세계에 태어남도 그러하고, 장생불사를 원하면 또한 얻을 수 있고, 멸했다가 다시 태어남도 가능하다"(권2)라고 하여 정토신앙의 가치를 밝히고 있다.

왕일휴의 정토사상은 당시 조사선에서 제시하는 '유심정토'와는 전혀 다른 각도로 접근하고 있는데, 그것은 철저하게 '신앙'을 바탕으로 한다는 점이다. '유심정토'에서는 무엇보다도 '자심'과 '자성'에 대한 '깨우침'을 강조하고 있다고 한다면, 거사의 정토사상은 바로 아미타불과 서방정토에 대한 '기신起信'으로부터 출발한다. 이는『용서정토문』의 제1권이 '정토기신淨土起信' 편으로부터 시작되고 있는 데서 바로 알 수 있다. 거사는 정토에 대하여 일반인들이 의심을 하는 이유를 사람들이 갑자기 정토의 영상影像에 대해 들으면 많은 이들이 의심을 한다. 대개의 사람들은 눈앞에 보이는 것에 구애되어 눈앞에 볼 수 없는 것을 말하면 물리칠 뿐이다. 누추하고 더러운 곳에 머무는 자가 어찌 넓고 청정함을 알겠는가?

라고 한다. 그는 이러한 '불신'을 '기신'으로 전환하기 위하여 경전을 인용하고, 또한 아주 세세하게 일상사에 빗대어 친절하게 설명하려 한다. 그는 최종적으로 "정토의 설은 다시 의심할 것이 없는 것이다. 하물며 예로부터 지금까지 이를 수행하여 감응한 자가 매우 많았다" (권1)라고 실례가 있음을 말한다. 『용서정토문』의 제5권에서는 '감응사적感應事迹' 30편을 실어 설득의 근거를 마련하고, 제6권에서는 '특별히 권하여 깨우치게 함(特爲勸喩)'의 37편을 실어 정토사상에의 귀의를 유도하고 있다.

왕일휴는 자신의 정토사상에 확신을 가지고 선에서 말하는 '유심정토'에 대하여 『용서정토문』 제1권에서 다음과 같이 논한다.

세상에 참선하는 자들이 말하기를 '오직 마음이 정토이니 어찌 다시 정토가 있겠는가? 자성이 아미타불이니 다시 아미타불을 볼 필요가 없다'고 한다. 이 말이 비슷하지만 아니다. 어찌하여 서방정토에 도리도 있고 자취도 있음인가? 그 이치를 논한 즉 능히 그 마음을 깨끗이 함이니, 그런 까닭에 일체가 모두 깨끗하고 진실하게 됨에 오직 마음이 정토(唯心淨土)가 됨을 성취함이다. 그 자취를 논한 즉 실로 극락세계가 있음이다. 부처님께서 상세히 그것을 말씀하셨으니, 어찌 허망한 말이겠는가?

이로부터 보자면, 선에서 말하는 '유심정토'는 비슷하지만 아닌 '사이비似而非'라고 한다. 왜냐하면 '유심정토'는 단지 '도리(理)'의 측면으로부터 본 것이기 때문이다. '자취(迹)'의 측면으로부터 본다면, '극락세계가 실로 있음'이라는 것이고, 이것이 왕일휴의 입장이다. 다시 말하여 '유심정토'는 단지 이론에 지나지 않는 것이고, 실제적으로 성취할 수 없는 '이상'일 뿐이라는 비판이다. 그가 비판하는 것은 바로 '오직 마음(唯心)'으로 도달할 수 없는 고원高遠한 세계를 설정하여 '마음타령'을 하고 있다는 것이다.

왕일휴는 '극락세계가 실로 있음'에 대한 '믿음(信)'을 근간으로 하여 "믿는다는 것은 일념一念이다. 만약 사람이 살아 있는 때에 마음과 생각(心念)이 정토에 가고자 원하면 몸이 곧 감을 따른다"고 하고, "일념一念이 정토에 있으면 필연코 정토에 태어남"(권1)을 강조하고 있다. 이렇게 '심념'과 '일념'이 정토에 대한 믿음으로 가득하기만 한다면 "비록 죄악이 있어도 또한 정토에 태어나지 못함이 없다"(권2)는 것이다. 그는 또한 사람들에게 "불력佛力으로 능히 죄악을 소멸할 수 있으며, 능히 정토에 왕생할 수 있음"(권3)을 가르치고 있는데, 이는 '자성자도自性自度', '자심해탈自心解脫'을 강조하는 조사선과 정면으로 배치된다.

왕일휴의 '유심정토'에 대한 비판은 당시에 '서방(염불)정토' 사상이 이미 어느 정도 기반을 획득한 것을 의미한다. 또 한 측면으로는 조사선의 쇠퇴를 반영하고 있으며, '선정일치禪淨一致'의 사상적 흐름에도 점차 영향을 미치게 되었다. 한편으로는 쉽게 이해할 수 있고 쉽게 수행할 수 있는 정토사상이 힘든 삶을 영위하는 일반 민중들에게 더없는 '안식'을 찾을 수 있는 계기를 제공했다고 할 수 있다. 그러나

'칭명염불'의 유행은 점차로 중국불교가 사상적으로 통속화되는 경향을 가져왔다. 이러한 측면은 바로 왕일휴와 『용서정토문』이 일으킨 중요한 작용이라고 할 수 있고, 또한 중국 거사불교의 중요한 일면이라고 할 수 있다.

22. 송대 이학가들의 불교에 대한 비판과 흡수

1) 불교의 불성론과 수행론이 이학에 끼친 영향

송대는 표면적으로 불교와 유·도 양가가 병립을 이루는 시기였지만, 실제적으로는 유가를 중심으로 하여 불·도의 사상을 융합하는 시기였다. 그 융합의 결과가 바로 '이학理學'이다. 달리 말한다면 '이학'은 형식적으로 유가를 기치로 내세웠지만 그 사상은 철저하게 삼교가 융합한 것이다. 또한 '이학'에서 공개적으로는 불·도를 비판하는 태도를 견지했지만, '이학'이 불교의 사상을 흡수하는 데 전혀 지장을 주지 않았다. 이는 중국불교가 초기 전래로부터 유·도 양가와 끊임없이 교섭함으로써 이미 유가에 불교의 사상이 깊숙이 개입되어 있어 유가만의 독자적인 사상적 정체성을 주장할 수 없었기 때문이다.

'이학'에서 비판했던 가장 중요한 부분은 바로 불교는 '출세'를 제창하니 유가에서 중시하는 '입세入世'에 입각한 강상명교綱常名敎에 정면으로 어긋난다는 측면이다. '이학'의 기초를 다진 이정(二程: 程顥, 程頤 형제)은, 불교는 윤리의 가르침을 끊으며 '치국평천하'의 도리를 밝히지 않는다고 하며, 결론적으로 "불교가 사라져야 비로소 천하가 다스려진다"(『이정유서二程遺書』 권2)라고 하였다. '이학'을 집성한 주희는 극단적으로 "불교의 학을 깊이 논할 필요도 없이 다만 삼강오상三綱五常을 폐하는 것만으로도 이미 극대한 죄명으로, 그 나머

주희

지는 다시 말할 것이 없다"(『주자어류朱子語類』권126)라고 했다.

이러한 비판은 물론 송대에 처음 나타난 것은 아니었다. 불교가 중국에 전래된 이후에 불교인들은 이를 희석시키려 많은 노력을 기울였다. 당대로부터 사상적으로 불교와 유학을 융합한 경우가 많이 출현하였으며, 송대에 있어서는 이미 사상적으로 불교와 유학을 일치시켰지만, 불교의 기본적인 정신인 '출세'의 틀은 여전히 남아 있었기에 계속해서 이러한 비판에 직면할 수밖에 없었다.

그러나 '이학'은 기본적으로 불교의 사상을 흡수하여 출현하였다. 송대에 출현한 '이학'이 불교로부터 흡수한 사상은 대체적으로 다음의 세 측면으로 정리할 수 있다.

우선 '이학'은 바로 '이치(理)'에 대한 '학學'이라고 할 수 있는데, '이학'에서 다루는 가장 핵심적인 명제는 '이치는 하나이지만 나뉘어 달라짐(理一分殊)'이다. 그런데 중국사상사에서 '이치'를 이른바 '지존至尊'의 자리에 올려놓은 이는 바로 남북조 시기의 도생(道生, 약 372~434) 스님이라고 할 수 있다. '일천제성불론'과 '돈오'사상을 최초로 제시한 것으로 유명한 도생 스님의 사상적 핵심은 바로 '이치'에 있다. 도생은 제불여래가 바로 '이치'로부터 '연緣'하여 출현한 것이고, '부처'는 바로 '이치를 깨달은 당체(悟理之體)'라고 규정하고 있으며, 나아가 '돈오'를 제창하는 근거로서 '이치'의 '나뉠 수 없는 성품(不可分性)'을 들고 있다. 이로부터 도생의 '이치'에 대한 극도의 중시를 엿볼 수 있다. 도생은 또한 "이치는 항상 하나이다. 마치 구름과 비는 하나이지만 초목은 여러 가지로 다름과 같고, 초목이 여러 가지로 다르다고 하여 어찌 비와 구름이 그러하겠는가?"(『법화경소』)라고 명확하게 설하고 있는데, 이로부터 '이일분수理一分殊'의 사상적 연원이 도생으로부터 비롯되었음을 알 수 있다.

도생이 '이치'를 중심으로 '돈오'사상을 전개한 이후, 중국불교의 모든 종파에서 돈오론을 채택하게 되는데, 그 가운데 도생의 사상을 직접적으로 받아들인 이가 바로 화엄종의 제4조인 징관(澄觀 738~839)이다. 징관은 "나뉜 수(分數)는 무수히 많지만, 이치(理)는 나눌 수 없으므로 일분一分이라고 칭한다"(『대방광불화엄경소』 권13), "하나의 이치로서 그를 꿰뚫는 것이 없다면 곧 혹업惑業이 여러 가지로 차별된다"(『화엄경수소연의초』 권29)라고 하며 도생의 '돈오론'을 인용하고 있다. 또한 송대 조사선은 '돈오론'을 바탕으로 하여 화엄의 이른바 '이사원융理事圓融'을 받아들이고 있는데, 예를 들어 법안 문익法眼文益 선사는 "이사理事가 둘이 아니고, 원융에 그 귀함이 있음이다"라고 하여 "이치는 돈오를 밝힘이요, 현상(事)은 모름지기 점수漸修이다"(『종문십규론』)라고 한 것과 같다. 이러한 불교의 '이치'에 대한 사상은 그대로 '이학'의 핵심적인 '이일분수'의 명제에 흡수되었다고 할 수 있다.

이정은 "천하는 다만 하나의 이치"이며, "일물一物의 이치는 바로 만물의 이치"(『이정유서』 권2)로서 "모든 이치는 하나의 이치로 돌아옴"(권18)을 강조하고 있다. 또한 주희도 이정의 논리에 긍정하며 "이천(伊川, 程頤)이 말하는 것이 옳다. 이치는 하나지만 나뉘어 달라짐(理一分殊)으로 천지만물에 비춘다면 하나의 이치인 것이다"(『주자어류』 권1)라고 말한다. '이학'의 가장 핵심적인 명제는 명확하게 불교로부터 연원했다고 본다. 또한 그에 따라 그 외의 전체적인 사상적 틀에 있어서 불교와 매우 밀접한 관계가 있음을 쉽게 짐작할 수 있다.

'이학'에서 불교의 사상을 흡수한 두 번째 측면은 바로 '인성人性·심성론心性論'이다. '이학'에서는 기본적으로 맹자의 인성론과 심성론(性善論)을 표방하지만, 그 내용에 있어서는 불교의 '불성론'을 원용하고 있다. 그러나 간과해서는 안 될 것은, 중국불교의 '불성론' 형성은 바로 유가의 인성론의 영향으로 비롯된 것이라는 사실이다. 하지만 불교에는 이미 부파 시대 이래로 '인성'과 '심성'에 대한 보다 구체적이고 체계적인 학설을 갖추고 있었기 때문에 중국불교의 불성론이 오히려 전체적인 중국사상의 인성·심성론을 계발하고 발전시켰다고 보는 것이 옳다. 따라서 '이학'에서는 남북조, 수·당대를 거치면서 형성된 불교의 불성론을 전면적으로 받아들여 인성·심성론을 보다 치밀하게 발전시킨 것이다.

불교의 불성론은 이른바 '모든 중생에게는 불성이 있음'으로부터 상당히 복잡한 과정을 거쳐서 최종적으로 '여래장자성청정심如來藏自性淸淨心'으로 귀결시키고 있다. 예를 들어 규봉 종밀 선사의 『원인론原人論』에서는 "모든 유정은 본각本覺의 마음을 갖고 있어 무시이래로 항상 청정하고 밝아서 어리석지 않으며, 분명하게 항상 알고 있어 불성이라고 하며 또한 여래장이라고 한다. 무시로부터 망상妄想이 그를 가려서 스스로 깨닫지 못하고, 다만 범부의 자질만을 알기 때문에 탐착하고 업을 지어서 생사의 괴로움을 받는다"고 한다. 이와 주희의 "사람의 마음은 지극히 신령한데, 무슨 까닭으로 밝지 못한가? 기품氣稟이 치우쳐 있고, 또한 물욕物慾에 혼란되기 때문이다"(『주자어류』 권3), "이 마음은 본래 텅 비어 신령스러우며 모든 이치가 갖추어져 있어 사사물물을 모두 알지만, 사람들의 기질氣質이 치우쳐 있고, 물욕에 가리기 때문에 혼미하여 알지 못한다"(권48) 등과 같은 말과 비교한다면 명확하게 불교의 불성론과 '이학'의 '심성론'의 관계를 짐작할 수 있다. 이학가들의 심성·인성론을 중국불교의 다양한 불성론의 전개와 대비해 고찰한다면 용어의 차이만을 보일 뿐 그 사상적 내용은 거의 일치한다고 할 수 있다.

'이학'에서 불교의 사상을 받아들인 세 번째 측면은 바로 '수양론'이다. '이학'의 수양과 불교의 수행은 그 목적과 의의에 있어서는 분명한 차이를 보인다. 앞에서 언급한 이학가들의 비판처럼 불교 수행의 궁극적인 목적은 생사의 윤회에서 벗어나 '성불'하는 이른바 '출세'에 있다고 할 수 있지만('불국토의 완성'이라는 입장에서 본다면 다른 결론이 나올 수도 있다), '이학'은 철저하게 '입세'에 그 뜻을 두어 '수신제가, 치국평천하'를 목적으로 하기 때문이다. 그러나 그 수양의 방법은 역시 불교의 수행론을 원용했다고 볼 수 있다.

'이학'의 수양방법은 당시에 유행했던 선학적 방법을 주로 채택한 것이다. 이정은 불교의 계정혜 삼학 가운데 정학을 특히 존중하여 "배우는 자가 반드시 해야 할 것은 마음의 뜻을 한결같이 하는 데 있다. 그 마음이 어지러울 때에는 마땅히 좌선하여 입정入定하라"(『이정유서』권18)라고 했다. 이러한 이정의 수양론은 주희가 상당히 불만스럽게 생각하여 "이정 문하의 뛰어난 제자들, 사상채謝上蔡, 유정부游定夫, 양귀산楊龜山 등은 점차 모두 선학에 들어갔다"(『주자어류』권101)라고 비판하였다. 하지만 주희 역시 수양론에 있어서는 조사선의 방법론을 그대로 원용하고 있다. 주희는 "정靜에서의 체體는 대체大體가 아직 발하지 아니한 때에 기상氣象이 분명함을 아는 것이다"(권

102)라고 설명하고 있는데, 이것은 조사선의 '반관심원返觀心源', '직지인심直指人心' 등과 매우 유사하다. 또한 주희가 제창한 "천리를 보존하고, 인간의 욕심을 멸하라(存天理, 滅人欲)"는 방법은 그대로 '번뇌를 떠나 진여본성을 현현'시키는 선학과 동일하다고 볼 수 있다. 이러한 이유로 명·청대의 사상가들은 주희의 사상을 불교의 또 다른 하나의 학설로 평가했던 것이다.

2) 거사전에 등장하는 송대 이학가들: 주돈이, 소옹, 장재 외

불교의 '이치(理)'에 대한 학설로부터 불성론, 수행론 등 세 방면의 사상을 흡수한 송대의 이학理學은 다시 불교의 사상적 흐름, 특히 거사불교의 방향에 커다란 영향을 미치게 된다. 사실상 이학가들의 불교 교학과 선학의 수행은 바로 거사불교의 또 다른 형태라고도 할 수 있다. '이학'의 성행으로 거사불교는 대체로 다음과 같은 두 가지 방향의 변화가 일어난다.

첫째, '이학'의 영향으로 불교사상에 강상명교의 이론이 깊게 반영되었고, 그에 따라 '출세' 지향으로부터 '입세入世'로 전환되기 시작했다는 점이다. 둘째, 현실적인 입세의 지향은 결국 궁극적인 절대가치, 혹은 초월적인 세계에 대한 추구를 어느 정도 희석시키는 경향을 초래해 불교를 통속화시키는 결과를 야기했다. 이러한 영향으로 송대에 극성기를 이뤘던 오가칠종의 조사선은 점차로 쇠퇴했고, 지극히 현세적 실천이 강조되는 타력의 염불정토 신앙이 주류를 차지하게 되었다. 물론 이러한 불교의 흐름을 전적으로 '이학'의 영향만으로 볼 수는 없다. 여기에는 조사선에서는 이른바 '끊임없는 초월의 길

(向上一路)'을 제창해 최종적으로 '지금 이 자리가 진리의 세계(當下卽是)'로 귀결시키면서 사상적으로는 더 나아갈 수 없는 정봉頂峰에 이르렀고, 더 이상 '초월(向上)'이 없는 사상이 쇠퇴의 길에 들어서는 것은 너무도 자연스러운 현상이기 때문이다.

어쨌거나 송대에는 '이학'이 사상적 주류를 차지했으며, 뛰어난 이학가들이 출현하여 당시의 사상계를 이끌었다. 그런데 중국불교에서는 이러한 이학가 가운데 상당수를 불교의 '거사'에 포함시켜『거사전』,『거사분등록』,『불법금탕편』,『명공법희지』 등에 전기를 싣고 있다. 엄밀하게 말해서 송대 이학가들을 모두 불교의 거사라고 하기에는 무리가 따른다. 비교적 불교에 호의를 보인 몇몇의 이학가들조차도 실제적으로는 불교를 비판한 경력이 있어 결코 온전한 불교인이라고 할 수는 없다. 그러나 이학가들은 당시 승가와 교류가 빈번했으며, 많은 선사들과 밀접한 관계를 맺고 있었다. 그에 따라 거사전의 편찬자들은 이학가들의 생애와 사상에 불교적인 색채가 가득하니, '이학'을 불교로부터 '격의格義'된 사상으로 파악하여 그들의 전기를 실었던 것 같다. 따라서 거사전에 실린 대표적인 이학가들을 간략하게 소개한다.

이학가를 말하자면, 무엇보다도 주돈이(周敦頤, 호는 濂溪, 1017~1073)를 언급하지 않을 수 없다. 이른바 '이학'의 출발이 그로부터 일어났고, 거사들의 전기를 다룬『거사전』 등에 가장 처음 등장하는 이학가이며, 그의 학설 가운데 불교와 밀접한 논리가 상당히 많이 들어 있기 때문이다.『송원학안宋元學案』권12에 따르면, 그는 불교를 결코 비판하지 않았다는 평가와, 반대로 그의 모든 저작은 모두 불교를 비판하고 있다는 상반된 평가가 공존한다. 주돈이의 저작들을 살펴보

주돈이

면 불교에 대하여 상당히 애매한 표현을 하고 있음을 쉽게 발견할 수 있다. 그가 불교에 대해 이러한 태도를 보였던 이유를, '이학'의 건립 자체가 결코 불교의 사상을 벗어날 수 없었기 때문이라고 본다면 지나친 억측일까?

그러나 주돈이는 '거사'라고 평할 수 있는 성향을 지녔다. 그가 지은 『애련설愛蓮說』에는 연꽃을 "더러움에서 나오지만 오염되지 않았다"고 찬탄했으며, 황정견黃庭堅의 『염계사병서濂溪詞幷序』에는 "주돈이가 비록 벼슬살이 30년이나 평생 뜻은 산중에 있었다"고 했다. 포종맹蒲宗孟이 찬술한 그의 『묘비』에는 "외로운 바람 초하룻날 아침에 속진을 벗어난 곳에 마음을 두어 항상 높이 깃들고 멀리 은둔할 뜻을 가진 선생"이라고 평가했다. 또한 주돈이 자신도 "항상 고승과 더불어 소나무 숲을 지나, 눈 덮인 봉우리에 올라 거문고를 타고 시를 읊으며 몇 달이 지나도록 돌아오지 않았다"고 말했다.

『거사분등록』 권하에 따르면, 주돈이는 회당 조심晦堂祖心과 동림 상총東林常總 선사에게 법을 물었다고 한다. 처음 회당 선사에게 법을 물을 때, 선사는 그에게 가장 익숙한 "공자가 '아침에 도를 들으면 저녁에 죽어도 괜찮다'라고 했는데, 도대체 무엇이 도이기에 저녁에 죽어도 괜찮단 말인가? 안자(顏子, 顏淵)는 그 즐거움을 바꾸지 않았다는데, 즐기는 바가 무엇인가? 다만 이 구경究竟에서 오래오래 자연히 계합하는 곳을 찾아라"라고 가르쳤다고 한다. 후에 주돈이는 "회당 선사는 제자에게 중니仲尼, 안자의 즐거움과 어떤 일을 즐기는지를 찾도록 했다"(『송원학안』 권12)라고 말했다. 이로부터 회당 선사는 '화두'의 참구 방법으로 주돈이를 이끌었음을 짐작할 수 있다. 또한 『거사분등록』의 주돈이 전기에서는 "나의 이 미묘한 마음은 황룡黃龍 선사에게서 가르침을 받았고, 불인佛印 선사에게서 밝힘을 받은 후 『주역』의 이치를 확연히 통달하였으며, 상총常聰 선사의 열고 닫음으로 탁마함이 없었다면 안과 밖이 훤히 밝아질 까닭이 없었다"라고 하여 자신의 학문적 배경이 분명하게 불교에 있음을 인정하였다.

주돈이에 이어 '이학'의 토대를 구축한 이가 바로 소옹(邵雍, 호는 康節, 1011~1077)이다. 소옹 역시 대부분의 거사전에 전기가 수록되어 있다. 소옹의 학문적 특징은 '선천상수학先天象數學'이라고 할 수 있는데, 이는 일종의 창세론創世論으로, 천지보다 앞선 존재로부터 만물 창조의 원리를 설명한다. 그런데 이러한 소옹의 학문에는 그 바탕에 철저하게 불성론의 형식과 논리가 배어 있음을 엿볼 수 있다. 예를 들어 그의 『관물음觀物吟』 가운데 "한 물건이 한 몸에서 나오고, 한 몸에 다시 한 우주가 있다. 만물이 나에게 갖춰 있는 줄 능히 알면, 분명히 삼재三才를 따로 근본으로 세울 것이다"(『이천격양집伊川擊壤集』 권4)라는 한 수의 시가 있다. 여기에서 보이는 "한 몸에 다시 한 우주가 있다"는 것은 화엄종의 "털구멍에 대천세계가 현현하고, 수미산이 겨자씨 속에 들어간다"는 사유양식과 유사하다. 화엄에서는 '일진법계一眞法界'로부터 현현하니, 바로 '일즉일체一卽一切'로서, '금사자의 털 한 올은 바로 금사자이고', '처마가 바로 집'이라고 할 수 있는데, 이는

소옹

소옹이 시에서 말한 내용과 유사하다.

장재(張載, 호는 橫渠, 1020~1077) 역시 '이학'에 불교를 결합시킨 대표적인 인물이다. 장재의 학설은 "태허무형太虛無形, 기지본체氣之本體"의 이른바 '기론氣論'이라고 할 수 있는데, "기氣가 모이면 밝게 볼 수 있게 되면서 형形이 있게 되고, 기가 모이지 못하면 밝게 볼 수 없게 되면서 형이 없어진다"(『정몽正蒙』)라고 하여 천지만물을 '기'의 조화로 보았다. 또한 "기의 근본은 태허太虛이니, 바로 하나에 빠져서 형形이 없는 것이다. 미혹하여 생함은 바로 상象이 있음이다"라고 하여 이른바 '태허'를 '기'의 본체로 설정하고 있음을 알 수 있다. 그리고 '태허'와 음양陰陽의 '기'가 두 가지 상태로 있기 때문에 "태허와 기가 합하여 성性의 이름이 있다"고 하며, "성性의 그 총체는 둘을 합한다"고 하였다. 장재가 여기서 말한 '성'은 결코 인간만이 홀로 가지고 있는 것이 아니라 인간과 천지만물을 포괄하는 하나의 총체적 개념이기에 "성은 만물의 한 근원으로, 나의 사사로움을 얻음은 있지 않다"고 한다. 그것은 인성人性과 물성物性을 포괄하며, 인간과 천지만물의 공통적인 근원이다. 이러한 '성'의 특징은 "태어나 얻음이 없고(生而無所得)", "죽어 잃음이 없다(死而無所喪)"고 하여 생멸에 상관이 없어 보편적이고 항구적인 존재이다. 장재는 이러한 '성'을 '천지지성天地之性'이라고 하는데, 이는 실제적으로 불교의 '진여불성'을 그대로 원용한 것이다.

거사전에는 주돈이, 소옹, 장재 이외에 정호(程顥, 1032~1085)·정이(程頤, 1033~1107)의 이정二程 형제와 양시(楊時, 1053~1135), 사량좌(謝良佐, 1050~1103), 유초(游酢, 1053~1123), 그리고 '이학'을 집대성한 주희(朱熹, 1130~1200) 등의 전기와 그 사상들을 싣고 있

다. 그들의 사상을 모두 논할 수는 없지만, 이학가들의 사상은 그 바탕에 철저하게 불교의 사유와 사상적 틀을 담보하고 있다. 이러한 '이학'은 이후 육왕(陸九淵과 王陽明)의 '심학 心學'으로 나뉘는데, '심학'에 이르면 보다 더 불교에 가까워진다.

송대는 유학을 바탕으로 한 이른바 문인들의 천국이라고 할 수 있다. 또한 이 시기의 불교는 그러한 시대 상황에 맞게 자체적으로 변용하여 유학과 합일시키려는 노력을 보인

장재

다. 결과적으로 불교계의 이러한 태도가 사상적으로 '이학'의 출현을 연출했다고도 볼 수 있다. 이학가들을 불교의 '거사'에 포함시키는가 하는 문제는 쉽게 논단할 수 없는 여지를 남기지만, 분명한 것은 '이학'과 이학가들의 활동 또한 중국 거사불교의 중요한 면모라는 점이다.

5장
요·금·원대의 거사들

23. 요·금·원대 제왕들의 불교정책

송대에 북방으로부터 요遼, 금金, 원元의 소수민족들이 차례로 흥기하여 중원을 위협했는데, 이들 삼국의 통치자들은 당시 주류를 차지했던 유가를 받아들이는 한편, 또한 불교에 대해서도 우호적인 태도를 견지했다. 이들 삼국의 황제들의 불교정책에 대하여 살펴보고자 한다.

요하유역에서 생활하던 거란족들은 야율아보기耶律阿保機의 통치로 여러 부족들을 통합하여 신책 원년(916)에 거란국을 세웠다. 대동 원년(947)에 야율덕광耶律德光은 국호를 '요遼'로 개명했으며, 보대保大 5년(1125) 금金에 의해서 멸망하기까지 9대 210년의 역사를 유지했다.

요대의 불교는 중국과 접촉이 빈번해지면서 전래되었다고 할 수 있는데, 당唐의 천복 2년(902)에 하북과 하동의 9군을 점령하고서 비로소 거란족 최초의 사찰인 개교사開敎寺를 창건하였다. 그 후 신책 3년(918)에 태조 야율아보기는 "공자묘와 불교사찰, 도관을 각지에 건립하라"는 조칙을 내린다.(『요사遼史』 권1 「태조본기」) 천찬 5년(926)에 태조는 발해를 평정하고 대부락마다 사찰을 건립했는데, 모두 '천웅사天雄寺'라고 통칭하여 발해로부터 귀화하는 승려들을 머무르게 했다. 이후 태종인 야율덕광이 천현 11년(936) 연운燕雲 16주를 차지하고 유주幽州를 연경(燕京, 현 北京의 서남부)으로 바꾸면서 요의 황제들은 불교를 극도로 중시하기 시작하였다. 회동 5년(942)에 태종은 황태후가 병에 걸리자 탕약을 친히 복용시키고 보살당菩薩堂에서 기도했으며 승려 5만 명에게 공양을 올렸다는 기록이 보인다.(『요사』권4「태종기」) 이로부터 불교가 아주 빠르게 요나라에 전파되었음을 짐작할 수 있다. 이후 야율융서(耶律隆緖, 983~1031 재위), 야율진종(耶律眞宗, 1031~1055 재위) 등의 황제들도 모두 불교에 귀의해 친히 수계를 받았고 많은 사찰들을 창건하였다.

도종道宗인 야율홍기(耶律洪基, 1055~1101 재위)에 이르러 요대의 불교가 극성기에 이르렀다. 도종은 유가와 불교의 전적에 정통했는데, 특히 불교에 있어서는 범어에까지 능통하여 막힘이 없었고 "널리 공부하여 용수龍樹를 회통했으며, 근원을 찾아서 마명馬鳴을 홀로 헤아렸다"고 할 정도로 교학에 뛰어났다. 특히 도종은 화엄에 뛰어나 『화엄경수품찬華嚴經隨品贊』과 『화엄경찬華嚴經贊』 등을 찬술했다. 또한 도종은 계율을 매우 중시하여 궁정에 계단戒壇을 시설해 율학律學을 융성시켰으며, 재위 중에 "공양을 올린 승려가 36만이고, 하루에 3천 명을 출가시켰다"(『요사』권22「도종기」)라는 기록이 보일 정도이다. 이로부터 요국의 황제들은 대부분 불교에 귀의하고 있음을 알 수 있으며, 또한 그에 따라 대규모의 불사들도 함께 행해졌다고 추측할 수 있다. 요대의 문헌들에서 황제와 귀족들이 거금의 막대한 토지를 보시해 사찰을 창건하거나 대장경을 인쇄했다는 기록을 곳곳에서 찾아볼 수 있다. 또한 요대의 민간불교에서는 '결사結社'가 유행하였다. 이른바 '천인읍사千人邑社'라는 결사인데, 수많은 신도들이 힘을 모아 보시를 하는 형태로 그 목적에 따라 '사리읍舍利邑', '미타읍彌陀邑', '도솔읍兜率邑', '공등탑읍供燈塔邑' 등 다양한 명칭들이 나타난다.

금金의 불교 역시 황제와 귀족들의 주도로 일어났다고 할 수 있다.

북송의 휘종徽宗 정화 5년(1115)에 본래 요의 지배를 받던 여진족 완안부完顏部의 추장 아골타阿骨打는 요의 군대를 물리치고 '대금국大金國'을 건립한다. 금의 천회 3년(1125)에 북송의 군대와 연합하여 요를 멸망시키고, 다시 그 다음해 변경汴京을 점령하여 북송을 멸망시켰다. 남송의 이종理宗 단평 2년(1235)에 남송과 원이 연합한 군대에 의해 멸망하기까지 9대 124년의 역사를 남겼다.

여진족은 거란족과 다르게 고구려와 발해의 영향으로 이미 불교를 수용하고 있었다. 『금사金史』에 따르면, 개국공신인 종옹宗雄이 죽자 태조 아골타는 그를 위해 절을 건립하였다.(『금사』 권37 「종옹전」) 또한 아골타를 계승한 태종 완안성(完顏晟, 1123~1135 재위)은 불교에 귀의해 황궁에 부처님을 모셨다. 『불조역대통재佛祖歷代通載』 권19에 따르면, 천회 원년(1123)에 "황제가 궁성에서 친히 서광을 보았는데, 빛 가운데 부처님이 현현하셨다. 그에 따라 조칙을 내려 불상을 조성해 궁성에서 공양하였다. 황제는 친히 쓸고 닦았으며, 매번 무릎을 꿇고서 공양을 올리기를 몇 년이 지나도록 힘들어하지 않았다. 매년 법회를 열고 만여 명의 승려에게 공양하였다"라고 한다. 또한 천회 5년(1127) 전단상栴檀像을 연경燕京 민충사閔忠寺에 봉안하고 수륙법회를 7주야 동안 개설하였다.(『불조역대통재』 권20)

세종世宗 완안옹完顏雍이 즉위하면서(1161) 금 왕조는 전성기에 이른다. 세종은 흥불 정책을 세워 대정 2년(1162)에서 대정 24년(1184)에 이르는 기간에 연경에는 대경수사大慶壽寺를 건립하고 막대한 재물과 전답 20경(頃, 1경은 약 2만 평)을 희사한다. 또한 앙산仰山에 서은사棲隱寺를 창건하여 전답을 보시하고, 1만여 승려를 출가시켰다. 그러나 세종 당시 금나라는 계속된 전쟁으로 인해 군비의 확충을 위해 송의 제도를 모방하여 공개적으로 도첩, 사호師號, 사액寺額, 자의 紫衣 등을 매매하였다. 이는 불교가 외형적으로 발전하는 긍정적인 효과가 있었지만, 점차적으로 승가의 자질을 떨어뜨리는 부정적인 결과를 초래하였다. 장종章宗 완안경完顔璟은 세종의 불교정책을 계승하였다. 명창明昌 4년(1193) 북방의 저명한 만송 행수萬松行秀 선사를 궁궐로 청해 설법을 들었는데, "황제가 친히 예를 갖춰 맞았으며, 듣지 못했던 법을 듣고서 깨달음을 얻어 감동하였다. 금기대승가의 錦綺大僧伽衣를 봉헌했으며, 만조백관이 모두 무릎을 꿇고서 각각 진귀한 물건을 보시했으며, 보도회普度會를 베풀었다"(『오등엄통五燈嚴統』권14)고 전한다. 승안 2년(1197)에 다시 재정의 궁핍으로 도첩을 매매하게 되었고, 승안 4년에는 태후의 유명遺命으로 화룡부和龍府에 대명사大明寺를 건립하여 3만 명의 승려를 출가시켜 도첩을 보시하고 명복을 기원케 했다. 그러나 장종은 세종보다 철저하게 승가를 관리하였다. 승려의 사도私度를 철저히 금지시켰으며, 왕실과 귀족의 집에 출입을 통제했고, 3년에 한 번씩 승시僧試를 치르게 했으며, 승려들에게 부모를 참배케 하고 상례를 치르도록 규정했다.(『금사』권9「장종기」) 장종 이후로 몽고군의 세력이 점차 강해지자 군비의 지출을 위해 더욱 많은 도첩 등을 매매하여 결과적으로 승단의 부패와 타락을 부추겼다.

몽고족들은 징기스칸(成吉思汗)의 통솔 아래 대막大漠의 남북을 통일해 남송 영종寧宗 개희 2년(1206) 몽고한국蒙古汗國을 건립하였다. 경정 원년(1260) 세조 쿠빌라이(忽必烈)가 즉위하고 남송 도종度宗 함순咸淳 7년(1271) 대도(大都, 현 北京)에 도읍을 정하고 국호를 대원大元이라고 하였다. 원의 지원至元 16년(1279)에 남송을 멸망시켰다. 원

황조는 11대 황제 98년의 역사를 남겼다.

세조 쿠빌라이는 숭불崇佛의 대표라고 할 수 있다. 『불조통기』 권 48에 따르면, 원의 중통中統 원년(1260) 세조는 티벳 사카파(薩迦派)의 5대조인 파스빠(八思巴)를 '국사國師'로 삼아 옥인玉印을 하사하여 불교를 다스리게 하였다. 10년 후엔 '제사帝師'로 승격시키고 '대법보왕大法寶王'에 봉하였다. 세조의 숭불에 대한 계기를 엿볼 수 있는 것이 『불조역대통재』 권22에 보이는데, 세조가 제사에게 묻기를 "사찰을 건립하고 탑을 짓는 것은 어떤 공덕이 있는가?"라고 하자, 제사는 "복과 음덕이 무량합니다"라고 대답했다. 이로부터 인왕호국사仁王護國寺를 건립하라는 조칙을 내렸다. 또한 세조는 매년 보시를 행하고 승려들을 출가시키며, 대장경을 읽으라는 조칙을 내렸다. 불법으로 황실을 지키고자 궁정을 "모두 범자진언梵字眞言으로 장식하고, 행주좌와에 불법과 어긋나지 않도록 명했다"고 한다.

그러나 세조는 다만 '구복求福'과 '진국鎭國'을 위한 것이었지, 보다 깊은 교학이나 선에 대한 관심은 거의 보이지 않았다. 이러한 세조의 불교정책은 원대에 그대로 지속되었고, 황실의 막대한 재정적 지원은 불교가 양적으로 팽창하는 계기가 되었다. 지원 28년(1291)의 선정원宣政院의 통계에 따르면, 천하의 사찰이 4만 2천여 개소에 달한다고 되어 있으며, 승려의 수는 백만 명이 넘는다고 한다.

요·금·원대의 황제들의 불교정책은 대체적으로 호의적이었다고 평가할 수 있다. 이러한 북방의 소수민족 정권에 의한 친불교적인 정책, 특히 원대 황실의 재정적 지원은 유학을 중시한 양송대에 침체되었던 불교를 다시 회복시키는 계기를 만들었다.

24.『명도집설』의 저자 이순보

금·원의 통치기간 동안 중국의 북방지역에서 오가칠종 가운데 유독 조동종이 그 명맥을 유지하고 있었다. 그것은『종용록從容錄』의 찬술로 유명한 만송 행수(萬松行秀, 1266~1246) 선사의 활약이 두드러졌기 때문이다.『석씨계고략釋氏稽古略』권4에 따르면, "금의 황제는 조동선파曹洞禪派 만송 장로를 내전에서 설법하도록 조칙을 내렸다. 장종章宗 황제는 친히 예를 갖추고 맞이하여 금기대승가의錦綺大僧伽衣를 봉헌하였다. 후비后妃와 황족들이 예배했고, 각각 진귀한 물건을 보시했으며, 보도회普度會를 베풀었다"라고 하여 금의 장종에게 귀의를 받았음을 알 수 있다. 만송 선사의 선사상에 대해서는 "공자와 노자, 장자 및 백가의 학문에 회통하지 않는 바가 없으며, 항상『화엄』을 업으로 삼았다"(『오등엄통五燈嚴統』권14)고 한다. 또한 "유학과 불학을 겸비했으며, 종설宗說에 정통하여 변재辯才에 걸림이 없었다"(야율초재耶律楚材의『종용록』서문)는 기록에서 불교와 유·도 양가에도 널리 회통하고 있었음을 알 수 있다. 만송 선사는 황제의 명에 따라 대도(大都, 현 北京)의 여러 사찰의 주지를 맡아 널리 교화하여 조동종을 '중흥'시켰으며, 선사의

만송 행수

법맥은 명·청대까지 지속되었다.

선사의 제자로는 설정 복유雪庭福裕 등 다수가 있으며, 유명한 재가의 제자로는 이순보와 야율초재 등이 있다. 그 가운데 이순보(李純甫, 1185~1231)는 『명도집설鳴道集說』의 저작으로 유명하다.

이순보는 자字가 지순之純이고, 호가 '병산거사屛山居士'이며, 홍주弘州 양양襄陽 사람이다. 팽제청의 『거사전』 권35에 실린 전기에 따르면, 어려서부터 비상하게 총명하여 스스

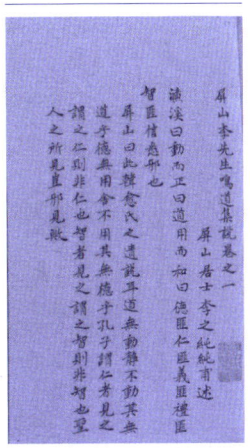

이순보의 『명도집설』

로 '제갈공명'과 비교했으며, 승안 2년(1197) 13세에 진사에 합격하여 이름을 널리 떨쳤다고 한다. 특히 병법을 좋아해 장종이 남정南征할 때 두 차례 상소를 올려 전략을 제시했는데, 당시 재상은 그 글을 높이 평가하여 한림翰林에 추천하였다. 후에 벼슬이 경조부京兆府의 판관判官에 이르렀다.

이순보는 30세에 이르자 불경을 두루 보고 자신의 재주와 학문이 보잘것없음을 깨닫고는 관직을 버리고 은둔하여 술로 세월을 보냈다. "한가롭게 머물며 선승, 선비들과 더불어 노닐며 오직 술과 글로써 일을 삼았다. 통소 소리에 노래를 부르고 춤을 추며 예법에 벗어나도록 술을 마셔 혹은 수개월 동안 취한 채로 보냈다. …… 비록 취해 있었지만, 책과 글쓰기는 폐하지 않았다."(『귀잠지歸潛志』권1) 이러한 이순보를 사대부들이 분분히 찾아 법을 물었으며, 그는 근기에 따라 지도하여 "막힌 자는 통하게 해주었고, 의심하는 자는 믿음을 갖게 해주어 모두 기쁘게 돌아가게" 해주었다. 이에 그를 "당세當世의

용문龍門"이라고 칭했다. 그러던 어느 날 우연히 행수 선사를 만나 한 마디에 서로 계합하여 거사는 선사를 따르며 선의 깊은 뜻을 구하였다. 이순보는 선사와 "매번 술을 즐기며 천하의 일을 논하고, 혹은 불교와 유학의 동이同異를 논했는데, 비록 서로 논박했지만 결코 그 어느 쪽도 굴함이 없었다"(『귀잠집』 권1)고 한다.

이순보는 만년에 평생의 저작을 분류하여 불·도 양가와 성리性理를 논한 것을 '내고內稿'라 하고, 그 외의 비문, 시부詩賦 등을 '외고外稿'로 칭했다. 또한 『능엄경』, 『금강경』, 『노자』, 『장자』에 대한 주석서와 『중용집해中庸集解』, 『명도집해鳴道集解』를 '중국심학서방문교中國心學西方文敎'라고 통칭했다. 이로부터 그가 '중서中西', 즉 인도와 중국의 융합과 불·유·도 삼교의 합일을 표방하고 있음을 짐작할 수 있다.

이순보는 금대金代의 대문장가로서 수많은 작품들을 남겼지만, 아쉽게도 대부분의 저작이 현존하지 않는다. 그의 『명도집설』은 삼교융합을 제창하는 대표적인 작품이다. 이 책은 후대에 매우 깊은 영향을 미쳤기 때문에 이학가理學家들로부터 격렬한 비판을 받기도 했다. 이 책은 본래 217편에 이르는데, 『불조역대통재佛祖歷代通載』 권20에는 그 가운데 19편만을 게재하고 있다. 『불조역대통재』의 편집자인 염상念常은

제유諸儒의 『명도집鳴道集』에는 2백 17종의 견해가 있는데, 모두 진리에 어리석고 성품을 잃은 것이며, 명상名相에 집착하여 쟁론을 일으키는 실마리로서 혹업惑業을 일으키는 재앙이다. 대체로 법성法性으로써 융통하지 못한 것이다. 병산 거사는 지극한 도리에 깊

고 밝아 그 어두운 눈으로 네거리를 헤맬까 근심되어 그를 논하여 말학末學의 폐단을 구하고자 했다. 마힐(摩詰, 王維)과 조백(棗柏, 李通玄)이 다시 세상에 나타난다 해도 또한 더할 수 없음이다. 그러므로『통재』에 19편을 실었다.

라고 했다. 이는『명도집설』가운데 19편을 선정해『통재』에 게재한 이유를 밝히는 대목이고, 또한 거사의『명도집설』이 바로『명도집』에 대한 반론임을 짐작할 수 있게 해준다.

『명도집』은 송대 이학가들의 배불론을 집대성한 것으로 72권 217편으로 구성되어 있다.『통재』에서는 또한『명도집설』에 실린 야율초재의「서문」을 인용하고 있는데, "옛날에 내가『명도집』을 보았을 때 심히 불공평하여 그 오류를 바로 잡는 책을 쓰고 싶었으나 미처 겨를이 없었는데, 병산이 나보다 먼저 책을 써서 바로 잡으니, 어찌 반갑지 않겠는가!"라고 평하고 있다. 야율초재는 바로 이순보와 함께 만송 행수 선사의 대표적인 재가제자이다. 또한 서문에서는 "거사가 29세에『복성서復性書』를 읽고서 이습지(李習之, 李翱)가 또한 29세에 약산藥山 선사를 참알하고서 물러나 이 책을 썼음을 알고서 크게 감탄하였다. 만송 선사가 심하게 거사를 공격하자 또한 물러나 이 책을 썼다. 세 성인의 도리와 성품(理性)이 함축된 묘요妙要는 끝내 불조佛祖로 귀결될 뿐이다"라는 내용이 있다.

이로부터 보자면, 만송 선사를 참알한 후에『명도집설』을 찬술한 것임을 알 수 있는데,『거사전』에 보이는 찬술 시기와는 차이가 난다. 그러나『거사전』에서는 이순보의 입적 후에 비로소 야율초재 거사가 서문을 쓰고 후에 출간이 되어 세상에 알려졌다고 기술하고 있다. 따라서 이순보가 『명도집설』을 찬술한 것은 29세 혹은 30세이지만, 그것이 출간되어 세상에 알려진 것은 바로 거사의 입적 후의 일로 추정된다.

『명도집설』의 주된 사상은 불교와 유·도 양가의 교설을 융회하여 화엄론에 입각한 삼교일치를 실현하고자 하는 것이다. 이러한 바탕에는 "세 성인의 도리와 성품이 함축된 묘요는 끝내 불조로 귀결될 뿐"이라는 말과 같이 불교가 중심이 되고 있다.『통재』에 실린 19편 가운데 불교와 유학의 모순을 해결하고자 하는 다음과 같은 글이 있다.

불교와 유가의 우열은 불교에서 유서儒書의 허물을 읽고, 또한 유가에서 불서佛書의 병폐를 읽는 데 있는 것이 아니다. 내가『수능엄경』을 읽었을 때, 유가는 불교의 아래에 있음을 알았다. 또한『아함』등의 경전을 읽었을 때는 불교가 유가의 아래임을 알았다. 그러나『화엄경』을 읽고 난 후에는 부처(佛)도 없고 선비(儒)도 없으며, 큰 것도 없고 작은 것도 없으며, 높은 것도 낮은 것도 없어, 능히 부처도 되고 선비도 되며, 능히 큰 것과 작은 것을 보존하고 없앰을 자재自在할 수 있었다.

이로부터 이순보는 화엄의 원융사상으로 유학과 불교의 대립을 해결하고자 했음을 엿볼 수 있다. 그는 한 걸음 더 나아가 만약『화엄경』의 해인삼매海印三昧와 제석천망帝釋天網 등의 원교圓敎가 없다면, "학도자學道者는 무위無爲의 구덩이에 떨어져 오묘함만을 논하는 사견邪見의 경계에 들어가 노장의 내성외왕內聖外王, 공맹의 상달하학上達下學의 학설이 모조리 사라져버릴 것이다"라고 논하고 있다. 여기서 이순보의 입장을 분명히 확인할 수 있는데, 바로 불교의 인도가 없다면 유·도 양가의 학설은 한쪽으로 치우쳐 온전할 수 없다는 것이다.

『거사전』에서는『명도집설』을 동시대 유밀의『삼교평심론』과 명초明初 심사영沈士榮의『속원교론續原教論』과 유사하다고 하여 그 큰 뜻이 "대체로 같다(略同)"고 평가한다. 이러한 팽제청의 평가는 바로 송대에 유학의 흥기로 쇠퇴된 불교의 상황을 반영한 것이라고 할 수 있다. 만송 행수 선사의 활약과 이순보의『명도집설』을 통한 삼교회통의 적극적인 주장은 다시 북방에서 불교가 정립되는 데 중요한 역할을 수행했다고 평가할 수 있다.

25. 원 제국의 공신 야율초재

야율초재

『종용록從容錄』의 찬술로 유명한 만송 행수 萬松行秀 선사의 재가제자로서『명도집설』을 찬술한 이순보 외에 원元의 공신으로 유명한 야율초재(耶律楚材, 1190~1244) 거사가 있다. 야율초재는 이순보와는 상당한 사상적 차별을 보이고 있다.

야율초재는 자가 진경晉卿이고, 법호는 종원從源이며, 담연 거사湛然居士라는 호를 사용하여 불교계에는 '담연 거사'로 더욱 잘 알려져 있다. 본래 요遼나라의 왕족으로 거란족이며, 대대로 연경(燕京, 현 北京)에 거주하였다. 요나라가 망한 이후 그의 부친 야율복관耶律覆官은 금金나라의 관리가 되어 상서우승尙書右丞을 지냈다.『원사元史』권145에 실린 야율초재의 전기에 따르면, "어려서부터 매우 박학하여 천문, 지리, 율력律歷, 술수術數, 석로釋老, 의학과 점술 등 다양한 학문에 뛰어났다"고 한다. 거사는 17세에 진사에 급제했으며, 24세에 개주開州 동지同知에 임명되었다. 그 이듬해에 몽고군이 연경을 공격해오자, 선종宣宗은 변(汴, 지금의 開封)으로 천도했고, 그는 좌우원외랑左右員外郞에 임명되어 연경을 지켰다. 다음해(1215) 몽고군이 연경을 함락시키자 그는 한가롭게 집에 머물며 불교 공부에 전념하였다.

야율초재의 불교와의 인연은 본래 연경의 원외랑을 제수 받았을 무렵 성안 원조聖安圓照 선사를 만나면서 시작된다. 후에 원조 선사는 거사에게 만송 행수 선사를 소개해준다. 거사는 이러한 스승의 인연을 『종용록』의 서문에 다음과 같이 상세하게 적고 있다.

지난날 내가 경사(京師, 燕京)에 있을 때, 매우 많은 선백禪伯들이 있었지만, 오직 성안사聖安寺 징공澄公 화상만이 정신과 기개가 엄숙하고 명료하며, 언사가 넓고 분명하여 나는 유독 그분만을 존중하여 자주 찾아뵙고 조사의 도리를 물었다. 여러 차례 옛 존숙尊宿들의 어록 가운데 얻을 만한 것을 물었는데, 징공 화상은 간혹 인증해 주었고, 나는 또한 스스로 얻는 바가 있었다. 우환을 만난 이래로 공명功名의 마음은 높은 누각에 묶어 버리고 조사의 도리를 구하는 데 더욱 마음을 쏟았다. 그러던 중에 이전의 일을 다시 가지고 성안사로 찾아갔더니, 징공 화상은 이전과는 달라져 있어 내가 매우 혼란스러웠다. 선사는 조용히 말씀하시기를, '예전에 공은 요직에 있었고, 또한 유학자는 불서를 진심으로 믿지 않고 어록을 뒤져 이야깃거리나 삼기 때문에 내가 감히 지적하고 혼내지를 못했다. 지금 그대의 마음을 헤아려 보니 과연 본분사本分事로서 내게 묻는데, 내가 어찌 옛날의 허물을 답습하여 입 아프게 이야기해주지 않겠는가? 그러나 나는 이미 늙었고 유학에 조금도 통하지 못하니, 그대를 가르칠 수가 없다. 만송 노인이 계시는데, 그는 유가와 불교를 겸비하고 종설(宗說, 宗通과 說通)에도 모두 정통하며 변재辯才에 걸림이 없으니, 그대가 찾아뵙도록 하라'라고 했다.

이러한 서문에서 거사가 만송 선사를 만나게 된 인연을 짐작할 수 있다. 『종용록』 서문에는 만송 선사를 만난 이후의 수행을 다음과 같이 기술하고 있다.

나는 만송 노인을 찾아뵙고 사람들과 집안일을 끊어버리고, 혹한이나 무더위에도 참선을 거르는 날이 없었다. 아침 해가 뜰 때까지 등불을 켰으며, 잠자는 것을 폐하고 밥 먹는 것도 잊어가며 3년을 지냈다. 외람되게도 선사의 법은法恩을 입고 제자로 인정받아서 '담연 거사' '종원'이라고 불러주었다.

이로부터 야율초재가 만송 선사를 참알하여 치열하게 수행했음을 짐작할 수 있다. 또한 이러한 점은 거사의 문집인 『담연거사문집』의 만송 선사가 쓴 서문에서도 확인할 수 있다.

담연 거사는 27세부터 만송의 가르침을 받았다. 그 법을 위해 생사를 잊었으며, 세간의 명예에 움직이지 않고 슬픔과 기쁨에도 빠지지 않았다. 담연은 그 마음을 크게 모아서 신묘한 경지를 정밀하게 참구하여 옛날에 배웠던 학문을 모두 버리고 추위와 더위, 밤과 낮이 없이 참구하기를 3년 만에 그 도를 다하였다. 만송은 그에게 법의·불자拂子와 게송을 내리고 담연 거사 종원이라고 칭하였다.

이는 야율초재가 쓴 『종용록』 서문과 일치한다. 또한 만송 선사를 만난 것이 그가 27세 때(1216)라고 하는데, 이때는 몽고군이 연경을 함락시킨 다음해이다. 따라서 만송 행수를 만나 맹렬히 수행한 시기는 원외랑의 직함으로 연경을 수비하다가 함락된 후 불교 공부에 매진했던 때이다. 그러나 원의 태조 징기스칸이 그의 명성을 듣고 태조 13년(1218)에 그를 불러 서역 정벌에 함께 수행토록 했다. 이후 태조 22년(1227)에 이르러서야 다시 연경으로 돌아올 수 있었으니, 거의 10년에 가까운 시간을 징기스칸을 수행하여 서역을 정벌했던 것이다. 이 시기에 그는 징기스칸을 수행하며 상당한 공적을 쌓아 태종 즉위 후 2년(1241)에 재상인 중서령에 올랐다.

징기스칸을 수행하게 되면서 만송 선사와 이별하게 되자 야율초재나 선사 모두 크게 슬퍼했지만, 그의 구도는 전쟁터에서도 계속 이어졌다. 야율초재는 만송 선사에게 서신을 통하여 굉지 정각宏智正覺 선사가 찬술한 『송고백칙頌古百則』에 '평창評唱'을 청하였고, 선사는 시자 이지離知에게 필사를 시켜 태조 18년(1223) 서역에 있는 그에게 보냈으며, 그 다음해 야율초재는 서문을 쓰게 되었던 것이다. 이렇게 이루어진 책이 바로 『종용록』인데, 또한 『만송노인평창천동화상송고종용암록萬松老人評唱天童和尙頌古從容庵錄』・『천동각화상송고종용암록天童覺和尙頌古從容庵錄』으로도 칭해진다. 이는 원오 극근 선사의 『벽암록』와 함께 선종의 2대 보전寶典으로 중시된다. 『벽암록』이 임제종의 선풍을 밝혔다면, 『종용록』은 바로 조동종의 선풍을 밝혔다고 하겠다. 이로부터 『종용록』이 출현한 배후에는 바로 두터운 사제의 정이 숨어 있음을 알 수 있고, 또한 야율초재의 전쟁터에서도 멈추지 않았던 참다운 구도의 마음을 짐작할 수 있는 것이다.

그렇다면 과연 야율초재의 선학적 수준은 어떠했을까? 만송 선사가 인가하여 법의와 불자를 내려줄 정도였으니 상당한 수준이었다고 할 수 있다. 야율초재의 문집인 『담연거사문집』 권12에 다음과 같은 글이 있다.

불서를 좋아해 경론과 주석서들을 공부했으며, 공안을 빌려 이야 깃거리로 삼아 활두선滑頭禪을 희롱하였다. 그러나 일단 만송 선사를 만난 후에는 느려터진 말이 채찍을 맞은 듯하였다. 모든 일들을 다 쓸어버리고 옷을 추스르기를 3년. 원교圓教로 만법을 섭수하니, 비로소 세상일이 헛됨을 깨달았노라. 옛날의 학문을 돌아보니, 오히려 티끌에도 못 미치는구나. 점차로 선의 미묘한 도리에 능히 들어가니, 서서히 높고 견고함이 다해간다. 의단疑團을 하루아침에 부수니, 통桶에 일곱 여덟의 구멍이 뚫리는구나. 커다란 화로 위에 눈이 날리고, 돌 위에 백련白蓮이 피도다.

이로부터 야율초재는 스스로 자신의 깨달음에 분명한 자신감을 표출하고 있음을 엿볼 수 있다. 또한 그가 경론 등으로부터 시작해 결국 선으로 귀결되는 이른바 '사교입선捨教入禪'의 과정을 거쳤음을 엿볼 수 있는 구절이다. 이러한 까닭에 그는 비록 조동선을 중심으로 하지만, 기본적으로 선교일치의 사상적 경향을 보이고 있다. 예를 들어 "본래 남녀 등의 상相도 없는 것인데, 그 이름과 모양에 심히 집착해 억지로 선과 교로 나누려는 무리들은 모두 헛된 시도인 것이다"라고 하여 선교가 결코 분리될 수 없음을 논하고 있다.

야율초재는 또한 징기스칸의 원정 때부터 시작하여 이후 태종 시절에 중서령에 재직하면서 원의 국가 발전에 중요한 역할을 한 것으로 유명하다. 그가 중서령을 맡았을 때, 관무를 처리함이 매우 빠르고 정확하여 매번 하나의 사안을 처리하면 태종이 며칠 동안 그 일을 찬탄했으며, 또한 수시로 포상을 받아 거대한 재산을 이루었다. 그러나 그는 항상 검소한 옷차림에 소식蔬食을 했으며, 임종에 이르자 자신의 모든 재산을 사찰에 보시하였다. 야율초재는 남송 순우 4년 5월에 세수 55세로 입적하였다. 문집으로는 『담연거사집』(14권)과 징기스칸의 서역 정벌에 종군했을 때의 견문기인 『서유록西遊錄』이 있다.

26. 유밀 거사의 『삼교평심론』

중국에 불교가 전래되면서부터 '이하론夷夏論'에 바탕을 둔 중국인들의 거부감은 상당하였다. 그에 따라 역대로 불교인들은 중국 고유 사상인 유·도 양가와 결코 차별이 없음을 강조함으로써 문화적 이질감을 해소하려고 노력하였다. 동한 시기 모융의 『모자이혹론』으로부터 남북조 시기 양 무제의 '삼교동원설', 수·당대 이사겸의 『내덕론』, 왕통王通의 『중설中說』 등에 나타나는 '삼교일치론', 송대 장상영의 『호법론』 등 중국불교의 역사는 가히 불교를 중심으로 유·도 양가를 포섭하는 '삼교일치'를 제창하고자 했던 여정이라고까지 말할 수 있다. 그리고 '삼교일치'를 표방한 대표적인 저작으로 이사겸의 『내덕론』, 장상영의 『호법론』, 그리고 유밀劉謐의 『삼교평심론三敎平心論』(『대정장』 52권에 수록)을 꼽는다.

『삼교평심론』은 온전하게 전해져 오지만, 아쉽게도 그를 찬술한 유밀에 대해서는 어떠한 자료도 남아 있지 않다. 팽제청의 『거사전』에는 다만 『삼교평심론』을 찬술했다는 기사가 이순보(李純甫, 1185~1231)의 전기에 보이고, 『불법금탕편』에도 유밀의 호가 '정재靜齋'라고만 밝히고 있을 뿐 『삼교평심론』의 내용을 요약한 것이 전부이다. 다만 『삼교평심론』에 "정재학사유밀찬靜齋學士劉謐撰"이라는 저자 표기와 제왕帝王·명신名臣·거유巨儒 등의 전기를 모은 『불법금탕편』에 그의 전기가 실려 있어 원대의 사대부 출신이었음을 알게 한다. 또한

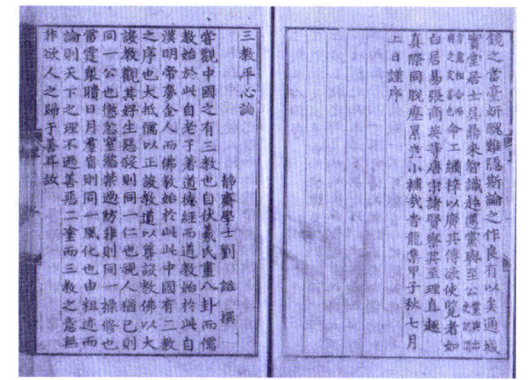

유밀의 『삼교평심론』

관련된 기록을 종합할 때, 이 논서는 대체로 원의 영종英宗 지치 연간 (1321~1323)에 찬술되었음을 짐작할 수 있다. 따라서 『삼교평심론』의 내용으로부터 원대 거사불교의 사상적 성향을 소개하고자 한다. 『삼교평심론』은 앞머리에서 삼교가 어떻게 발생했는가를 밝히면서 시작된다.

중국에 삼교가 있게 된 것을 살펴보면, 복희씨가 팔괘를 그림으로부터 유교가 시작되었고, 노자가 『도덕경』을 지음으로부터 도교가 시작되었으며, 한 명제明帝가 꿈에 금인(金人, 佛)을 봄으로부터 불교가 시작되었다. 이것이 중국에 삼교가 있게 된 순서이다. 대체로 유교는 바름(正)으로써 가르침을 베풀고, 도교는 높음(尊)으로써 가르침을 베풀며, 불교는 큼(大)으로써 가르침을 베푼다. 그 가르침을 살펴보건대, 삼교는 살리는 것을 좋아하고 죽임을 미워함에 있어서는 동일한 인仁이며, 다른 사람 보기를 자기와 같이함에 있어서는 동일한 공公이다.

5장 요·금·원대의 거사들 283

이렇게 중국의 삼교가 발생한 순서와 그 기본적인 성격을 밝힌 후에 송 효종孝宗의 『원도변原道辨』에 나오는 "불교로서 마음을 다스리고, 도교로서 몸을 다스리며, 유교로서 세상을 다스린다"라는 구절과 장상영의 『호법론』에 나오는 "유교는 피부의 질환을 치료하고, 도교는 혈맥의 질환을 치료하며, 불교는 골수의 질환을 치료한다", 그리고 이사겸의 『내덕론』에 나오는 "불교는 태양(日)이고, 도교는 달(月)이며, 유교는 다섯별(五星)이다"라는 유명한 구절들을 인용하고, "어찌 하늘에 삼광三光 가운데 하나가 결여될 수 있겠는가? 마찬가지로 이 땅에서 삼교 가운데 어떤 것 하나가 결여될 수 있겠는가? 비록 그 우열은 있을지라도 치우치거나 폐함은 허용할 수 없는 것이다"라고 결론 내린다.

이어서 유밀은 다음과 같이 삼교의 특징을 들어 삼교가 모두 필요함을 논술한다.

유교는 강상綱常으로써 인륜을 바로잡고 예악과 형정刑政을 밝혀 사방으로 통하게 하여 어긋나지 않게 했으며, 이로써 천지만물이 자리 잡고 자라게 했으니. 유교가 천하에 끼친 공이 매우 크다. 그러므로 진시황이 유교를 제거하려 했으나 끝내 없애지 못했다. 도교는 사람들로 하여금 청허하게 하여 스스로 지키고 비약卑弱으로써 스스로 보전하게 하니, 어지럽고 요란한 습習을 단번에 씻어 정묵靜黙의 무위無爲의 경계로 돌아가게 하니, 도교가 세상에 도움을 준 것은 지극하다. 그러므로 양 무제가 도교를 제거하려 했지만 끝내 제거하지 못했다. 불교는 사람들로 하여금 화려함을 버리고 실상實相에 나아가고, 헛됨을 떠나 참다움에 돌아가게 하여 안행安行

을 짓고, 자리自利를 말미암아 이타利他에 이르게 하니, 뭇 생명의 귀의처가 됨이 더할 수가 없다. 그러므로 삼무三武의 군주가 불교를 멸하려고 했지만 끝내 멸하지 못했다.

양 무제가 도교를 제거하려 했다는 것은 역사적 사실과는 다른 것이지만, 유밀이 논술한 삼교의 특징은 대체적으로 합당하다고 할 수 있다. 이렇게 삼교의 필요성과 특징을 논한 후에 그는 이른바 "삼교평심"의 논리를 전개한다. 그렇다면 무엇을 일러 '평심(平心, 공평한 마음)'이라고 하는가? 유밀은 스스로 "내가 장차 삼교를 밝혀 분별한다면, 결코 사심私心으로 논해서는 안 될 것이고, 애증의 마음으로 논해서도 안 될 것이다. 오직 그 마음을 공평하게 하여 그 극공極功을 논구한다면 분명히 얼음이 녹듯이 될 것이다"라고 '평심'의 각오를 천명하고 있다. 또한 이로부터 삼교를 논함에 있어서 '궁극적 공능(極功)'을 논구해서 '삼교'의 우열을 제창할 것임을 짐작할 수 있다. 따라서 거사는 "그 극공으로 말미암아 그 우열을 살핀다면 변론하지 않더라도 분명할 것이리라"고 논하고 있다.

그렇다면 유밀은 삼교의 '궁극적 공능'을 어떻게 논하고 있는가? 그는 먼저 유교에 대하여 다음과 같이 논한다.

유교의 가르침은 자신의 한 몸으로부터 한 가정에 이르고, 한 가정으로부터 한 국가에 이르고, 한 국가로부터 사해에 이르러 육합에 가득 차니, 그에 따라 지키는 것은 간략하지만 베풂은 넓다고 할 수 있다. 그러나 사해와 육합의 밖은 어떻게 할 것인가? …… 이로써 세상의 교화를 도와 태평을 이룩한다. 그래서 공이 이루어지고 몸이 늙으면 역사에 남기니, 유교의 극공은 이와 같을 뿐이다.

이로부터 유밀은 유가를 이른바 "수신제가 치국평천하"와 "입신양명"을 그 '궁극적 공능'으로 파악하고 있음을 알 수 있다. 도교의 '궁극적 공능'에 대해서는 다음과 같이 논한다.

도교의 가르침은 나의 몸으로부터 유명幽冥에 통하고, 인간으로부터 천상으로 초탈하며, 산림의 굴로부터 아득한 대라大羅와 높고 큰 금궐金闕에 이르니, 범부를 초월해 성인의 경지에 도달한다. 그러나 천지조화의 밖은 어떻게 할 것인가? …… 대개 장생長生까지가 도교의 극공이다.

이로부터 유밀은 도교의 '궁극적 공능'을 '장생'의 완성으로 파악하고 있음을 볼 수 있다.

불교의 '궁극적 공능'에 대해서는 불교의 거사답게 상당히 길게 논하고 있다. 우선 불교의 전체적인 우주관을 '삼천대천세계'로써 설명하고, 다양한 세간과 출세간의 법설法說을 소개한 다음에 최종적으로 다음과 같이 논한다.

부처님은 하늘 중의 하늘이고, 성인 중의 성인이며, 위없는 법왕이고 정등정각正等正覺이다. 따라서 모든 방편을 초월해 십력十力을 이루고, 또한 법계의 모든 유정을 도탈度脫시키니, 불교의 극공은 이와 같을 뿐이다.

이로부터 유밀이 제시하는 불교의 '궁극적 공능'은 유·도 양교와는 다르게 한계를 설정하지 않음을 알 수 있다. 유교에 대하여 "사해와 육합의 밖은 어떻게 할 것인가?"라고 질문하고, 도교에 대해서도 "천지조화의 밖은 어떻게 할 것인가?"라고 질문하고 있는 것은 유·도 양교의 '궁극적 공능'에 한계가 있음을 드러내고자 하는 그의 의도로 볼 수 있다. 이러한 질문으로부터 삼교의 우월은 바로 세간법과 출세간법에 있음을 강조하고자 함을 엿볼 수 있다. 유밀은 유·도 양교를 모두 '세간법'으로 귀결시키고 있는 데 반하여 불교는 "세간법으로 시작하여 출세간법으로 귀결함"을 강조하고 있음이 돋보인다. 또한 "삼교는 세간법에 있어서는 모두 뛰어남"을 지적하고 있지만, '출세간법'에 있어서는 오직 불교만이 무궁무진할 수 있음을 역설하고 있다.

이러한 『삼교평심론』의 의도는 말할 것도 없이 삼교 가운데 불교가 가장 뛰어남을 강조하고, 나아가서는 불교를 중심으로 유·도 양교를 포섭하여 삼교일치의 기치를 세우고자 하는 의도를 담은 것이다. 이러한 논리 과정에 유밀은 스스로 '공평한 마음(平心)'을 강조해 '삼교평심론'이라는 제명을 달고 있지만, 이미 불교를 최고의 가르침으로 상정하고 논리를 전개하였다. 그러나 참답게 불법의 진리를 체득한 거사라고 한다면, 조금의 '사심私心'과 '애증'을 개입시키지 않은 '공평한 마음'으로 이렇게 삼교의 우월을 논할 수밖에 없는 것이 아닐까 한다. 『삼교평심론』은 일천여 년이 넘는 삼교관계의 논의를 종합하고 있다는 점에서 중요한 사상사적인 의의를 갖는다고 하겠다.

6장
명·청대의 거사들

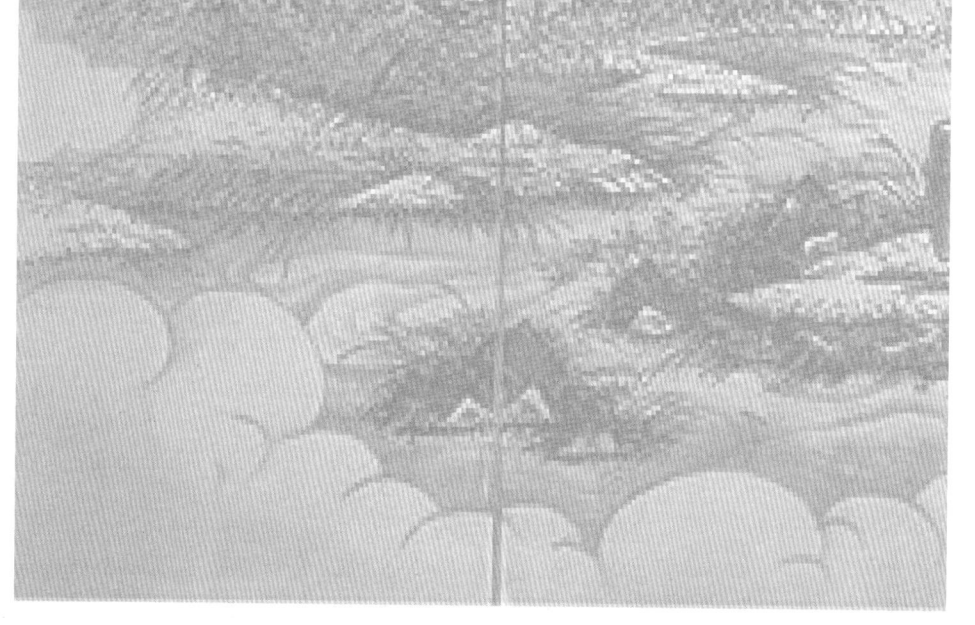

27. 명대 제왕들의 불교정책

명대에 들어서면서 통치자들은 점차로 이학理學을 통치이념으로 삼게 되었고, 그에 따라 불교는 점차로 쇠퇴하기 시작했다. 여기에는 '이학'에서 이미 불교와 도교의 교의를 받아들여 사상적 주도권을 장악한 것에도 원인이 있겠지만, 황실에서 엄격하게 불교를 통제하는 정책을 채택했던 영향을 무시할 수 없다. 이는 명 왕조를 세운 태조 주원장朱元璋이 즉위 초에 "천하를 안정시키기 위하여 짐은 제유諸儒와 함께 치도治道를 논하여 밝히겠노라"(『명사明史』「태조기太祖紀」권2)라고 선언하고 있는 것으로부터 짐작할 수 있다.

주원장은 본래 가난한 농부의 자식으로 태어나 16세에 고아가 되어 기근을 피하고자 호주(濠州, 현 安徽省 鳳陽)의 각황사覺皇寺로 출가하였다. 이러한 경력을 통하여 주원장은 원조元朝에서 지나치게 불교를 숭상하는 폐해에 대하여 상당히 정확하게 인식하고 있었다. 25세에 '불교 타도'의 기치를 내건 도교의 백련교도 곽자흥郭子興의 부하가 되었고, 그 후 뛰어난 전공을 세워 반란군의 지도자가 되어 명 왕조를 세웠다. 명조를 세운 주원장은 본격적으로 불교를 정리하는 정책을 실시하였다.

홍무 원년(1368), 태조는 금릉金陵 천계사天界寺에 '선세원善世院'을 설치해 혜담慧曇 대사를 종이품從二品에 해당하는 관직을 내려 '연범선세이국종교대선사演梵善世利國從教大禪師'라고 칭하였다. 그 밑에

주원장

통령統領, 부통령副統領, 찬교贊敎, 기화紀化 등의 승관을 두고 조직을 만들어 불교를 관리하고자 했다. 홍무 14년(1381)에 '선세원'을 '승록사僧錄司'로 개편하여 승가의 조직을 더욱 완비했으며, 다음해에는 전국의 사찰과 승려들을 선禪·강講·교敎의 셋으로 분류하도록 명했다. '선'은 선종을 가리키고, '강'은 천태·화엄·밀교 등의 종파를 가리키며, '교'는 구복求福, 천도재, 공양 등의 각종 의식의식儀式을 가리키는 것이다. 이렇게 셋으로 분류하고 각각 승복을 엄격히 규정했는데, '선승'은 다갈색인 옷과 홍조 옥색의 가사를, '강승'은 옥색 옷에 홍조 천홍의 가사를, '교승'은 백의와 흑조 천홍의 가사를 착용하도록 하고 절대 섞이지 않도록 했다. 같은 해에 사전寺田의 매매를 금지하는 조칙을 내려 경제적으로도 철저히 사원을 통제하고자 했다.(『석감계고략속집』 권2, 『속불조통기』 권2 등 참조) 이러한 사원 통제의 목적은 바로 민중의 조직과 사찰이 결합됨을 근본적으로 차단하려는 의도였다. 이는 원말의 반란이 주로 불교와 도교 등의 사묘로부터 조직되어 일어났던 것과 태조 본인도 승려 출신이었던 것에 기인한 것으로 보인다.

홍무 24년(1391)에 태조는 「신명불교방책申明佛敎榜冊」을 발포한다. "지금 천하의 승려는 대부분 속인과 섞여 있고, 오히려 속인보다 못한 자가 매우 많다. 그 가르침에는 귀의했지만 그 덕행을 훼손시키고 있다"라고 당시 불교의 현황을 진단내리고, 선·강·교의 본분에 충실하도록 권유하고 있다. 특히 선종에 대해서는 "대중을 모아 총림을 이루어 청규로써 안선安禪하라"고 하여 산림에 은둔하여 수행하기를 권유했다. 그러나 만약 이를 어겨 "총림에 들어가지 않고 사사로운 권속이 있거나, 민간에 몰래 머물러 사람들에게 고발되거나 관부에 붙잡히면 반드시 머리를 베어 대중에게 보이고, 숨겨준 자는 삼천리 밖으로 유배 보낸다"(『석감계고략속집』 권2)라고 엄격히 규정하였다.

이렇게 선종에 대해 특히 통제를 강화한 까닭은 선종이 당시 민중에게 가장 영향력 있는 종파였기 때문이다. 또한 「신명불교방책」에서는 도첩에 대해서도 명확하게 규정하였다. 승록사에서 도첩을 발급하는 데 비용을 받지는 않았지만, 그 수와 자격에 대하여 철저하게 통제했다. 도첩은 3년에 1회로 규정했으며, 남자는 40세 이상, 여자는 50세 이상으로 제한하였고, 3년에 한 차례씩 시험을 치러 불합격하면 도첩을 회수하였다. 또한 각 주와 현에 사찰과 승니의 수를 엄격하게 한정했다.

홍무 27년(1394) 태조는 다시 방문榜文을 반포했는데, 여기에서는 승려가 도시와 촌락에 들어가 모연하는 행위를 금지시켰으며, 관부와 교류하는 것도 불허했고, 나아가 일반인이 이유 없이 사찰에 들어가는 것조차도 금지시켰다. "주지나 모든 승려가 감히 관부와 교류하거나 속인을 친구로 하는 자는 중죄로 다스린다"라고 규정하고 있다.(『석감계고략속집』 권2) 이러한 조치는 민중과 승려가 결합하는 것을 원천적으로 차단시키려는 의도로서, 당시 건국 초기의 불안정한 정세와 태조의 완전한 중앙집권을 실현하고자 하는 정치적 욕망이 반영된 것이다. 이러한 태조의 정책은 양송兩宋 이후 기울어져 가는 선종을 비롯한 전체 불교에 심각한 타격을 주었다.

영락제

주원장이 죽자 손자인 주윤문朱允炆이 건문제建文帝에 오르지만, 주원장의 넷째 아들인 주체朱棣가 이른바 '정난靖難의 역役'을 일으켜 4년간의 전쟁을 통해 성조成祖 영락제永樂帝에 올랐다. 그런데 모반의 과정에서 도연道衍 선사가 모사를 맡았고, 제위에 오른 후 도연 선사의 공훈을 '제일'로 인정했기 때문에 성조는 태조와는 달리 불교에 대해 우호적이었다. 영락 18년(1420) 성조는 『법화경』의 서문을 찬술했으며, 다시 친히 『신승전神僧傳』 9권(『대정장』 50에 수록)을 찬술하기도 했다. 또한 영락 18년에는 "황제가 경전의 서문 13편, 보살찬菩薩贊의 발문 12편을 찬술해 각각 경전의 머리에 실었다"(『석감계고략속집』 권3)고 한다. 이렇게 태조와는 달리 불교에 우호적이었던 것은 당연히 도연 선사(후에 황명으로 요광효姚廣孝라는 속명을 사용함)와의 관계 때문이었을 것이다. 그러나 성조 역시 기본적으로는 태조와 마찬가지로 유학(理學)을 통치사상으로 삼았다. 성조는 반복적으로 "짐은 유가의 도로 천하를 다스린다", "짐이 천하를 다스리는 데 쓰는 것은 오직 유가의 오경五經일 뿐이다"라고 말했으며, 또한 "사람들이 불교와 도교를 힘을 다해 숭상하지만, 조상을 모시는 예를 소홀히 하는 것은 화복의 설에 빠져 그 근본에 어둡기 때문이다"(『명사明史』 권7 「성조기成祖紀」)라고 하여 불·도 양교에 대하여 비판적인 모습을 보이고 있다. 하지만 성조의 불교보호정책은 자칫 꺼져버릴 위기에 처한 중국불교에 겨우나마 그 명맥을 유지할 수 있는 계기를 마련했다는 점에서 중요한 의의를 찾을 수 있다.

이후에 명조의 제왕들은 대체로 불교를 보호하는 정책을 채택했다. 예를 들어 영종英宗은 독실한 불교도인 환관 왕진王振에게 명하여 경도(京都, 北京)에 대흥륭사大興隆寺를 짓고서 '천하제일총림'의 사액을 내렸으며, 헌종憲宗은 승려들을 예우하여 '법왕法王', '불자佛子', '국사國師' 등의 칭호를 무수히 내렸고, 그러한 칭호를 받은 스님들은 모두 자금성에 출입할 수 있도록 하였다. 또한 신종神宗의 모친은 불교에 귀의하여 스스로 '구련보살九蓮菩薩'이라는 법호를 사용했으며, 수많은 사찰을 건립하였다. 신종 역시 불교에 상당히 관심을 보여 만력 12년(1584) 영락제 시절에 만들어진 『대장경』(永樂南藏)에 결여된 부분을 보충하여 『속장경』을 간행하고, 친히 『어제신간속입장경서御製新刊續入藏經序』를 찬술하였다. 또한 무종武宗 주후조朱厚照는 즉위한 후 하루에 4만여 명의 승려를 출가시켰으며, 정덕 5년(1510)에는 스스로 '대경법왕大慶法王'의 칭호를 사용했으며, 자주 승복을 걸치고 다니며 궁내에서 불법을 강의하기도 하였다.(『석감계고략속집』 권3) 그러나 세종世宗 주후총朱厚熜의 재위 기간(1522~1566)에는 황제가 도교를 신봉하여 불교에 대한 극심한 억압정책을 실시하였다. 세종은 도사들을 궁내로 출입시키며 밤낮으로 도교의례를 행했다. 이와 동시에 1만 3천여 불상 등을 훼손했으며, 무종이 정덕 연간에 조성한 불상의 도금 1천 3십 량을 벗겨내기도 했다.

명대에서는 원칙적으로 국가에서 도첩의 매매를 시행하지 않았지만, 대종代宗 경태 2년(1451) 조정은 구황과 군비조달의 명목으로 도첩을 매매하기 시작했다. 이후 도첩의 매매는 공식화되어 점차로 삿된 무리가 넘쳐나 승가의 우환이 되어버렸다. 이러한 상황은 당시 담연 원징湛然圓澄 선사가 찬술한 『개고록慨古錄』의 "혹은 큰 사고를 치고 승려가 되었고, 혹은 감옥에서 도망 나와 승려가 되거나, 혹은 빚을 갚을 수 없어 승려가 되거나, 혹은 승려이면서 처를 거느리고 진속眞俗의 '쌍수雙修'라고 주장하거나, 혹은 부부가 모두 승려가 되어 함께 절에 머물거나, 혹은 남녀가 길에서 우연히 만나 함께 사찰에 머물거나 온갖 이들이 승려가 되었다"라고 하는 문구에서 확인할 수 있다.

 명대의 불교정책은 비록 몇몇 황제가 불교를 보호하고자 했지만, 태조 때부터 시작된 제도적인 통제를 통하여 '억불'의 기조를 유지했다고 할 수 있으며, 결국 명대에 이르러서는 새로운 교의의 제창이 이루어지지 못하는 침체기에 빠지게 된다. 그에 따라 명대는 불교를 중흥하고자 하는 고승들의 노력과 거사들의 반성적인 모습이 더욱 두드러진 시기였다고 할 수 있다.

28. 희대의 기승 도연 선사 요광효

명 태조 주원장의 철저한 불교통제, 특히 민중과의 소통을 차단하는 정책은 불교에 치명적인 타격을 주었다. 종교로서의 불교가 민중과 소통의 통로가 막히는 것은 마치 물고기에게 더 이상 신선한 물을 공급해주지 않는 것과 같기 때문이다. 그러나 태조의 불교통제 정책은 성조成祖 영락제에 이르러 어느 정도 완화되고, 다시 불교를 보호하는 정책이 나타나 불교의 명맥이 이어질 수 있었다. 그 배후에는 도연(道衍, 1335~1418) 선사라는 희대의 기승奇僧의 역할이 있었다. 도연 선사는 결코 환속한 적이 없었기 때문에 엄밀한 의미에서는 '거사'라고 할 수 없다. 그러나 '승관僧官'이 아닌 조정의 고관으로서 관복을 입고 조정에 나아가고, 물러나면 바로 승복을 입고 사찰에 기거하는 특이한 경력을 지녔다.

도연 선사는 『명사明史』 권145에 「요광효전姚廣孝傳」으로 입전되어 있으며, 또한 청대 성통性統의 『속등정통續燈正統』 권15, 섭선聶先의 『속지월록續指月錄』 권6 등에 전기가 실려 있다. 그에 따르면, 선사는 본래 대대로 의술을 펼쳤던 유명한 의가醫家 출신이지만, 의학에 뜻을 두지 않았다. 14세에 묘지암妙智庵에서 출가하여 법명을 '도연'으로 하고, 자호를 '도허逃虛', '독암獨庵'이라고 했다. 출가한 후에 천태학의 다양한 교의를 습득하고, 당시 유명한 도사인 석응진席應眞을 스승으로 삼아 음양의 술법을 배우는 등 선사는 불교뿐만 아니라 유・

도 양가에도 상당히 정통했다. 선사의 『도여록道餘錄』 서문에는 스스로 "내외의 전적을 다양하게 열람해 재식才識으로 삼았다"라고 하듯이 다양한 학문에 통달하여 당시의 유명한 학자인 왕빈王賓, 고계高啓 등과 친밀하게 교류하였고, 송렴宋濂, 소백형蘇伯衡 등의 추천을 받기도 하였다. 홍무 연간에 예부에서 실시한 '통유서승시通儒書僧試'에 급제했지만, 관직에 나가지 않고 다만 '승복'만을 받았다. 당시 승록사僧祿司의 우선세右善世를 맡아 전국의 승가를 관리하던 종륵(宗泐, 1318~1391) 선사는 도연 선사의 글을 보고 "이 어찌 석자의 글이겠는가!(此豈釋子語耶)"라고 찬탄했다고 한다.

도연 선사가 숭산사嵩山寺에 있을 때, 관상에 뛰어난 원공袁珙이 "참으로 기이한 승려이다. 눈은 삼각이고, 모습은 마치 병든 호랑이와 같으며, 심성에 살기가 느껴지니, 필시 권모술수에 능할 것이다"라고 평하자 선사는 크게 기뻐했다고 한다. 이러한 인연으로 이후 함께 '정난의 역'을 통해 주원장의 넷째 아들인 연왕燕王 주체朱棣를 황제의 자리에 오르게 하는 데 중요한 역할을 하게 된다.

주체는 친모인 황후가 죽자 황제에게 연왕부(燕王府, 현 北京)로 돌아가 모친의 명복을 비는 축원을 하고자 승록사에 소속된 고승 1명을 천거해 달라고 청한다. 이때 도연 선사는 주체를 찾아가 "연왕 전하께서 신을 지목하신다면, 신은 전하께 흰 모자를 씌워드리겠습니다"라고 하였다. 연왕의 신분에 '흰(白) 모자'를 쓴다면 '황皇'자가 되니, 제위에 오르게 돕겠다는 의도임을 알고서 주체는 선사를 지목하여 함께 연왕부로 돌아갔다. 이로부터 선사는 북경의 경수사慶壽寺에 머물며 수시로 왕부를 드나들며 천하를 얻기 위한 준비를 했다. 『명사』의 전기에서는 "부중에 출입하면서 행적을 매우 은밀하게 하였으며,

때때로 사람들을 물리치고서 긴 시간 동안 논의했다"고 한다.

태조 주원장이 죽고 손자인 주윤문朱允炆이 건문제建文帝에 오르자 주周, 상湘, 대代, 민岷 등의 번왕藩王들이 움직이니, 도연 선사는 연왕에게도 군대를 일으키라고 권고한다. 『명사』의 전기에 따르면, 연왕이 "민심이 건문제

도연 선사

에게 있는데 어찌할 것인가?"라고 하자, 선사는 "신이 천도를 아는데 어찌 민심을 논하십니까?"라고 하니 연왕은 마음을 굳히고 거병하였다. 이로부터 이른바 '정난의 역'이 시작되고 3년간의 전쟁을 통해 연왕 주체는 성조 영락제에 즉위하게 되었다. 영락제는 즉위 후, 도연 선사를 승록사의 좌선세左善世, 자선대부資善大夫, 태자소사太子少師 등의 관직에 임명했다.

이러한 상황에 대하여 『명사』에서는 다음과 같이 기록하였다.

황제가 군막에 모든 무장들을 접하였지만, 홀로 도연 선사만이 군사를 일으킬 책략을 제시하였다. 이에 황제는 산동山東, 하북河北 등에서 전쟁을 하기를 3년, 전쟁의 모든 전략, 전술들은 도연 선사가 결정하였다. 선사는 일찍이 전쟁터에 나아간 적이 없었지만, 황제가 군대를 일으켜 천하를 얻음에 도연 선사의 힘이 가장 크다고 하여 논공에서 제일로 하였다.

여기서 도연 선사는 군대를 직접 진두지휘하지 않았지만 모든 전

략과 전술을 관장하였고, 그로부터 연왕이 황제에 오르는 데 가장 큰
공로자로 인정받았음을 알 수 있다. 그에 따라 황제는 선사에게 '광효
廣孝'라는 이름을 하사하고, 또한 "환속하여 머리를 길도록 명했지만
선사는 받아들이지 않았고, 커다란 저택과 미모가 뛰어난 두 명의 궁
인도 모두 사양하였다. 항상 승사僧寺에 거주하면서 관복을 입고 조
정에 나아가고, 물러나면 바로 승복을 입었다"고 한다. 환속하라는
황제의 명령도 어겨가면서 끝내 승려의 신분을 지키고 있음을 알 수
있지만, 모순되게도 관직은 결코 반납하지 않았다.

이후 영락제는 자신의 제위 찬탈에 대한 합리화와 후세 기록을 염
려하여 『태조실록』을 중수重修하는데, 감수監修를 선사에게 맡기고
다시 『영락대전永樂大典』의 찬수를 맡긴다. 『영락대전』은 경사자집經
史子集을 비롯하여 천문, 지리, 음양, 의술, 불교, 도가 등의 저서를 수
집하여 무려 11,095책, 22,937권의 방대한 분량으로, 중국 최초이자
최대의 백과사전이라고 할 수 있다. 『영락대전』의 완성 후, 영락 16년
(1418) 도연 선사는 세수 84세로 입적한다. 영락제는 선사를 조문하
기 위해 2일간 조회를 보지 않았다. 또한 '공정恭靖'이라는 시호를 하
사하고, 영국공榮國公에 봉하였다.

도연 선사는 만년에 불교에 대한 유교의 비판에 대응하기 위하여
『도여록道餘錄』을 찬술했으며, 이 외에도 『정토간요록淨土簡要錄』, 『제
상선인영諸上善人咏』 등의 정토교와 관련된 저술들이 있다.

선사의 일생은 어찌 보면 상당히 모순된 모습을 보여준다. 출가하
여 승려의 신분으로 반정의 모사를 맡아 성공시켰지만, 환속하라는
황명도 거역하면서 승려의 신분을 유지하였다. 그런가 하면 다양한
관직을 맡아 관리로 살면서도 또한 사찰에 머물렀다. 또한 선사는 재

물에 대한 욕심도 없어 자신이 받았던 모든 재물을 다 친족과 고향사람들에게 나누어주곤 했다. 이러한 행위로 인하여 선사에 대한 평가는 다양하게 나타난다. 혹은 '간승奸僧'으로 비하하기도 하고, 혹은 승려의 신분보다는 정치가나 병법가로 평가하기도 한다. 그러나 선사는 스스로를 분명히 '승려'로서 평가해주기를 바랄 것이라고 생각한다. 또 다른 의미에서 만약 도연 선사가 출현하지 않았다면, 명 태조 주원장의 철저한 불교통제 정책은 지속되었을 것이고, 중국불교는 어쩌면 명맥조차도 남아 있지 않을 정도로 쇠락해 역사 속에서 사라졌을지도 모를 일이다. 선사의 역할로 말미암아 억불의 요소가 많이 완화되었음에도 불구하고 전체적인 명대 불교는 사상적으로나 교세적으로나 모두 쇠퇴일로를 걸었기 때문이다.

그렇다면 도연 선사의 불교사상은 어떠한가? 선사의 저술『도여록』과『정토간요록』등을 통하여 사상적 면모를 확인할 수 있다. 선사는『도여록』에서 "세속의 무지한 사람들은 세간을 듣고서 바로 세간의 생각을 일으키고, 출세간을 듣고서는 바로 출세간의 생각을 일으킨다. 도리어 세간이 출세간이고, 출세간이 바로 세간임을 결코 모른다"라고 말하고, "보살이 수행하는 모든 계·정·혜 삼학뿐만 아니라 음淫·노怒·치癡 역시 모두 범행梵行이 갖추어진 것이다"라고 말하고 있다. 여기서 선사의 사상은 철저하게 대승의 반야사상과 조사선을 바탕으로 하고 있음을 짐작할 수 있고, 또한 이로부터 모순된 것처럼 보이는 선사의 삶을 이해할 수 있는 여지를 가질 수 있다. 선사는 관직을 맡아 다양한 정치적 활동을 했지만, 대표적인 거사인 송렴 등 수많은 거사들과 끊임없이 교류하며 호법의 활동을 하는 등 승려의 본분을 한시도 잃지 않았다. 후대의 이지(李贄, 이탁오)는 이러한 점을 높이 평가하여 선사의 『도여록』을 친히 교열하였다. 따라서 도연 선사는 비록 거사는 아니지만, 명대의 거사불교와 긴밀한 관계가 있고, 이 또한 중국 거사불교의 또 다른 면모이다.

29. 유가의 이단자 이탁오

이탁오

명대 중후기에 양명학이 흥기함에 따라 관료 사대부들이 점차 불교, 특히 선학에 관심을 가지게 되었는데, 그 가운데 가장 대표적인 인물이 바로 이지(李贄, 1527~1602)와 원굉도(袁宏道, 1568~1610)라고 할 수 있다. 양명학은 본래 송대 이학理學을 집대성시킨 주희와 동시대인인 육구연陸九淵으로부터 시작되었지만, 왕양명(王陽明, 1472~1529)에 이르러 크게 부흥하여 명대 중후기의 사상계를 주도한다. 그에 따라 흔히 '육왕(陸王, 육구연과 왕양명 심학心學)'으로 칭하고 있는데, 이미 주희에 의하여 완전한 '선학'으로 비판받을 정도로 조사선의 사상과 상당히 일치하고 있다. 따라서 양명학은 송대의 사상적 정점을 이룬 조사선과 밀접한 관계를 이루지만, 그에 대한 이야기는 다음으로 미루고 우선 명대를 대표할 수 있는 거사로서 이지에 대해 살펴보겠다.

이지는 흔히 '유가의 이단자', 혹은 '모순과 갈등의 철학가'라는 평가를 받는 것처럼 그의 일생은 결코 평범하지 않았다. 팽제청의 『거사전』 권43에 이지의 전기가 실려 있으며, 『석감계고략속집』 등에 거사와 관련된 다양한 일화가 전한다. 이지는 복건성 천주泉州 진강晉江 사람이다. 원래 임林씨였지만, 가정 31년(1552) 향시에 합격하고 이

李씨로 바꾸었으며, 자는 굉보宏甫, 이름은 재지載贄였으나 목종穆宗의 휘諱를 피하여 '재'자를 빼어 '이지'로 했다. 호는 탁오卓吾, 온릉溫陵 거사, 백천百泉 거사, 탁오노자卓吾老子 등을 자칭하였다. 그는 하남河南 공성共城의 교유敎諭를 시작으로 관료생활을 했으며, 남경 국자감 박사, 북경 예부의 사무司務, 남경 형부원외랑을 역임한 후, 운남의 요안姚安에서 지부知府를 맡았다. 만력 16년(1580) 나이 54세에 관직을 사임하고 계족산鷄足山에 들어가 경전을 열람하며 전적으로 불교공부에 몰입했다. 그 후 어사 유유劉維에 의해 호북 황안黃安으로 쫓겨가 친구 경정리耿定理에게 의탁하여 생활하였으며, 그가 죽자(1584) 다시 마성麻城 용담호龍潭湖에 절을 짓고 공부를 계속하였다.

명 신종神宗 만력 16년(1588), 이지는 유가에 대하여 '이단'임을 자처하며 스스로 삭발하고 관복을 벗어던져 승려의 모습을 했지만, 정식으로 계를 받은 것은 아니었다. 따라서 스스로는 '출가'를 주장했지만, 평생 거사의 신분이었다고 할 수 있다. 마성에서 이지는 수많은 사람들에게 불법을 가르치는데, 그 신분과 성별을 따지지 않았다. 특히 '여자들은 견해가 짧아 도를 배울 수 없다'는 것에 대하여 그는 "사람에게는 남녀가 있고, 견해에도 역시 남녀가 있지만, 법에 있어서는 남자들이 더욱 못하다"라는 주장을 펼치며 과부 등을 제자로 받아들이자 사대부들이 거사를 '좌도左道'라고 비판하였다. 그러자 거사는 웃으며 "내가 참다운 좌도라면 바로 관冠을 더해야 할 것이다"라고 말하며 옛날에 벗었던 관복을 다시 입었다. 당시 어사 마경륜馬經綸은 이지를 자주 찾아와 『역경』의 뜻을 물었고, 거사를 스승으로 삼아 지극히 예우하여 황벽산黃檗山의 북관北館에 머물게 했다. 그러나 장문달張問達에게 혹세무민했다는 죄목으로 탄핵당하여 옥에 갇

히게 되고, 그가 이지에게 원적原籍으로 돌아가라고 강요하자 이지는 "내 나이가 칠십육인데, 죽을지언정 어찌 돌아가겠는가?"라고 하며 칼을 빼앗아 자살했다. 마경륜이 예를 갖추어 통주 북문 밖에 안장하였다.(『거사전』권43)

이와 같이 이지의 일생은 결코 평범하지 않은데, 이는 그의 사상과 밀접한 관계가 있다. 이지는 평생 동안 불교와 관련된 저술뿐 아니라 경학, 역사, 철학, 소설과 희곡 등 다방면에 걸쳐 수많은 저술을 남겼다. 불교와 관련된 저술은 『화엄경합론간요華嚴經合論簡要』(『만속장』권5),『반야심경제강般若心經提綱』,『정토결淨土決』(『만속장』권108) 등이 있고,『장자해莊子解』등의 도가와 관련된 저술과『이탁오비점황명통기李卓吾批點皇明通紀』등의 역사와 관련된 저술이 있다. 이지의 가장 대표적인 작품은 바로 '태워버려야 할 책'이라는 의미의『분서焚書』와 '묻어버려야 할 책'이라는 의미의『장서藏書』이다. 이러한 책 제목에서 이미 '이단'의 성격을 엿볼 수 있다. 특히『분서』의 서문에는 "근래 학자들의 병폐에 깊숙이 파고들어 그들의 고질병을 많이 까발렸기 때문에 그들은 반드시 나를 죽이려고 할 것이다. 그러므로 태우려는 것이다"라고 하여 '분서'라는 제목을 단 이유를 밝히고 있는 점이 흥미롭다. 이지가 출가한 이유를『분서』권4에서는

> 너희들은 다만 이렇게 말한다. 출가하여 승려가 되는 것이 성불하는 길이고, 그것만으로도 재가자들 보다는 훨씬 우월하다고 말이다. 지금은 나도 출가한 몸이지만, 설마하니 그것이 어찌 남보다 뛰어나서일까? 나의 출가에는 실로 부득이한 사정이 있었다. 출가가 좋은 일이라고 여겨 출가한 것도 아니고, 또 출가하지 않으면

수도할 수가 없어 그런 것도 아니었다. 설마하니 집에 있다 해서 수도할 수 없었겠느냐? 나의 출가는 다만 내 한평생 남에게 속박당하기를 싫어해서 이루어진 일이었다.

라고 하였다. 이를 통해서 이지는 '속박당하기 싫어서' 출가했음을 엿볼 수 있다. 아마도 그의 안목에는 정식으로 수계 받는 것조차도 '속박'으로 느껴져 스스로 삭발하고 승복을 입었던 것이 아닐까. 그렇지만 이지는 '지계持戒'를 상당히 강조하고 있다.『분서』권4에 다음과 같은 구절이 보인다.

부처께서는 바라밀을 설파하셨다. 바라밀에는 여섯 가지가 있는데, 계율을 준수하라는 지계도 그 중의 하나이다. 부처님은 계·정·혜의 세 가지 중에서도 계행을 첫 번째로 꼽는다. 계라는 한 글자는 정녕 쉽게 말할 도리가 없다. 계에서 정이 생겨나고, 정은 혜를 만든다. 혜는 다시 계에서 출발하니, 혜가 아니라면 계는 소멸되고 마는 것이다. 그렇다면 정과 혜는 성불의 근원이요, 계는 또 정·혜의 근원이 된다. …… 우리 석가모니부처님은 성불한 뒤에도 49년 동안 설법을 하셨는데, 그분의 계행이 한결같았던 것도 너희 대중이 다 아는 바이다. 만약 부처님이 이런 계행이 헛된 것이고 계행이 부처님에게 속박일 뿐이었다고 말했다면 득도하여 성불한 다음 계율을 깨고 파계해도 무방하리라. 그러므로 절을 버리고 왕궁으로 돌아간다 하여 안 될 게 무엇이었으랴? 하지만 그분은 여전히 찢어진 가사를 걸치고 거듭 바리때를 움켜쥐었으니, 어찌하여 그리하셨을꼬?

이처럼 이지는 계행을 극도로 존중하고 있음을 알 수 있다. 비록 다른 모든 것은 '속박'으로 여겼지만, '계율'은 결코 '속박'이 아니라고 하였으며, 또한 "계라는 한 글자는 모든 오묘함의 관문이고, 파계라는 한 단어는 뭇 재앙의 근본"이라고 강조하고 있다.

이지의 불교사상은 기본적으로 이통현 장자의『화엄합론』을 바탕으로 하고 있는데,『분서』권4에는 "『화엄합론』은 정밀하고 미묘하기가 감당할 수 없을 정도여서 한 글자도 바꿀 수 없으며, 또 하나의 '화엄'이다"라고 극찬하였다. 그렇지만『거사전』에서 이지가 "공종(空宗, 반야를 중시하는 종파)에 귀의했음"을 밝히고 있고, 또한『분서』권2에서는 "즉심즉불卽心卽佛"의 선사상을 논하고 있어 화엄을 바탕으로 반야와 조사선까지 두루 겸비하고 있었음을 알 수 있다. 또한 그는『분서』권4에서 "염불은 서방 아미타불을 보고자 하는 것이다. 아미타불을 본다면 바로 서방에 태어남과 다르지 않다. 견성이란 자성 아미타불을 보는 것이다. 자성 아미타불을 보았다면 바로 성불한 것이다"라고 하고 있다. 즉 이지는 송대 선종으로부터 출현한 '유심정토唯心淨土'의 사상과 유사한 정토관을 보이고 있다고 할 수 있다.

한편 이지는 당시에 주류를 차지하고 있었던 정주 이학을 '거짓 도학(假道學)'으로 규정하고 상당히 비판적인 태도를 보이고 있는데, 이와 관련된 것은 뒤에 육왕 '심학'에서의 '이학'에 대한 비판과 조사선의 사상적 관계를 논하는 기회에 소개하고자 한다. 청대의 팽제청은『거사전』에서 이지에 대하여 평하기를

> 내가 탁오 거사를 살펴보고서 그 행적에 놀랐다. 그의 행적은 바로 세상의 병을 꾸짖기 위한 것으로, 거사는 실제로 스스로 행하였다.

거사의 저술을 읽고 감동을 받았다. 오호라! 거사는 근본을 알았구나. 거사는 출가했지만 계를 받지 않았으니, 다시 관복을 입는다고 해서 흠이 되겠는가? 그 격한 행적이 이와 같으니, 나는 그를 알지 못하도다.

라고 하였다. 명대 불교의 쇠퇴기에서 이지는 독특한 행적을 통해 거사불교를 부흥시키는 계기를 제공했다는 점에서 높은 평가를 받는다.

30. 원굉도

명대의 대표적인 거사인 탁오 이지는 수많은 이들을 교화하여 불교로 이끌며 쇠락해가는 불교에 새로운 거사불교의 흐름을 일으켰다. 그 가운데 대표적인 사대부 거사가 바로 원굉도(袁宏道, 1568~1610)이다.

원굉도

원굉도는 대대로 불교를 신봉하던 집안 출신으로 그의 형인 종도(宗道, 1560~1600, 자는 伯修, 호는 香光居士)와 동생인 중도(中道, 1570~1623, 자는 小修, 호는 上生居士) 역시 독실한 거사였다.『거사전』에 따르면, 그들 삼형제의 모친 공龔씨 역시 독실한 불자로서 늘『금강경』을 독송하였다. 모친이 삼형제를 낳기 전의 어느 날, 커다란 거미가 대들보로부터 내려와 경전 주변을 돌다가 갑자기 경전을 향해 무릎을 꿇고 절을 하듯이 엎드렸다. 그러자 모친이 "너도 경전을 듣고 싶어 왔구나"라고 하며 경전을 독송해 주었다. '육여게(六如偈: 一切有爲法 如夢幻泡影 如露亦如電 應作如是觀)'에 이르자 거미가 가만히 움직임이 마치 예를 표하는 것과 같았으며, 독송을 마치고 보자 이미 죽어 있었다. 그에 따라 거미를 감실에 모셔 작은 탑을 지어주었다고 한다.(『거사전』권46) 이후 삼형제가 태어났는데, 모두 문장으로 이름을 날려 '삼원三袁'으로 칭했고, 문학에서는 그들을 '공안파公安派'라고 했다. '공안파'는 원굉도의 유명한 "오직 성령性靈을 서술하되 형식에 구애되지 않고, 자기의 가슴 속으로부터 흘러나오지 않는다면 붓을 들지 않는다(獨抒性靈 不抒格套 非從自己胸臆中流出 不肯下筆)"라는 말과 같이 바로 격식에 구애받지 않고 '성령'을 중시한다. 조사선의 선리와 이지의 '동심설童心說'을 바탕으로 전개된 문학이론이라고 할 수 있다. 이러한 공안파는 조선의 문학, 특히 허균·박지원·박세당 등에게 깊은 영향을 주었다.

이렇게 원씨 삼형제가 모두 뛰어난 문인이면서 거사로 활약함에 따라『거사전』권46 한 권 전체를 '원백수袁伯修·중랑中郎·소수전小修傳'의 제목으로 삼형제의 전기를 게재하고 있다. 삼형제 중 가장 유명한 이는 바로 원굉도 거사이다. 그에 따라 청대 팽희속彭希涑의『정토성현록淨土聖賢錄』권7과『공안현지公安縣志』등에 상세한 전기가 실려 있다.

원굉도의 자는 중랑中郎이고, 호는 석두 거사石頭居士 혹은 육휴六休로서 공안(公安, 현재 湖北省에 속함) 사람이다. 만력 20년(1592)에 진사에 급제하여 오강吳江의 지현知縣에 임명되었는데, 행정 처리가 매우 공평하고 뛰어나 백성들로부터 많은 찬사를 받았다. 그 후에 국자조교國子助教, 고공원외랑考功員外郎을 거쳐 예부주사禮部主事의 관직에 임명되었지만, 얼마 후에 병을 얻어 사임, 귀향하였다.

원굉도는 특히 선학을 좋아했는데, 이는 형인 원종도의 영향이 절대적이었다. 원종도가 북경에서 관직을 역임할 때, 원굉도는 형의 소개로 양명학의 태주학파泰州學派에 속한 초굉焦竑, 구여직瞿汝稷 등을 만나 함께 돈오의 종지를 논했다. 그 당시의 정황을『공안현지』에 실린 맏형 원종도의 전기에는 "중랑과 소수가 모두 물어 배웠는데, 선생(종도)은 심성心性의 학설을 가르쳤으며, 서로 논의하며 검증했다"라고 하고 있어, 삼형제가 모두 조사선의 탐구에 심취했음을 알 수 있다. 그러나 원굉도의 진정한 스승은 바로 이지라고 할 수 있다.

『공안현지』에 실린 원굉도의 전기에는 만력 19년(1591) 그가 "용호龍湖에서 이노(李老, 이지)가 교외教外의 종지를 그윽이 깨달았다는 소식을 듣고서 달려가 참문하고 크게 계합했다. …… 그곳에서 3개월을 머물면서 헤어지기 아쉬워하다가 이지 거사가 무창武昌

구여직

까지 배웅하여 이별하였다"라고 기술한다. 이로부터 보자면, 이지를 만난 것은 진사에 급제하기 한 해 전인 24세임을 알 수 있고, 이지의 처소에서 머물렀던 3개월 동안에 거사는 커다란 진보가 있었으며, 그로부터 '인가'를 얻었다고 짐작할 수 있다. 이는 원굉도의 동생 원중도가 쓴 『중랑선생행장中郎先生行狀』에서 "선생은 용호(이지를 지칭)를 뵙자 비로소 큰 기러기가 순풍을 만난 듯했으며 큰 물고기를 개울에 풀어놓은 듯했다. 능히 마음을 스승으로 삼았고, 마음에 휘둘리지 않았으며, 능히 고인古人을 다루었고, 고인들에게 휘둘리지 않았다. 하는 말마다 하나하나 가슴속으로부터 흘러나와 하늘을 덮고 땅을 덮기를 급류를 끊는 것과 같았고, 우레가 고요함을 깨우는 듯했다"(『가설재집珂雪齋集』 권9)라는 당시의 상황을 표현한 구절에서 확인할 수 있다.

2년 후에 원굉도는 그 형과 함께 다시 용호를 찾았다. 당시 이지는

"식력識力이나 담력膽力이 모두 세상에서 가장 뛰어남"으로 오직 원굉도만이 선종의 "입미일로入微一路"를 가히 감당할 수 있다고 극찬을 아끼지 않았다.(『공안현지』「원굉도전」) 이후에 그는 초굉, 도망령陶望齡, 관지도管志道 등 수많은 사대부 거사들뿐만 아니라 지불원芝佛院 무념無念 등의 선사들과도 밀접하게 왕래하며 선을 논하였다.

원굉도는 『가설재집珂雪齋集』 권5에서 '선禪'에 대하여 다음과 같은 독특한 해석을 하고 있다.

선이란 정定이며, 또한 '물려줌에 쉼이 없음(禪代不息)'이라는 뜻이 있다. 이미 '선'이라고 했다면, 바로 '변천하여 없어짐(遷流無已)'이요, '변하고 움직여 항상하지 않음(變動不常)'이니, 어찌 정定의 흔적이 있겠는가? 선을 배우는 자가 어찌 정법定法이 있어 가히 지키겠는가? 또한 선에는 물러남과 나아감도 있을 수 없으며, 고요함도 소란스러움도 있을 수 없는 것이다.

원굉도가 말하고자 하는 것은 선에 '물려주어 쉼이 없음', '변하고 움직여 항상하지 않음' 등의 의미가 있으므로, 선에 있어서 고정된 내용이나 구체적인 형식 같은 것은 있을 수 없다는 것이다. 이는 당시의 선학이 '좌선'과 '선정' 등의 형식적인 방법을 중시하는 것에 대한 반성적 사유로부터 나온 견해이다. 특히 원굉도는 마조 문하의 임제선을 극도로 찬탄하고, 자신의 문집 도처에 임제의 선어禪語들을 인용하고 있다. 그가 보는 가장 이상적인 선은 바로 당말·오대에 흥성했던 조사선이었고, 당시의 선학을 상당히 강하게 비판했다. 이러한 그의 태도는 바로 이지의 영향이라고도 할 수 있다.

원굉도의 선학은 바로 '심성心性' 두 글자로 귀결시킬 수 있으며, '직서심성直抒心性', '명심견성明心見性' 등을 주장하여 '천진자연天眞自然'을 드러내는 특색을 보인다. 그는 "성품(性)은 편안하여 억지로 할 수 없으며, 성품을 따라 행하는 이를 진인眞人이라고 한다"(『가설재집』 권15)라고 하였다. 이렇게 '심성'으로 귀결시키는 것은 이미 당대唐代에 출현한 심성론에서 불교와 유가儒家가 융합된 결과라고 할 수 있고, 또한 당시에 유행한 양명학과도 무관하지 않은 것으로 보인다.

오랫동안 조사선에 매료되었던 원굉도는 점차 정토법문으로 관심을 전환하였다. 그가 관심을 정토로 돌린 이유에 대하여 그의 형인 종도는

> 조사선을 수습하여 세속적인 정이 감소하여 진로(塵勞, 세속에 끄달림)에 빠져들지 않았지만, 사대부의 병폐로부터 완전히 벗어나지 못하여 자연을 벗 삼아 『이소離騷』와 『이아爾雅』의 업業에 빠져 방종한 마음에서 벗어날 수가 없었다.(『서방합론西方合論』「서」)

라고 밝혔다. 다시 말해서 원굉도는 '방종한 마음'에 대한 대처법으로써 정토법문에 귀의하였다고 한다. 그러나 한편으로는 관직을 사임할 정도로 평생을 병약하게 살았던 것에서도 그가 정토에 귀의했던 원인을 찾을 수 있을 것이다.

이렇게 정토법문에 관심을 가진 지 몇 년 후인 만력 27년(1599)에 원굉도는 『서방합론』 10권(『대정장』 47책)을 찬술했고, 그의 형이 서문을 썼다. 이 책의 기본적인 사상은 "부사의제일의不思議第一義를 종

宗으로 삼고, 깨달음(悟)으로 이끌어줌(導)으로 삼는다"(『서방합론』「서」)라고 평하는 원종도의 서문과 같이, 선적인 깨달음을 정토수행의 길잡이로 삼고 있음을 알 수 있다. 이로부터 원굉도는 정토법문으로 관심을 돌렸지만, 결코 돈오의 선지禪旨를 포기하지 않고 있음을 짐작할 수 있다. 다시 말하여 선과 정토를 결합시키는 '선정일치禪淨一致'의 틀을 보여주고 있는데, 이는 송대 이후의 대체적인 흐름이었다. 특히 그는 "영명永明 선사는 이미 달마가 설한 직지直指의 선을 깨달았고, 또한 능히 극락상품極樂上品에 몸이 이르렀으니, 이로써 선禪을 하는 이들이 정에 집착함을 풀어주었고, 이로써 말법 시대에서 신심을 갖도록 했으니, 참으로 종宗의 가르침에 공이 크도다"(『서방합론』권2)라고 하여 영명 선사가 '선정일치'를 제창한 것을 극도로 찬탄하였다. 『서방합론』 외에 『가설재집珂雪齋集』 14권, 『산호림珊瑚林』 1권, 『금설편金屑編』 1권, 『해탈집解脫集』 5권 등의 저술이 있다.

명대 불교의 쇠퇴기에서 양명학의 유행과 함께 다시 거사불교가 유행을 하게 되는데, 여기에는 이지와 원굉도의 역할이 가장 두드러졌다. 특히 원굉도의 '선정일치'의 제창은 이후 청대와 근현대에 이르기까지 깊은 영향을 미쳤다.

31. 명대의 양명학과 거사불교

1) 양명학의 흥기와 조사선

남송 시기에 주희에 의해 완성된 이학에 정면으로 도전한 이는 바로 육구연(陸九淵, 1139~1193)이다. 그는 주자학에 대하여 '첩상가옥疊床架屋'의 혐의가 있다고 하였는데, 이는 주희가 '마음心'과 '이치理'를 두 가지로 본 것을 가리킨다. 육구연도 "우주를 포괄하는 하나의 이치일 뿐이다"(『상산전집象山全集』권12)라고 하고, 이 이치는 "천하에 두루 가득 차 있어서 조금도 비거나 부족한 데가 없다"(권35)라고 하여 '이치'를 이른바 '본체本體'로서 인정하고 있음은 주희의 이학과 차이가 없다.

그러나 주희는 '이치'를 '성품'과 일치시키지만(性卽理), '마음'은 단지 인간의 몸을 주재하는 영명지각靈明知覺의 작용이 있는 인식주체이지, 만물과 도덕의 본체적인 의미는 지니고 있지 않다고 보았다. 이에 대하여 육구연은 "만사만물이 마음에 있다"(권34)고 하여 '마음'의 본체적 작용을 인정하고, 다시 "마음은 단지 이 하나의 마음이니, 누구의 마음, 내 친구의 마음, 위로 천백 년 성현의 마음, 아래로 다시 천백 년 성현이 있으니 그 마음 또한 이와 같다"(권34)는 주장을 펼치고, "심즉리心卽理"라는 결론을 도출한다. 이것이 바로 '이학'과 '심학'이 나누어지는 결정적인 분기점이다. 이학이나 심학이 모두 불교와 밀접한 관계를 지니고 있지만, 육구연으로부터 시작된 심학은 보다 더 조사선의 선사상에 가깝다.

송대에 발생한 이학과 심학은 격심한 논쟁을 통하여 원대에는 "반드시 국가를 위해 옳음이니 학자는 존중하고 믿어 감히 의심하지 말라"(『도원학고록道圓學古錄』 권39)는 것과 같이 정주程朱 이학이 주도권을 차지하게 되었다. 명대에 이르러 민중의 사상 통제를 강화하기 위해 "주자학을 유일한 종宗으로 삼아 학자로 하여금 오경·공맹의 서적이 아니면 읽지 못하게 하고, 염계(周敦頤), 낙민洛閩학파의 학문이 아니면 강의하지 못하게"(『동림열전東林列傳』 권2) 하여, 점차 "주자는 옳고 육구연은 그르다"는 설을 정론화시켰다. 그러나 명대 중기에 이르러서 이학의 맹점이 점차 드러나기 시작했다. 이에 따라 많은 지식인들은 점차 '심학'에 관심을 돌리게 되었는데, 그 대표적인 인물이 바로 왕수인(王守仁, 1472~1529)이다.

왕수인은 자가 백안伯安이요, 절강의 여요餘姚 출생으로 호가 양명陽明인데, 흔히 왕양명으로 칭한다. 비록 『거사전』 등에 이름이 올라 있지는 않지만 왕양명은 오랜 기간 참선을 통해 조사선의 선리와 다양한 교학을 탐구한 인물로 유명하다. 즉 왕양명은 '거사'라고 칭해도 무리가 없다. 실제적으로 왕양명이 제자들과의 토론을 모은 『전습록傳習錄』에는 자신의 학설이 불교로부터 왔음을 밝히는 내용이 상당히 나타난다. 예를 들어 "양지良知의 체體가 명경明鏡과 같이 밝아 티끌의 감춤도 없이 곱고 미움 그대로 사물을 따라 형상을 보인다. ……

왕수인

불가에 일찍이 이 말이 있어 그릇되지 않다", "선도 악도 헤아리지 않는 때 본래면목을 안다고 함은 부처님의 본래면목을 아직 알지 못한 자를 위하여 시설한 방편이다. 본래면목은 곧 나의 성문聖門에서 이른바 양지이다"(『전습록』 권중) 등으로부터 그의 사상에 농후한 불교적 색채, 특히 조사선의 흔적을 발견할 수 있다.

왕양명은 육구연의 '심즉리心卽理'를 계승해 '마음'을 '양지良知'로 승화시키고 있다. 왕양명은 '양지'에 대하여 "양지는 천리天理의 밝고 신령하게 깨닫는 곳이다. 그러므로 양지는 곧 천리이다"(권중), "네가 지니고 있는 그 양지야말로 너 자신의 준칙이 되는 것이다. 너의 생각과 뜻이 미치는 바가 곧 옳음(是)은 옳음이고 그름(非)은 그름이라고 알아 사소한 속임수도 용납하지 않게 된다"(권하) 등으로 설명하고 있다. 이로부터 '양지'를 그대로 본체의 자리로 설정하고, 나아가 그것을 절대적인 준칙으로 설명하고 있음을 알 수 있다. 더 나아가 왕양명은 "양지는 곧 아직 발하지 않은 가운데 있으며, 곧 밝아 크게 공정함이며 고요하여 움직임이 없는 본체이다"(권중)라고 설명하는데, 이는 분명히 조사선에서 설하는 '자성自性·불성佛性'과 조금의 차별이 없다. 이러한 왕양명의 학설에 대해 그의 후학인 유종주劉宗周는 "양명 선생에 대하여 사람들은 선선禪에 가깝다고 한다. 즉 옛날의 부처는 석가모니로서, 그것이 변하여 오종선(五宗禪, 潙仰·臨濟·曹洞·雲門·法眼의 禪宗五家)이 되었고, 다시 양명선陽明禪으로 변했음을 말한다"(『유자전서劉子全書』 권19)라고 평했다. 이로부터 왕양명이 조사선을 답습했음을 충분히 짐작할 수 있다.

왕양명은 35세에 병부주사로 있을 때 환관 유근劉瑾의 정치적인 모함을 받아 귀주貴州 용장龍場으로 귀양을 간다. 그런데 이 시기에 수많은 선사들과의 교류를 통해 조사선에 심취하게 되면서 새로운 경지를 얻게 된다. 이른바 '용장의 깨달음'으로 칭하는데, 이때의 깨달음은 바로 '격물치지'의 내용을 담고 있다. 이를 왕양명은 "물物의 이치는 내 마음의 밖에 있는 것이 아니며, 내 마음의 밖에서 물의 이치를 구하면 물의 이치는 없다", "사사물물에서 내 마음의 양지에 이르고, …… 내 마음의 양지에 이르는 것이란 앎에 이르는 것이다. 사사물물이 모두 그 도리를 얻는다는 것은 격물格物이다"(『전습록』 권중)라고 표현하고 있으며, 스스로 "비로소 성인의 도를 알아 내 성품에 자족한다. 사물에서 이치를 구한다면 그것은 잘못된 것이다"(『왕양명선생연보王陽明先生年譜』, 『왕문성공전서王文成公全書』 권32)라고 밝히고 있다.

왕양명은 50세에 '양지'를 발전시켜 최종적으로 '치양지致良知'의 학설로 귀결시킨다. 왕양명은 '치양지'를 대단히 중시하였는데, 일찍이 "나는 평생 동안 단지 '치양지' 세 자만을 강의하였다"(『왕문성공전서』 권26)라고 하고, "치양지 세 자는 참으로 성문聖門의 정법안장正法眼藏이다", "치양지는 학문의 큰 두뇌이고, 성인 가르침의 제일의第一義이다"(『전습록』 권중)라고 하였다. 이렇게 '치양지'를 지고 무상한 지위에 놓은 것은, "양지는 능히 어리석은 사람과 성인을 같게 하나, 다만 오직 성인만이 '양지에 이르고(致良知)', 어리석은 사람은 능히 이르지 못한다. 이것이 성인과 어리석은 사람으로 나뉘는 까닭이다"(『전습록』 권중)라고 하여, '치양지'를 할 수 있는가, 없는가에 따라 성인과 어리석은 사람으로 나뉜다고 보았다.

이러한 '치양지'의 수양 방법은 선종의 '명심견성明心見性'의 수행법과 대단히 비슷하다. 선종의 기본 사상 가운데 하나는 '불성'은 본래 청정한데 다만 번뇌와 고뇌에 덮여 스스로 나타날 수 없게 되지만, 만약 상相을 여의고 무념無念하고, 마음을 밝혀 성性을 본다면(明心見性) 자신의 본래면목을 알 수 있고 성불할 수 있다는 것이다. 혜능 선사의 『육조단경』에서는 하늘이 항상 푸르고 해와 달이 항상 밝은데, 다만 먹구름의 가림으로 인하여 밝음을 얻을 수 없다는 비유를 통하여 청정한 불성과 객진번뇌의 상호관계를 설명하고 있는데, 왕양명도 또한 "성인의 양지는 푸른 하늘에 떠 있는 해와 같고, 현인의 양지는 구름 낀 하늘의 해와 같으며, 어리석은 사람의 양지는 음산한 날의 하늘에 떠 있는 해와 같다"(『전습록』 권하)는 설명이 있다. 이 두 가지는 사상이 서로 통할 뿐만 아니라 묘사한 용어도 같다. 이는 제자들과의 논의에서도 『육조단경』의 '본래무일물本來無一物'의 사상이 '양지의 지극至極'과 합치된다고 말하는 것처럼, 왕양명이 『육조단경』을 상당히 중시해 여러 차례 숙독했었다는 사실을 알 수 있다.

56세 때 묘족苗族이 반란을 일으켜 왕양명은 병든 몸으로 출전하여 진압한 후 돌아오는 길에 병사하였다. 이 반란을 진압하기 위해 출전하기 전날 사구결四句訣을 남겼는데, 양명학의 진수를 논한 것으로 평가받는다.

> 선도 없고 악도 없는 것이 마음의 본체이고,
> 선도 있고 악도 있는 것이 뜻의 움직임이며,
> 선을 알고 악을 아는 것이 양지이고,
> 선을 행하고 악을 제거하는 것이 격물格物이다.
> (無善無惡是心之體 有善有惡是意之動
> 知善知惡是良知 爲善去惡是格物)(『전습록』 권하)

육구연의 '심학'이 왕양명에 제시한 '치양지'의 학설에 이르러 대체적인 완성을 보았기 때문에 후대에 '육왕심학' 혹은 '양명학'으로 칭해진다. 이러한 '양명학'의 홍기는 명대의 쇠락해가는 불교에 상당한 반향을 일으키는 역할을 하는데, 왕양명이 세상을 떠난 후, 만력연간(1573~1620)에 앞 다투어 명대의 '사대고승(雲棲袾宏·紫柏眞可·憨山德淸·藕益智旭)'이 출현하는 등 양명학과 관련되어 명대의 거사불교에 새로운 전기를 마련하였다.

2) 태주학파의 거사들

왕양명의 '치양지'를 중심으로 하는 양명학은 '이학'의 한계로 오랫동안 고민하던 사대부들로부터 전격적인 지지를 받았고, 또한 그 사상적 유사성으로 승가에서도 상당한 반향을 불러왔다. 특히 자백 진가紫柏眞可와 감산 덕청憨山德淸 등의 선사들은 양명학을 극찬하면서 이를 무기로 정주 이학의 교조주의적인 폐해를 공격하였다. 우익 지욱藕益智旭 선사도

> 왕양명은 한대로부터 송대에 이르는 제유諸儒를 초월하여 직접적으로 공(孔, 공자)·안(顔, 안회)의 심학을 설파하였다. 일생 동안 오직 '치양지致良知'의 세 자만을 보였다. 양지는 성령性靈의 영명함의 본체이다.(『영봉종론靈峰宗論』권4)

라고 극찬을 아끼지 않았다.

왕양명의 사후에 양명학은 여러 학파가 동시에 일어나 명대 중·후

기 사상계의 주류를 차지한다. 특히 그의 제자인 왕간(王艮, 호 心齋 1483~1541)은 태주泰州학파를 창립했는데, 선학에 더욱 깊이 들어가면서 그 학풍이 더욱 격렬해졌기 때문에 세상에서 '광선狂禪'이라는 비판을 받았다. 이러한 태주학파는 바로 명대의 거사불교를 대표하는 이지, 원굉도와 상당히 밀접한 관계를 갖는다. 이지는 북경에서 임관했을 때 왕양명의 저작을 깊이 연구하기 시작했고, 남경으로 부임했을 때 왕양명의 제자인 왕기(王畿, 龍溪)와 태주학파의 나여방(羅汝芳, 近溪)을 만났다. 또한 태주학파를 창시한 왕심재(왕간)의 아들인 왕벽(王襞, 東崖)을 스승으로 삼아 가르침을 받았으며, 이후 초굉(焦竑, 弱候), 경정리(耿定理, 子庸) 등의 태주학파 학자들과 깊이 교류하였다. 이지는 태주학파의 사람들에 대하여 극찬의 평가를 아끼지 않았는데, 그의 『분서』에는 다음과 같이 논하고 있다.

왕간

당시 양명 선생의 문도들은 천하에 두루 있었으나 오직 심재(왕간)가 가장 뛰어났다. …… 심재의 후예로 서파석徐波石, 안산농顔山農이 있었다. 산농은 포의강학(布衣講學: 신분의 귀천, 지위의 고하에 구애받지 않고 가르침을 폈다는 의미)하며 당당하게 한 세상을 풍미하다 모함을 받았고, 파석은 관리로서 군대를 지휘하다가 광남廣南에서 죽었다. 용이 구름을 부르고 호랑이가 바람을 일으키듯이 각각 한 세상을 삶이 이렇구나. 심재가 참으로 영웅이니, 그 문도들도 또한 영웅이로다. 파석의 후예로 조대주趙大洲가 있었고, 대주의 후예로는 정할거鄭豁渠가 있다. 산농의 후예로는 나근계(나여방)와 하심은何心隱이 있다. 심은의 후예로 전회소錢懷蘇와 정후태程後台가 있다. 이러한 한 세대의 학풍은 매우 비슷하게 다음 세대로 이어졌다.(『분서』권2)

여기에서 언급되고 있는 이들 모두 조사선에 깊이 매료되어 격렬한 학풍을 보이고 있기 때문에 불교의 거사라고 칭할 수 있다. 특히 이지와 친분이 두터웠던 왕기(용계)는 '양지'를 직접적으로 '불성'으로 보아 그 학설을 전개했고, 유가에서의 비판을 피하기 위해 양명학 정종正宗의 적전嫡傳에 이름을 넣지 않고 있다. 왕기에 대하여 이지는 "성대聖代 유종儒宗에 있어서 인천안목人天眼目을 보임에 흠 하나 없는 백옥이요, 완벽하게 제련된 황금이다"(『분서』권3)라고 평하고, "세간에서 학문을 펼침에 있어 자고로 왕기와 같은 이가 없었다"(『분서』권2)라고 극찬을 했다. 이지와 밀접한 관계를 가진 태주학파 가운데 나여방과 초굉 거사가 또한 유명하다.

나여방(羅汝芳, 1515~1588)은 자가 유덕惟德이고, 호는 근계近溪로서 강서江西 남성南城 출신이다. 가정 32년에 진사에 급제해 태호太湖의 지현知縣에 임명되었으며, 형부주사에 이르렀다가 후에 운남부사로 좌천되었다. 나여방은 안산농의 제자로서 어려서부터 석전(釋典, 불전)의 현종玄宗을 접해 깊이 연구하였으며, 수많은 선사들과 교류하여 '양지'의 '현성現成'에 주력했고, "조사선의 핵심을 참답게 얻었던 인물"(『명유학안明儒學案』권34「태주학안」)로 평가되었다. 이지도

일찍이 나여방이 때와 장소, 사람에 따라 뛰어난 가르침을 펼침에 존경을 표했고, 대강(大江, 황하)의 남방과 장하(長河, 장강)의 북방에서 널리 가르침을 펼친 것에 대한 찬탄을 보이며, "유하혜(柳下惠, 춘추시대의 현자)의 '관화寬和'와 대웅씨(大雄氏, 부처님)의 '자비'를 갖추어 불교와 유가의 미덕을 한 몸에 실현한 인물"로 평가했다.(『분서』 권3)

초굉(焦竑, 1540~1620)은 자가 약후弱候, 호가 담원澹園으로 강녕(江寧, 현 南京市에 속함) 사람이다. 만력 17년(1589)에 진사에 합격해 한림원의 수찬修撰을 지냈다. 경정향耿定向과 나여방에게 사사받았다. 『태주학안』에 따르면, 초굉은 "탁오(이지)의 학문을 깊이 믿어, 이지가 성인(聖人, 佛)은 아닐지라도 '광狂'의 한 글자를 감당할 수 있으니, 성문聖門의 두 번째 자리에 올릴 수 있다고 보았다. 그러므로 불학佛學을 성학聖學으로 삼았다"(『명유학안』 권35)라고 하여 이지의 영향을 깊이 받았음을 알 수 있다. 그는 "어려서 여러 책을 널리 배워 최종적으로 불교에 귀의"했으며, 특히 심성을 중시해 불경에서 설하는 바가 유가 심성론의 정의精義를 가장 잘 얻을 수 있다고 하였다. 또한 유가의 "그 마음을 다함이 그 성품을 앎"이라는 것이 불교의 "식심견성識心見性"이니, 양교가 서로 통한다고 보았다.(『명유학안』 권35) 만년에 초굉은 점차 '염불삼매'에 전념해 수행하는데(『거사전』 권44), 이는 바로 원굉도의 영향이라고 볼 수 있다.

이지를 스승으로 삼은 원굉도 역시 수많은 태주학파의 인물들과 교류를 했는데, 최굉 외에 도망령陶望齡, 관지도管志道, 구여직瞿汝稷 등의 인물이 있다. 팽제청의 『거사전』 권44에는 이들을 비롯해 모두 15명의 거사들의 전기를 싣고 있는데, 대부분이 태주학파에 속한 이들이다. 그 가운데 중요한 인물들을 소개하면 다음과 같다.

관지도(1536~1608)는 자가 등지登之이고 호는 동명東溟으로 강소江蘇 태창太倉 사람이다. 그는 경정향의 제자로서, 융경 5년(1571) 진사에 합격했고, 남경의 형부주사를 역임하였다. "서산西山 벽운사碧雲寺에 머물며『화엄경』의「세주묘엄품」을 읽다가 홀연『주역』의 건원乾元 용구用九의 의미를 깨달아 심신을 반관反觀하고, 고금의 성현을 조견照見했다."(『거사전』권44) 이로부터 관지도는 삼교일치를 주장했는데, 원굉도의 문집 가운데 함께 불교와 유가의 관계를 논한 편지가 전한다.

도망령(1562~1609)은 자가 주망周望, 호는 석궤石簣로 절강浙江 소흥紹興 사람이다. 만력 17년에 회시會試에서 수석을 했고, 전시殿試에서 3등에 급제해 한림의 편수編修를 제수 받았다. 관직은 국자제주國子祭酒에 이르렀으나 모친의 병환으로 사임하고 귀향하였다.『거사전』에 따르면, 도망령은 주여징(周汝澄, 호는 海門으로 왕기의 제자)에게 배웠고,『명유학안』에서는 그의 학풍을 "무선무악無善無惡으로 바로 불교에서 설하는 '공空'이다"(권36)라고 평하는 것처럼 '무선무악'을 중시하였다. 특히 "선함이 없음(無善)은 바로 선善으로 나아가는 첩경이고, 그릇됨이 없음(無非)은 그릇됨을 물리치는 핵심"(『헐암집歇庵集』권10)이라고 하였다. 도망령은 특히 원굉도, 초굉과 매우 친밀했는데, "초굉과 함께 관직을 맡아 서로 경책해 주었으며, 비로소 성명性命의 학문을 연구하게 되었다. 모친의 병환으로 휴가를 청해 귀향하는 길에 오강(吳江, 吳縣의 오기)을 지나다가 원중랑과 3일 동안 학문을 논했다"(『거사전』권44)고 한다. 도망령은 만년에 운서 주굉雲棲袾宏 선사에게 귀의하여 보살계를 받았는데, 이후로부터 여러 친우들과 함께 '방생회'를 결성하는 등 적극적인 신행활동을 펼쳤다.

만력 연간(1573~1620)에 이르러 불교계는 자못 '부흥'의 모습을 보인다. 왕원한王元翰의 『응취집凝翠集』에는 이 시기 불교계 상황에 대하여 "그때 경사京師에는 도를 배우고자 하는 이들이 마치 숲을 이룬 것과 같이 많았다. 선지식으로는 달관達觀, 낭목郎目, 감산憨山, 월천月川, 설랑雪浪, 은암隱巖, 청허淸虛, 우암愚庵 등이 있었고, 재관宰官으로는 황신헌黃愼軒, 이탁오(이지), 원중랑(원굉도), 원소수(원중도), 왕성해王性海, 단환연段幻然, 도석괴(도망령), 채오악蔡五岳, 도불퇴陶不退, 채승식蔡承植 등의 제군들이 있어 서로 왕래하며 도를 구하였다"라고 하는데, 여기에 언급되는 인물들은 승속을 불문하고 모두 양명학과 상당히 밀접한 관계를 가지고 있다. 양명학은 불교의 영향으로 출현한 것이지만, 또한 양명학의 흥기는 명대에 시들어가던 불교를 다시 부흥시키는 작용을 하였다.

이러한 불교의 '부흥'에 있어서 가장 대표적인 거사를 꼽으라고 한다면, 당연히 이지와 원굉도 두 사제라고 할 수 있다. 그러나 이지의 자살(1602)과 병약했던 원굉도가 사찰에서 병사(1610)하면서 명대 거사불교의 부흥은 오래도록 유지되지는 못했다.

32. 명대 사대고승 문하의 거사들

양명학의 흥기와 함께 쇠락해가던 명대의 불교는 다시 중흥기를 맞는다. 이러한 중흥은 바로 이른바 '명대 사대고승'이라고 칭하는 운서 주굉(雲棲袾宏, 1532~1612), 자백 진가(紫柏眞可, 1543~1603), 감산 덕청(憨山德淸, 1546~1623), 우익 지욱(藕益智旭, 1599~1655)의 다양한 교화로부터 비롯되었다. 이들 사대고승의 사상적 특징은 모두 '선정일치禪淨一致'를 제창하고 있다는 것이며, 이러한 기치 아래 각 선사들의 문하에서 상당한 수의 거사들이 다양한 활동을 전개했다.

운서 주굉 선사의 호는 연지蓮池로서 출가 후 천하를 편력하였으며, 화엄의 종장인 편융遍融과 선문의 소암笑岩 등으로부터 사사를 받아 화엄과 선에 깊이 통달하였다. 그러나 당시 양명학 태주학파의 영향인 '광선狂禪'의 유행을 못마땅하게 생각하여 극력 '선정겸수禪淨兼修'를 주장하였다. 특히 선사의 저술 가운데에는 선적인 깨달음은 단지 '공안'의 모방품일 뿐으로 참다운 '증오證悟'가 아니며, 여전히 '제불諸佛', 아라한 등과는 상당한 거리가 있다고 지적하고서, '염불'만이 목숨을 마친 후 아미타불께서 접인하여 왕생극락을 이룰 수 있는 것이고, 이것이 바로 "말법의 요진要津"임을 제창하였다.(『답정토사십팔문答淨土四十八問』) 또한 불법이 쇠락한 이유를 바로 '광선'과 같은 선의 폐해로 보고서 특히 계율을 강조했다. 감산 선사가 지은 『연지대사탑명』에는 주굉 선사에 대하여 "계로서 족히 호법을 이루었고, 절개(操)로서 족히 세상을 격려했으며, 규율로서 족히 폐단을 구했다"(『감산노인몽유집憨山老人夢游集』 권27)라고 하여 선사가 특히 계율을 강조했음을 알 수 있다.

주굉 선사의 제자들은 천여 명을 넘는데, 재가제자들이 대다수이며 특히 사대부들이 주축을 이루고 있다. 감산

운서 주굉

선사의『연지대사탑명』에는 대사마大司馬 송응창宋應昌, 태재太宰 육조광陸光祖, 궁유宮諭 장원변張元抃, 사마司馬 풍몽정馮夢禎, 도망령 등의 사대부들을 거명하고 이어 "도를 물었던 이들이 백여 명을 넘는다"고 하였다. 주굉 선사의 제자인 광윤廣潤의『운서주굉본사행략雲棲袾宏本師行略』에는 선사의 재세 시에 "헤아릴 수 없이 많은 천하의 명공名公과 고관, 장자, 거사들이 마음을 다해 스승으로 받들었다"고 하였다. 더욱이 팽제청의『거사전』권40~44에는 선사의 사법제자로 추정할 수 있는 약 30여 명에 달하는 거사들의 전기가 있다. 이로부터 선사 문하에 상당히 뛰어난 거사들의 그룹이 형성되어 조직적인 활동을 했으리라고 추정할 수 있다. 이들에 대한 자세한 행적은 생략하지만, 대다수가 모두 정토신앙에 매료되어 '칭명염불'에 몰입하고 있음을 엿볼 수 있다. 이러한 현상은 당시 유행했던 양명학 태주학파의 '광선'에 대한 반성적 움직임의 결과라고도 볼 수 있다.

자백 진가 선사는 자가 달관達觀으로 17세에 호구虎丘 운암사雲岩寺에서 출가하여 유식, 화엄 등의 교학을 배웠고, 후에 오대산에서 깨달음을 얻고 선종의 부흥에 전념할 결심을 하였다. 선사는 평생 개당설

자백 진가

법開堂說法을 하지 않고서 제방의 존숙尊宿들과 참문했기 때문에 거의 사승관계를 찾을 수 없다. 그러나 선종의 부흥과 관련해 선사와 밀접한 관계를 이루고 활동한 거사들은 원굉도, 초굉, 구여직 등 모두 양명학 태주학파와 깊은 관련이 있는 인물들이었다. 특히 구여직瞿汝稷은 선사와 함께 경산徑山에서 대장경(『萬曆藏』)을 판각했으며, 이후 만력 30년(1602)에 『지월록指月錄』을 편찬하였다. '지월'에서 '손가락(指)'은 '언교言敎'를 의미하고, '달(月)'은 '불법'을 비유한다. 『능가경』과 『대지도론』 등에 나타나는 말로서, 형식적인 가르침에 얽매이지 말고 참다운 불법의 진리를 깨달으라는 의미로 선종에서 자주 쓰이는 말이다. 구여직의 『지월록』 편찬은 바로 진가 선사의 선종을 다시 부흥시키려는 염원의 영향이라고 볼 수 있을 것이다. 선사는 황태자 책봉과 관련되어 환관 승기乘機의 무고로 인한 '요서妖書' 사건으로 투옥되어 입적(1603)하였다. 그 한 해 전에 이지가 옥중에서 자살(1602)했고, 후에 원굉도가 병으로 입적(1610)하면서 이른바 '광선'의 기풍이 점차 사라졌다. 이로 인해 진가 선사의 선종 부흥은 요원해졌지만, 구여직의 『지월록』은 오히려 더욱 광범위하게 읽히면서 널리 유행하여 전해 내려오고 있다.

감산 덕청 선사는 자백 진가 선사와 매우 친밀한 사이로 함께 『만력장』을 판각하였다. 선사는 유식, 화엄 등의 사상에도 통달했지만, 그 중심은 바로 '선정일치'에 있었다. 진가 선사가 참선과 정심淨心을 통하여 염불로 귀결시켰다면, 덕청 선사는 반대로 먼저 염불과 심정

心淨을 통해 참선에 들어가야 한다는 입장이었다. 그에 따라 실천에 있어서는 진가 선사는 참선을 중시했고, 덕청 선사는 염불에 치우치는 결과를 낳게 되었다. 덕청은 특히 대혜 종고 선사의 간화선과 영명 연수 선사의 염불정토를 긴밀하게 결합시켜 직접적으로 '아미타불'을 핵심적인 화두로 삼았다. 이

감산 덕청

렇게 선정일치를 제창했지만, 결국은 '염불정토'로 귀결시켰다고 해도 좋을 것이다. 덕청은 만년에 "오직 염불에 몰두하여 주야로 6만 번을 했다"(『영봉종론靈峰宗論』 권5)고 할 정도로 염불에 몰입하였다.

덕청의 문하에도 상당수의 거사들이 활동했음을 알 수 있는데, 선사의 『감산노인몽유집憨山老人夢游集』 권14~18의 「서문書問」에는 서신을 통해 왕래한 관료 사대부가 90여 인에 이른다. 그 가운데 친왕親王, 태재太宰, 중승中丞, 시경侍卿 등 최고위 관료들이 포함되어 있다. 선사 문하의 거사들 가운데 비교적 유명한 이들이 고원顧源, 주로朱鷺, 문자여聞子與, 왕도곤汪道昆 등인데, 이들은 모두 『거사전』에 전기가 실려 있다. 이 외에 선사의 문집에 나타나는 거사들을 더한다면 그 수는 상당히 늘어난다. 이들 거사들과 관련된 내용은 모두 염불과 관련된 기사들이다. 따라서 선사가 전적으로 염불의 정토법문으로 이들을 지도했음을 짐작할 수 있다.

우익 지욱 선사는 호가 '팔불도인八不道人'으로 강소江蘇의 오현吳縣 사람이다. 어려서 유학을 익혀 불교를 비판하는 『벽불론闢佛論』을 찬술하기도 했지만, 후에 운서 주굉 선사의 『자지록自知錄』과 『죽창수필

우익 지욱

竹窓隨筆』을 읽고서 불교로 돌아섰다. 선사는 이른바 사대고승의 마지막 선사로서 앞의 세 선사들의 사상과 행적을 본보기로 삼아서 전체적인 불교, 즉 선禪, 교敎, 성性, 상相의 각 종宗을 조화시키고, 이를 정토로 귀결시켰다. 청대에 중각된 『영봉종론靈峰宗論』에서는 선사의 사상적 특질을 "제종을 융회融會했으며, 정토로 귀극歸極했음"(권10)이라고 하였다. 특히 선사는 운서 주굉 선사를 존중해 상당히 유사한 정토사상을 전개하고 있고, 주굉 선사에 대하여 "정토를 극력으로 주장하고, 계율과 교학, 선을 찬탄했으며, 구두삼매口頭三昧에 대해서는 통절하게 비판했으니, 참다운 구세보살이다"(권5)라고 높이 평가하였다.

지욱 선사의 문하에도 역시 적지 않은 거사들이 활동하였는데, 『거사전』 권49, 50에는 선사의 재가제자로 추정할 수 있는 여러 거사들의 전기가 실려 있다. 그 가운데 유명한 거사는 정문제程文濟와 전겸錢謙 등이다. 특히 정문제는 항상 『화엄경』과 『발보리심론』을 읽었고, 호를 십원 거사十願居士로 했다고 하는데, 화엄학에 매우 정통했음을 알게 한다. 그러나 이들의 전기에도 역시 염불정토와 관련된 내용이 대부분이다. 정문제의 부인 노盧씨 역시 독실한 신자로 매일 불명佛名을 2~3만 회씩 염불했다(『거사전』 권49)고 한다.

이러한 사대고승 문하 거사들의 활동은 만력 연간(1573~1620)을 중심으로 이루어지고 있다. 이 시기는 또한 양명학의 태주학파에 속한 거사들이 맹렬히 활동하던 시기였다. 하지만 이들의 성격은 상당히 다르다. 구체적으로 비교하자면, 자백 진가 선사 문하를 제외한 삼대고승의 문하는 모두 선정융합의 길을 따라 더욱더 염불정토의 길로 들어서는 경향을 보였다. 이에 비하여 자백 진가 문하와 태주학파와 관련된 거사들은 비록 정토를 제창하기는 하지만, 선의 길에 더욱 매진하는 경향을 보인다. 그러나 명대에 쇠퇴해 가던 불교에 사대고승의 문하에서 대규모의 거사들이 활동함으로써 거사불교의 새로운 전기를 마련했다는 점에서 높은 평가를 내릴 수 있다. 특히 민중에 습합할 수 있는 염불정토를 중시했음은 중국의 거사불교가 일반 민중에게 밀접하게 다가갈 수 있는 중요한 계기를 만들었다. 이에 따라 민간신앙과 불교신앙이 결합될 수 있는 상당한 여지를 주었다는 점은 중요한 역할이라고 평가할 수 있다.

33. 청대 황제들의 불교정책과 봉불

청대 역시 기본적인 통치이념으로 명대와 마찬가지로 정주 이학을 채택하였다. 순치 3년(1646)에 「과장조례科場條例」를 선포하여 정주 이학과 유가의 경전만으로 과거를 치르도록 규정하였다. 그에 따라 "지금 학문을 논하자면 오직 주자朱子를 종宗으로 할 뿐 그 외에 아무 것도 없다. 주자만이 바른 학문이요, 주자가 아니면 올바른 학문이 아니다"(『청학안소식淸學案小識』)라는 한탄이 나타났다. 이러한 상황에서 청대의 황제들은 명대에서와 같이 불교에 대한 통제를 더욱 철저하게 하였다. 청대에 이르러서도 명대의 승록사를 거의 그대로 유지시켰으며, 또한 도첩제를 명대보다도 더욱 철저하게 시행해 일반 백성들이 마음대로 승려가 되는 것을 금지하였다.

순치제

그러나 비록 불교에 대한 통제는 철저하게 했으나 청대의 황제들 가운데 불교를 신봉하는 이들도 적지 않았다. 청의 세조 순치제順治帝는 불교와 깊은 인연이 있어 선학에 대해 상당히 깊은 조예를 보였다. 순치 4년(1657)에 경서京西 해회사海會寺의 감박 성총憨璞性聰 선사를 궁으로 초청하여 설법을 듣고, '명각선사明覺禪師'라는 호를 내렸다. 후에 다시 옥림 통수玉林通琇 선사를 청해 설법을 듣고, '대각보제 선사大覺普濟禪師'의 호를 내렸다. 다시 목진 도민木陳道忞 선사를 입경시켜 수시로 찾으며 도를 물었고, '홍각 선사弘覺禪師'의 호를 내렸다. 이렇게 순치제는 불법을 신앙했을 뿐만 아니라 스스로 법을 구하는 노력을 아끼지 않았다. 『소정잡록嘯亭雜錄』 권1의 「세조선선기世祖善禪機」에는 "세조는 그 선의 깨달음, 특히 깨달음을 펼침에 있어서 뛰어났다. 일찍이 옥림·목진 화상을 입궁시켜 만선전萬善殿에 머무르게 했다. 업무에서 한가한 틈을 빌어 때때로 두 선사와 선기를 논해 대승에 달통했다"라고 기록하고 있다. 후에 다시 통수 선사를 입궁시켜 국사로 삼아 천오백 승려에게 수계를 주었으며, 통수 선사는 순치제에게 '행치行痴'라는 법명을 주었다. 이후로 순치제는 선사에 보내는 어찰御札에 항상 '제자 모모某某'라고 썼으며, 공문서에는 자주 '치도인痴道人'의 명칭을 사용했다. 또한 선사의 제자들에게는 '법형法兄', '사형師兄'의 명칭을 사용하였다.

이렇게 선학을 좋아했던 순치제는 순치 18년(1661), 천연두에 걸려 스물넷의 나이로 요절했다. 그러나 한편으로는 순치제가 지극히 사랑했던 후궁 동악董鄂이 병사하자 정치에 뜻을 잃고 오대산으로 출가(일설에는 경서京西 천태사天台寺)하여 손자인 옹정제雍正帝 시기에 입적했다는 전설이 전해진다. 이는 순치제가 지극한 마음으로 불법에 귀의했고, 자주 출가를 원한다는 언급을 했기 때문에 만들어진 전설이다.

순치제를 계승하여 황제가 된 성조聖祖 강희제康熙帝는 불교를 금지할 필요는 없다고 보았고, 승려는 계율을 지키면 된다고 인식하였다. 강희제는 주자학을 존숭하는 동시에 불교를 보호하였다. 강희제는 치세 시에 여섯 차례에 걸쳐 남방을 순시했는데, 그때마다 항상 각 지역의 유명한 선승들을 만났으며, 또한 수많은 사찰의 현판을 써주었다. 그러나 강희 16년(1677)에는 수도 내의 사찰에서 승려가 백성들을 모아 설교하는 일을 금지했으며, 부녀자가 사찰을 참배하는 것을 금지하였다. 만약 이를 어기거나 방조하는 경우에는 사찰과 그 가족을 처벌한다는 규정을 만들었다. 이러한 불교의 통제정책은 명대로부터 이어져온 기본적인 노선이었다.

청대의 대표적인 독재군주인 세종世宗 옹정제雍正帝는 어려서부터 불교에 심취하였다. 항상 선승들과 왕래하였고, '원명圓明 거사'라는 자호를 사용하였다. 또한 스스로 선을 논한 어록과 시문 등을 모아서 『원명거사어록圓明居士語錄』(『어찬어록御選語錄』 권12 수록)을 찬술하였다. 제위에 오른 후, 당시 유명한 선승 혹은 대신들과 선학을 논한 것을 모아 『당금법회當今法會』(『어찬어록』 권19 수록)로 집성하였다. 후에 옹정제는 친히 역대의 선사어록 19편을 편집해 『어찬어록』(『만속장경』 119책 수록)이라고 했고, 총서를 비롯해 각 어록에 서문을 찬술하여 모두 20편의 서문을 실었다. 『어찬어록』의 총서에는 "지금 옛사람들의 말을 보니, 짐의 말과 대부분 서로 들어맞아 무심無心히 스스로 합한다. 원음圓音이 이와 같으니 어찌 놀랍지 아니한가!"라고 하여 스스로를 선문의 종장宗匠으로 생각하고 있음을 엿볼 수 있다. 또한 당시의 불교계에 대해 "명리에만 마음을 쏟고 커다란 망어를 짓고서", "계율을 중시하지 않으며 서로 기만하고", "불자拂子를 팔고 법의法衣를 파는 것이 시장과 똑같다"(『어찬어록』 권12)라고 맹렬하게 비판하였다. 실제로 당시의 불교계는 담연 원징(湛然圓澄, 1581~1626) 선사의 『개고록慨古錄』에 나타난 것처럼 상당히 심각한 타락

상태였다. 그러나 이러한 불교의 타락은 명·청 시기에 불교에 대한 철저한 통제 정책으로 인해 불교의 교세가 쇠락했고, 그에 따라 뛰어난 인물이 배출되지 못했으며, 교의의 발전이 이루어지지 못했던 것에 기인한다.

옹정제

옹정제는 이러한 불교계의 상황을 개선할 생각은 조금도 없었다. 옹정제가 스스로 '원명 거사'라는 호를 짓고서 선학을 연구했던 것은 불교에 대한 절대적 통치권을 확립하기 위한 것이었고, 나아가 세간과 출세간 모두의 황제로 군림하기 위한 것이었다. 실제『어찬어록』에 보이는 옹정제의 선학에 대한 견해는 결코 새로울 것도 독자적인 것도 찾아보기 힘들다.

19권의『어찬어록』가운데 앞의 11권은 '승조僧肇, 현각玄覺, 한산寒山, 습득拾得, 영우靈祐, 혜적慧寂, 종심從諗, 문언文偃, 연수延壽, 중현重顯, 극근克勤, 통수通琇, 행삼行森' 등 모두 13인의 어록과 도교의 조사인 장백단張伯端의 어록을 싣고 있다. 여기에서는 선종의 위앙·운문의 양가만을 취했고, 임제·법안·조동의 삼가는 의도적으로 배제하고 있음을 알 수 있다. 옹정제가 이러한 편제를 한 까닭을 위앙·운문에서는 "부자제미父子濟美", "대자대비"의 사상적 풍격을 지니고 있기 때문이라고 밝히고 있는데, 이는 사실상 그의 정치적 의도가 개입되어 있음을 짐작할 수 있다. 옹정제의 입장에서는 임제종에서의 "부처를 꾸짖고 조사를 욕함(呵佛罵祖)"의 가풍은 결코 용납할 수 없었다. 옹정제는 단하 천연 선사의 소불燒佛에 대해 "단하가 목불을 불사른 것을 그 어록에서 보았는데, 견해가 다만 무심無心에 머무른 것이고, 실제로는 광참狂參이요 망령되이 지은 것이다. 단하의 견해에는 목불 이외에 다른 부처는 없는 것인가? 만약 이렇다면, 자손이 선조의 위패를 불사른 것과 같고, 신하가 왕위를 찬탈한 것과 같으니, 가당치도 않다"(『어찬어록』 권14)라고 혹독한 평가를 내렸다. 이로부터 옹정제가 선학을 연구했고 『어찬어록』을 편찬한 것은 단지 정치적인 필요에 의한 것이었다고 짐작할 수 있다.

옹정제는 강희제가 백성을 교화하고 통치 질서를 공고히 하기 위해 찬술한 '육유六諭'를 확대하여 '성유십육조聖諭十六條'로 작성하고, 각 조항마다 친히 설명을 붙이고 그 의의를 해설한 「성유광훈聖諭廣訓」을 지어 전국에 반포했다. 그 7조에 '이단을 물리치고 오로지 정학正學을 받들라'는 항목에 대한 설명에서 "불교는 한 명이 출가하면 구족九族이 하늘에 올라간다고 하는 망설을 내뱉어 지옥・윤회・응보 등의 허담을 설하여 사람들을 미혹하게 한다. 용화회・우란분회・구고회救孤會 등을 만들어 남녀가 혼잡하게 하고, 주야를 불문하고 강경・설법으로 이익을 도모한다. 심할 경우에는 당黨을 만들어 맹盟을 결성하고 세상을 미혹하게 하며 백성을 무고하게 만든다"고 극단적인 평가를 했다. 바로 이러한 입장이 불교에 대한 옹정제의 솔직한 입장이었다.

옹정제를 이은 건륭제乾隆帝도 제도적으로는 옹정제처럼 불교를 통제하는 정책을 폈으나 스스로는 불법을 숭상했다. 특히 건륭제는 대장경의 판각에 관심을 갖고서 건륭 3년(1738)에 건륭대장경을 완성하는데, 이를 청장淸藏 혹은 용장龍藏이라고 칭한다. 또한 건륭제는 이를 만주어로 번역하는데, 건륭 38년(1773)에 시작하여 18년 만에

699부 2,466권을 완성하였다.

청대는 명대와 마찬가지로 철저하게 불교를 통제하는 정책을 채택하였다. 그러나 황제들은 제도적으로 통제를 했지만, 개인적으로 불교에 대한 깊은 신앙심을 보이고 있다. 실제로 철저한 불교 통제정책은 중국불교를 쇠락하게 하는 결정적인 작용을 했지만, 황제들의 개인적 신앙으로 겨우 그 명맥만은 유지하게 되는데, 이는 조선 시대 불교의 흐름과 유사하다.

청 황제들이 깊이 신앙했던 불교는 중국의 전통불교가 아니라 티벳불교라고 볼 수 있다. 그것은 아마도 소수민족이 중국을 지배함에 있어서 중국민족의 전통성이 배여 있는 중국불교보다는 티벳불교가 더욱 이끌렸는지도 모른다. 어찌되었든 청대에는 티벳불교가 황실에 의해 적극적으로 받아들여졌지만, 중국 민중들은 여전히 전통불교를 신앙하고 있었다.

34. 『거사전』의 찬술자 팽제청

청대는 명대보다도 더욱 철저하게 불교를 통제하는 정책을 채택하였다. 건륭제는 불교에 비교적 깊은 신심을 보였고 대장경을 편찬하였으나, 이후의 황제들은 불교를 배척하여 불교는 완전히 쇠퇴의 길로 들어섰다. 중국불교사에 있어서 가장 쇠락했던 시기가 바로 청대라고 할 만큼 불교는 명색만 남게 되었다. 더욱이 청대에 들어서면서 명대 사대고승처럼 두각을 나타내는 승려도 출현하지 않았고, 재가신도와의 관계를 끊게 하는 정책으로 말미암아 청의 중기 이후에는 승가도 역시 심각한 타락상을 보였다.

이러한 상황에서 불교를 유지시켜 주었던 것은 오히려 유가적 학식을 가진 사대부들이었다. 일부 학자들은 승가의 쇠퇴가 거사불교의 발흥에 원인을 제공했다고 하지만, 사실상 거사들의 활동도 명대보다 활발하지 않았다. 팽제청의 『거사전』 권51부터 청대에 활동한 거사들의 전기가 실려 있는데, 명대에는 80여 인이지만, 청대에는 25명 정도의 거사만을 게재하고 있다. 팽제청 거사가 청대에 활동했던 것을 감안하고, 그 거사들 가운데 상당수가 그와 관계가 있다고 한다면 결코 많은 수라고 할 수 없다. 그나마 청대에 중국불교의 명맥을 이어주었던 것은 바로 이들 거사들의 활동이었다.

그 가운데 대표적인 인물이 바로 『거사전居士傳』의 찬술자인 팽제청(彭際淸, 1740~1796)이다.

팽제청은 자가 윤초允初, 본명이 소승紹升이며, '제청'은 법명이다. 호는 '이림 거사二林居士', '지귀자知歸子'이다. 대대로 유학으로 명망을 얻은 집안으로 조부인 팽정구彭定求는 강희 15년에 장원으로 급제하여 국자감 사업司業을 역임하였고, 부친 팽계풍彭啟豐은 옹정 5년에 장원급제하여 병부상서를 역임하였다. 거사 역시 어려서부터 총명하여 16세에 제생諸生에 발탁

팽제청

되었고, 이듬해 향시에 합격하였으며 건륭 26년(1761) 진사가 되었다. 관직을 내렸지만 사양하였다.

팽제청은 본래 세상을 구하려는 큰 뜻을 품고 이학理學에 빠져 있었다. 어느 날 문득 깨달아 "내가 내 마음도 밝히지 못하니, 학문을 해서 어찌할 것인가?"라고 하고, 자신의 마음을 찾고자 도교에 귀의하였다. 3년간 열심히 수련했지만, 아무런 진전을 이루지 못했다. 그러다 우연히 불교전적을 읽고서, 마음에 계합해 "도가 돌아오는 곳이 바로 여기구나!"라고 하고서 비로소 불교로 돌아서게 되었다.(『정토성현록속편淨土聖賢錄續編』 권2) 이후 팽제청이 직접적으로 불교를 받아들이는 계기를 만든 이는 같은 고향 출신인 설가삼薛家三이었다. 그가 설가삼의 행장에서 "나는 처음에 불교를 알지 못했다. 가삼은 자주 나에게 불교에 대해 논했다. 내가 웃으면서 말하기를 '나와 그대는 유방游方의 안에 있는 사람인데, 어찌 부처를 섬기는가?'라고 하자 가삼은 '그대는 스스로는 불교 밖에 있으려 하면서 불교의 밖이 없음을 알지 못하는가? 그대는 더욱이 어찌하여 안이라 하는가?'라고 하였

다"라고 쓰고서 설가삼과 끊임없는 논의 끝에 불교를 숭상하는 마음이 시작되었다고 서술하였다.(『호해문집湖海文集』권60)

팽제청은 불교에 관심을 갖게 된 이후, 나유고羅有高, 왕진汪縉 등과 함께 불법을 연구하였다. 이들 역시 청대에 중요한 역할을 담당했던 거사들이다. 근대에 장지동張之洞은 이들 "3인은 모두 이학가理學家이지만 불전도 아울러 통하였다. 이들은 이학의 별파別派가 되었다"(『서문답목書問答目』)라고 평가하였다. 당시에는 이들을 '불학삼사佛學三師'로 칭했다.

팽제청은 불교에 관심을 기울이면서 양명학과 관계가 깊은 진가眞可 선사의 『자백전서紫白全書』를 읽고 정식으로 불교에 귀의하였다. 이후, 운서 주굉, 감산 덕청, 우익 지욱 등의 명대 사대고승의 저술들을 모두 읽었는데, 그 가운데 특히 주굉 선사의 '정토법문'에 깊이 매료되어 자호를 '지귀자知歸子'로 지었다. 얼마 후에 소주蘇州 화장암華藏庵 문학 실정聞學實定 선사에게서 보살계를 받고, 법명을 '제청'이라 하였다. 그 후 거사는 계율을 엄격하게 지키며 고기와 술을 끊고서 극히 검소하게 생활하였으며, 유학자들의 불교비판에 대응하기 위해 『일승결의론一乘決疑論』을 찬술하여 유학자의 몽매함을 일깨우고, 불교와 유학의 조화를 주장하였다.

팽제청은 효심이 지극하여 모친상을 당해서는 3년간 빈소에서 거주하였으며, 부친이 세상을 떠났을 때는 염불도량을 세워 부친의 왕생정토를 위해 『화엄경』 10부, 『아미타경』 1,000부, 『금강경』 1,000부를 송경했으며, 불호佛號를 1,000만 번 외었다.

만년에 팽제청은 항주 무림문武林門 밖 문성각文星閣에서 폐관하여 오로지 수행과 저술에만 매진하였다. 특히 그는 '일행삼매一行三昧'의 수행에 전념했으며, 그가 머무는 곳을 '일행거一行居'라고 하였다.

팽제청에게는 다양한 저술이 있다. 『일승결의론』이외에 유가와 불교를 회통할 의도로 찬술한 『화엄염불삼매론華嚴念佛三昧論』, 선과 정토의 쟁론을 해석한 『정토삼경신론淨土三經新論』과 『행거집行居集』, 『이림거제의二林居制義』, 『화석이현친왕윤상전和碩怡賢親王允祥傳』 등이 있으며, 거사들의 전기를 수록한 『거사전』과 『선여인전善女人傳』이 있다. 흥미로운 것은 그가 『거사전』을 찬술하면서 최후의 56권 말미에 「지귀자전」이라는 제목으로 스스로의 전기를 싣고 있는 점이다. 이에 따르면, 어려서 유학으로부터 도교를 거쳐 불교에 귀의한 과정을 적고 있으며, 또한 "서방에 무량수불께서 대광명을 놓아 오탁중생을 접인하여 왕생정토하게 한다고 들었으니, 어찌 바라지 않겠는가! 매일 서방을 향해 배례한다"라고 하여 그의 정토에 관한 염원을 짐작하게 한다. 또한 「발문」에는 이 저작이 바로 유학과 불교를 융합시키기 위한 것임을 밝히고 있다. 이로부터 당시의 승가가 쇠퇴하고 유학이 전부인 시대 상황에서 유학자들에게 불교에 대한 관심을 불러일으켜 거사불교를 부흥시키고자 하는 바람을 엿볼 수 있다.

팽제청은 불교에 대한 저술과 수행에만 힘쓴 것은 아니었다. 다양한 방생회를 조직하여 활동하였으며, 경전을 판각하여 널리 보급하였다. 수시로 반승飯僧하고 사찰에 많은 보시를 하였고, 빈민을 구제하기 위해 850무(畝, 1무는 약 200평)의 토지를 희사하기도 하였다.

팽제청의 이러한 활동으로 그의 사촌동생인 팽축화彭祝華와 팽희속彭希涑 등 주변의 많은 친족들도 불교에 귀의하였다. 팽축화는 항상 팽제청을 시봉하면서 그의 수행과 다양한 불사를 도왔는데, 거사는 임종 시 그에게 후사를 부촉하였다.

팽희속(1761~1793)은 자가 낙원樂園이고, 호가 난대蘭臺로서 어려서 병약하여 팽제청의 권유로 항상 염불을 일과로 삼았다. 팽제청이 주굉 선사의『왕생집』이 너무 간략함을 아쉬워하다가 팽희속에게 보완할 것을 권하자 흔쾌히 승낙하고서 부인 고顧씨와 함께 밤을 새워가며 완성한 것이 바로『정토현성록淨土聖賢錄』9권이다. 그러나『정토현성록』을 완성한 후인 건륭 58년(1793) 10월 13일에 33세의 나이로 세상을 떠난다.『정토현성록』권2에는 그의 전기가 실려 있는데, 아마도 세상을 떠난 이후에 추가된 것으로 보인다. 그에 따르면, 10월 13일 아침에 하인을 시켜 불상을 평상 위에 서쪽을 향하게 모시고, 징곡 화상澄谷和尙을 청하여 "힘드시겠지만, 저를 위해 염불해 주십시오"라고 부탁하였다. 저녁에 이르자 입으로 불명을 염송하며 오른쪽으로 누워 세상을 떠났는데, 기이한 향이 온 집안에 퍼졌다. 그의 부인 고온옥顧韞玉은 어려서 시에 능했는데, 29세에 또한 병에 걸려 앉아서 염불하면서 세상을 떠났다. 이들 부부가 완성한『정토현성록』은 이후 세상에 널리 퍼져 유행하였다. 팽희속의 친한 벗이었으며 팽제청에게 깊은 영향을 받았던 호연胡延은 팽희속이 세상을 떠나자『정토현성록』에서 누락된 정토관계 인물들을 추가해『정토현성록속편淨土聖賢錄續編』4권을 저술하였다.

근대에 양계초梁啟超는『청대학술개론』에서 "건륭 시기에 이르러 팽소승과 나유고가 불교에 독실하고 뜻을 두어 신앙하였다"라고 하고, 공자진龔自珍과 위원魏源이 바로 팽제청 거사를 계승했다고 하였다. 공자진과 위원은 모두 '공양학파公羊學派'에 속한 인물로서 불교와 깊은 관련이 있다. 양계초의 이러한 평가는 바로 팽제청 거사가 중국불교의 맥을 근대로 잇게 하는 중요한 역할을 했다고 본 것이다. 팽

공자진   위원

제청은 쇠락해 가는 청대불교에 새로운 중흥의 바람을 불러일으켰고, 이는 이후 다양한 반향을 일으켜 중국불교의 혜명이 다시금 살아나게 했다. 이러한 그의 역할은 거사불교뿐만 아니라 전체적인 중국불교사에 있어서 중대한 의미를 지닌다.

7장
근대의 거사들

35. 중국 '근대불교의 아버지' 양문회

당·송대에 전성기를 구가하던 중국불교는 명대로부터 쇠퇴하기 시작하여 청대에 이르러서는 명맥만이 겨우 남아 있을 정도였다. 더욱이 청말에 발생한 태평천국의 난(1851~1864)으로 말미암아 중국불교는 다시 존폐의 위기에까지 이르렀다. 증국번會國藩의 『토월비격討粵匪檄』(1854년 2월)에서 태평천국 교도들이 "군현을 지나치면서 먼저 묘우廟宇를 불사르고, …… 불교의 사찰, 도관, 성황당, 사단社壇 등의 모든 묘사廟舍가 불타지 않은 것이 없었으며, 각 상像들이 부서지지 않은 것이 없었다"라고 서술했듯이 이들이 점령했던 지역의 불교는 치명적인 타격을 입었다. 더욱이 이들이 점령했던 곳이 안휘, 강소, 절강, 호북, 강서, 복건 등 중국역사에서 불교가 가장 화려하게 꽃피웠던 지역이어서 그 피해는 상상을 초월할 정도였다. 이러한 시절에 중국불교를 다시 일으켜 세운 이가 있었으니, 그가 바로 양문회(楊文會, 1837~1911) 거사이다.

양문회는 안휘성 석태石埭에서 태어났으며, 자는 인산仁山이다. 그의 부친은 증국번, 이홍장李鴻章과 같은 해에 진사에 합격하였던 경력으로 당시의 최고위층과 밀접한 친분을 맺고 있었기 때문에 본인이 원한다면 충분히 높은 관직을 얻을 수 있었다. 하지만 그는 어려서부터 명리를 싫어하여 관직에 나아가지 않았다.

양문회의 손녀가 찬술한 『선조 인산공의 생애(先祖仁山公之生平)』

에 따르면, 양문회가 불교에 귀의하게 되는 계기는 다음과 같다. 나이 3세에 부모가 정해준 약혼녀가 결혼하기 전에 천연두에 걸려 얼굴이 흉하게 되었지만, 그는 아무런 반대 없이 일찍 결혼했다. 그러나 태평천국의 난으로 항주에 피난하였다가 마음이 통하는 여인을 만나 사랑에 빠져 둘째 부인으로 맞으려 했지만, 집안의 완강한 반대로 무산되었다. 이후 그는 모든 일에 회의를 느끼고 매일 아름다운 서호西湖를 산책하며 보냈다. 그러던 어느 날 항주의 어느 서점에서 우연히 『대승기신론大乘起信論』을 사서 읽고서 크게 감탄하여 이로부터 불교에 전념하였다.

　1865년, 부친과의 인연이 깊은 증국번·이홍장이 금릉(현 南京)에 금릉기기국金陵機器局의 건설을 추진하였는데, 양문회가 그 공사의 책임을 맡게 되었다. 그는 남경에 도착하여 왕매숙王梅叔, 정학천鄭學川, 위강기魏剛己, 조경초曹鏡初 등의 거사들과 함께 불교를 연구하다가 "말법세계를 위해 온전한 경전을 유통시켜 널리 중생을 제도하자"는 의견을 모아 수십 명의 사람들을 결집하여 각경刻經 사업을 구상하였다. 1866년 양문회는 왕매숙, 정학천, 위강기, 조경초 등 십여 인을 규합하여 드디어 '금릉각경처金陵刻經處'를 설립했다. 이후 '금릉각경처'는 태평천국의 난으로 사라진 불전의 보급 등 중국의 근대 불교에 있어서 가장 핵심적인 역할을 하였다. 현재에도 여전히 전통적인 방법으로 경전을 판각, 출판하고 있다.

　양문회는 1878년부터 외교관을 수행하여 유럽을 순방하게 되는데, 그 과정에서 옥스퍼드 대학에 유학하고 있던 일본 학자 난조분유(南條文雄)와 만나게 된다. 이 두 사람의 만남은 이후 30여 년 동안 지속되었는데, 이로부터 거사는 근대적 불교학의 방법론에 대한 새로운 인식을 하게 되었고, 또한 이들의 교류로부터 중국에서 이미 산실된 여러 문헌들, 예를 들어 담란曇鸞, 도작道綽, 선도善導 등의 저술과 규기窺基의 『성유식론술기成唯識論述記』, 법장法藏의 『대승기신론의기大乘起信論義記』 등 5백년 이상 중국인들이 볼 수 없었던 중요한 전적들이 역수입되게 하는 계기가 되었다.

양문회

1889년 거사는 외교관의 생활을 그만두고, 금릉각경처에서 오직 불경 간행과 후학의 지도에 몰두하다가 1911년 음력 8월 17일, 75세의 나이로 입적한다.

양문회의 업적을 간략하게 정리하면, 불교전적의 각인刻印과 보급을 담당하는 금릉각경처의 설립과 운영, 각경처의 내부에 개설하여 불교 교의에 대한 체계적인 강론을 담당하였던 '기원정사祇洹精舍', 그리고 불교의 심화연구를 담당하였던 '불학연구회佛學硏究會', 마지막으로 다양한 국제교류의 실행 등 크게 네 가지로 구분된다. 가장 기본적인 토대가 된 것은 바로 금릉각경처의 설립과 운영이다. 무엇보다도 가장 기본적인 텍스트의 보급 없이는 교육이나 학회의 활동은 상상할 수 없기 때문이다. 그의 저술을 모은 『양인산거사유저楊仁山居士遺著』(전 10책)에 따르면, "낮에는 각경의 과정을 감독하고 밤에는 불교 공부에 몰두하였으며, 교감과 각인刻印 이외에 혹은 경전을 읽거나 염불을 하고, 혹은 정좌靜坐하여 작관作觀하면서 자주 밤을 새웠다"라고 하듯이 양문회는 만년에 오로지 각경처 일에 전념하여 생전에 "백여만 권의 경전을 유통시켰고, 십여만 장의 불상을 인쇄하였다"고 한다.

양계초가 『청대학술개론』에서 "만청晩淸 시기에 이른바 신학가新學家라고 하는 사람들은 거의 모두 불교학과 관계가 있었으며, 불교의 참다운 신앙자들은 양문회에게 귀의하여 따랐다"라고 평하듯이, 거사는 단순히 불전의 각경과 보급에만 힘을 기울인 것은 아니었다. 특히

양계초

'삼천 년 이래 없었던 격변의 시국'으로 표현되는 서구 열강의 침탈과 서학西學의 전래는 당시 지식인들에게 민족의 최대위기로 인식되었고, 이를 극복하기 위한 사상을 모두 불교로부터 찾게 된 것은 전적으로 양문회의 영향이라고 한다.

양문회의 불교사상은 초발심의 계기였던 『대승기신론』과 밀접한 관계를 가지고 있다. 그는 『기신론』을 "으뜸 되는 가르침을 원용하여 불교를 배우는 요전要典"이고, "불교를 배우는 강종綱宗"이며, 그러므로 "항상 『기신론』을 스승으로 삼는다"라고 말하였다. 이로부터 그가 『기신론』을 모든 중국불교의 '대강大綱'이요 '간요簡要'로서 불교의 일체경과 제종諸宗을 모두 파악할 수 있는 가장 핵심적인 논서로 보고 있음을 짐작할 수 있다. 『기신론』은 이른바 '일심이문一心二門'의 원융으로 모든 대승의 교의를 회통하고 있는 논서로서, 양문회 역시 이러한 『기신론』을 근간으로 중국불교의 거의 모든 종파를 통섭하고 있다.

1878년 옥스퍼드 대학에서 난조분유를 만났을 때, 『기신론』 범본의 존재를 묻게 되는데, 그 부재를 알고 커다란 실망을 하게 된다. 만약 『기신론』의 범본이 존재하지 않는다면 필시 위서僞書의 가능성이

장태염 　　　　 강유위 　　　　 양수명

존재하는 것이고, 그렇다면 각경 원칙 가운데 하나인 이른바 '삼불각三不刻' 가운데 "의서나 위서는 판각하지 않음(有疑僞者不刻)"에 위배되는 것이다. 그러나 양문회는 지속적으로 『기신론』과 그와 관련된 전적을 출판하고 있었고, 더욱이 1894년, 상해에서 영국인 선교사 Timothy Richard와 함께 『기신론』을 영역하여 중국불교를 세계에 알리고자 했다. 이러한 일련의 상황은 양문회가 품은 민족불교의 사상적 경향을 추론할 수 있는 단서를 제공하고 있다. 보다 구체적으로 말한다면, 양문회는 결국 『기신론』의 범본이 없음을 인정했고, 그것이 중국 찬술이라는 사실을 도리어 중국불교의 특색을 대표하는 것으로 파악하여 그를 더욱 부각시키려고 했다는 것이다.

이러한 양문회의 민족정신이 가득 담긴 불교사상은 당시의 지식인들에게 깊은 영향을 주게 된다. 양계초를 비롯하여 장태염章太炎, 담사동譚嗣同, 강유위康有爲, 양수명梁漱溟 등 근대의 개혁사상가들은 거의 모두 그와 관련이 있으며, 특히 채원배蔡元培는 1900년에 『불교호국론』을 발표한다. 그 가운데 오직 불교만이 질곡에 빠진 중국을 구제할 수 있다는 논리를 전개하고 있는데, 이들 모두 양문회의 민족주의 불교와 깊은 관련이 있다. 뿐만 아니라 그가 설립한 '기원정사'에

7장 근대의 거사들　351

서 수학한 이들은 승려로 태허太虛, 인산仁山, 개오開悟, 지광智光, 관동觀同 등이 있고, 거사로는 구희명邱曦明, 사무량謝無量, 구양점(歐陽漸, 歐陽竟無), 매광희梅光羲 등인데, 이들은 모두 근대 중국불교의 중심인물들이다.

양문회의 『탑명』에는

말법이 창망滄茫하고 종풍宗風이 마르고 끊어진 시대를 맞이하여 떨치고 일어나 몸은 도에 맡기고, 논사論師·법장法將·장주藏主·경방經坊의 네 가지 일을 과감하게 겸하는데, 삶을 마칠 때까지 게으르지 않고 정성을 다하였다.

라고 하였다. 이로부터 양문회의 일생을 충분히 엿볼 수 있으며, 또한 그의 업적을 가장 간략하게 표현하고 있는 글로 여겨진다. 즉 '논사'로서 그는 끊임없이 불교를 연구하고 찬술하였다. '법장'으로서 당시의 추락한 불교계를 개혁하였고, 또한 '기원정사'와 '불학연구회'를 개설하여 친히 강의를 담당하였다. '장주藏主·경방經坊'으로서 '금릉각경처'를 세워 수많은 불전을 각경, 출판하여 유포시켰다. 이러한 양문회의 노력은 쇠퇴한 중국불교를 다시 부흥하게 하였을 뿐만 아니라, 위기에 처한 근대 중국의 상황을 불교의 사상과 원력으로 해결하고자 하는 새로운 사조를 배태하게 하였으니, 그것이 바로 '민족불교'라고 할 수 있다. 그에 따라서 후인들은 그에게 '근대불교의 아버지'라는 칭호를 부여하였다.

36. 지나내학원의 구양경무

양문회의 입적 이후, 금릉각경처의 사업을 계승한 이는 바로 근대 유식학의 대가로 알려진 구양경무(歐陽竟無, 1871~1943)이다. 그는 본명이 구양점歐陽漸이고, '경무'는 50세 이후 개명한 것이다. 강서 의황宜黃 사람으로 흔히 '의황 대사宜黃大師'라고 칭했다. 구양경무의 증조부와 조부 등은 모두 뛰어난 학문을 지녀 과거에 급제해 관직에 몸담았다. 그의 부친인 구양휘歐陽暉는 어려서 과거에 급제하여 관직에 올랐지만, 전쟁에 나가 매번 패배하여 중년에 관직의 뜻을 접고 농사에 전념했다. 그러나 문장으로 유명하여 '의황' 지역에서 명문가로 자리 잡았다.

본래 구양경무는 가문의 전통을 따라 '이학理學'의 '경세지학'에 전념하다가 청일전쟁(1894~95) 이후 시모노세키 조약(馬關條約)을 목도하고 유학의 무력함을 처절하게 느껴 '양명학'으로 전향하였다. 20세에 남창南昌의 경훈서원經訓書院에서 수학했는데, 그곳에서 불교학의 대가인 계백화桂伯華 거사와 만났다. 구양경무는 계백화로부터 『대승기신론』과 『능엄경』 등에 대해 깊이 이해하게 되었고, 점차 불

구양경무

교에 관심을 갖게 되었다. 1904년 구양경무는 북경으로 가서 과거에 참가하지만, 불행히도 장원을 놓치고 2등으로 급제하였다. 당시 장원을 하면 국자감에서 수학하는 기회를 얻지만 2등은 벼슬을 받는데, 그는 광창현廣昌縣의 '교유敎諭'라는 관직에 임명되었다. 그러나 당시 '교유'는 정팔품正八品에 해당하는 '한직'으로 '의황'의 명문가 출신인 그에게는 만족할 만한 직책은 아니었다. 좌절을 느끼고 남행하던 중에 남경의 '금릉각경처'를 방문하게 되었다. 당시 계백화가 각경처에 있어 그를 통해 양문회를 만나게 되었다. 그는 양문회로부터 깊은 감명을 받게 되고, 나아가 『기신론』과 『성유식론술기成唯識論述記』 및 『인명대소因明大疏』 등의 유식학에 대한 새로운 인식을 갖게 되었다. 그 후 고향으로 돌아가 성지학당誠志學堂을 개설하여 후학을 지도하다가 1906년 광창의 교유에 임관했지만, 얼마 지나지 않아 모친의 중병으로 사임하였다. 그러나 모친은 얼마 후에 병사하였고, 이로부터 구양경무는 육식과 색욕을 끊었으며, 불교의 거사로서 귀의할 것을 맹서하고, 구봉산九峰山에 은둔해 수묘守墓하며 돈각頓覺을 구했다. 그로부터 1년 후에 그는 남경으로 가서 '기원정사'의 양문회 문하에서 본격적으로 불교를 공부하였다.

1907년 구양경무는 양문회의 명으로 일본에 가서 불전을 수집하는데, 이 시기에 장태염章太炎과 유사배劉師培 등과 함께 불법에 대해 깊은 논의를 하게 된다. 다음해 귀국하여 생계를 위해 광주 우급사범학당優級師範學堂에서 강의를 맡았지만 얼마 지나지 않아 병으로 사직하였다. 고향에 돌아와 구봉산에서 친구인 이증강李證剛과 농장을 경영했지만, 병이 더욱 깊어졌다. 이 당시에 그는 40세였는데, 이 일로 다시는 생계를 위한 일을 하지 않을 것이며, 오로지 불법을 위해 몸을 바칠 것을 결심하였다. 이후 구양경무는 다시 금릉각경처로 돌아가 경전의 교정을 전담했다. 1911년 양문회가 입적하면서 각경처의 일을 세 부분으로 나누어 진치암陳穉庵에게는 출판 분야를, 진의보陳宜甫에게는 대외사업을, 구양경무에게는 경전의 정리와 교정에 관한 일을 분담시켰다. 그러나 실제로는 각경처와 관련된 사업 전체를 그가 총괄하였다.

근대 중국불교에 있어서 구양경무는 그의 스승인 양문회에 비견될 정도로 중요한 역할을 담당하였다. 그는 스승으로부터 불교에 대하여 종합적이고 체계적인 배움을 얻었으나, 스스로 더욱 정진하여 특히 법상유식학法相唯識學을 부흥시킨 것으로 유명하다. 그의 유작집인 『구양경무내외학歐陽竟無內外學』에는 각종의 교학에 대한 연구논술이 보이는데, 수제자인 여징呂徵이 저술한 『친교사구양선생사략親教師歐陽先生事略』에 따르면, 바쁜 일정에도 불구하고 평소에 계속해서 연구를 진행하고 있었음을 알 수 있다. 그러나 구양경무의 업적 가운데 무엇보다도 중요한 것은 바로 '지나내학원支那內學院'의 설립과 그 운영이라고 할 수 있다. 연구와 교육이 완전하게 결합되었을 때, 비로소 연구와 교육의 양쪽 분야에 모두 더욱 커다란 효과가 나타나기 때문이다. 지나내학원은 중국 근대불교학의 산실이라고 할 정도로 수많은 학자들을 배출하였으며, 그들을 통해 양성된 후학들이 현재의 중국불교학을 이끌고 있다. 따라서 지나내학원이야말로 근대중국불교학 부흥의 근원지라고 하여도 결코 지나친 말이 아니다. 간략하게 '지나내학원'의 설립 과정과 연혁에 대해 살펴보고자 한다.

구양경무가 '지나내학원'을 설립하게 된 직접적인 원인은 스승인 양문회가 설립한 '기원정사祇園精舍'의 계승이었다. 본래 양문회가 입적할 때 각경처와 관련된 모든 재산은 금릉각경처에 귀속되도록 유언을 남겼지만, 실제적으로 그의 자식들과 손자들이 계속 각경처에 머물면서 재산권을 행사하였다. 당시 금릉각경처는 5천 평에 이르는 대지에 200여 칸에 달하는 방이 있을 정도로 방대하였다는 기록을 보면, 그 재산의 규모를 짐작할 수 있다. 양문회의 후손들은 1936년에 이르러서야 재산권을 금릉각경처에 넘겨주었는데, 이는 양문회가 입적한 지 25년이 지난 후의 일이다.

구양경무는 금릉각경처의 도움을 받지 못하는 상황에서 학교를 세울 비용을 감당하기 어려웠다. 하지만 당시 그는 강연과 다양한 학술 행사의 개최 등을 통해 꾸준히 모금활동을 하였다. 이러한 활동은 점차로 반응을 보여 1921년 말에는 어느 정도 기금이 형성되었고, 마침내 지나내학원의 이사회를 결성하게 된다. 이사회에는 당시 북경의 유명한 정치가인 엽공작葉恭綽, 웅희령熊希齡을 비롯하여 유명한 학계의 거두인 양계초, 채원배, 심증식, 장태염, 진삼립陳三立 등이 이사로 참여하였다. 얼마 지나지 않아 정계와 학계의 노력으로 북경 정부의 재정부와 교육부가 협상하여 강소성 정부에 공문을 보내게 되었고, 강소성 재정청에서 지나내학원의 건립기금으로 '10만 원'을 지원하였다. 또한 매월 '일천 원'을 운영기금으로 지원하게 되었다. 이로써 '지나내학원'의 건립기금으로 설정했던 '30만 원'을 초과하였고, 드디어 1922년 7월 7일, 남경 공원로에서 정식으로 지나내학원을 설립해 중국 최초 국가공인의 불교대학(학제: 중학부 4년, 대학의 예과 2년, 본과 2년, 전문연구부)이 탄생하였다.

1937년 중일전쟁이 발발하여 일본군이 남경으로 진공하게 되자, 지나내학원은 이해 겨울 사천성四川省 강진江津으로 이주하고, 그 명칭을 '지나내학원강진촉원支那內學院江津蜀院'으로 개명하였다. 이곳에서 '각경처'의 업무까지 담당해 30부, 50여 권을 판각 출판했다. 1943년 2월 23일 구양경무는 73세의 나이로 촉원蜀院의 후원에서 입적하였다. 구양경무는 부모, 두 아들과 지극히 사랑했던 딸, 세 누이와 형 등 주변 가족들을 모두 먼저 세상을 떠나보냈고, 남아 있던 그의 손자 네 명도 모두 외국에 유학하고 있었기 때문에 그의 임종은 여징呂澂 등의 제자들이 지키게 되었다. 그의 입적 후, 4월 27일 교육부에서는 구양경무에게 '교육부정청행정원전정국부포휼구양대사教育部呈請行政院轉呈國府褒恤歐陽大師'라고 포상하였다. 그해 6월, 지나내학원에 원우회院友會가 결성되었고, 여징을 원장으로 추대하였다. 1949년 지나내학원을 다시 '중국내학원'으로 개명하였지만, 원장은 여징이 계속 맡았다. 1953년, 중국내학원의 원우회는 당시 여러 가지 정치상의 원인으로 '폐원閉院'을 결의하였다. 1922년에 창립하여 1953년에 이르는 30여 년간 근대 중국불교의 연구와 교육을 담당하였던 지나내학원은 비록 역사 속으로 사라졌지만, 그 영향은 현대에 이르기까지 지속되고 있다. 현대 중국과 대만, 그리고 싱가포르 등의 중화권 불교에서 활약하고 있는 승려와 학자들 가운데 상당한 수가 지나내학원과 직·간접적으로 관계가 있다.

구양경무는 개인적으로 불행한 삶을 살았다. 6세에 부친을 여의는 것으로부터, 주변의 모든 가족들이 거사보다 먼저 세상을 떠났다. 그가 자주 "슬픔이 북받치고 나서야 비로소 배움이 있었다(悲憤而後有學)"고 자술하는 것과 같이, 슬픔을 겪을 때마다 칩거하여 불법을 연구해 뛰어난 저술을 남겼다. 흔히 '근대의 사상가들 가운데 유식학의 적심을 받지 않은 이가 없었다'고 표현하듯이, 구양경무가 이룩한 유식학의 부흥은 근대 중국사상에 깊은 영향을 미쳤다. 만년에 그는 유식학으로부터 반야학을 통섭하고자 노력하였고, 또한 유가와 불교를 회통시키는 데도 많은 노력을 기울였다. 거사의 유작인 『구양경무내외학』(30책)에는 모두 26종의 귀중한 저작이 실려 현재에도 금릉각경처에서 출판, 유통되고 있다.

37. 어학의 천재 여징

구양경무의 수제자이면서 그의 입적 이후 '지나내학원'을 이끌고, 근대에서 현대에 이르기까지 중국불교학을 이끌었던 이가 바로 여징(呂徵, 1896~1989)이다.

여징은 강소성 단양현丹陽縣 사람으로 자가 추일秋逸이고, 이름은 위渭였지만, 후에 '징徵'으로 바뀌었다. 어려서 매우 총명하여 독학으로 공부한 영어, 일어, 불어, 독일어 등에 매우 뛰어났고, 후에 불교를 연구하면서 익힌 산스크리트, 빨리어, 티벳어 등에도 역시 정통했던 것으로 유명하다. 그는 1914년 금릉각경처에서 구양경무를 따라 불교학을 연구하였다. 그 다음해 일본으로 유학해 미술을 전공하였다. 그가 미술을 전공하고, 또한 불교를 가까이 했던 원인은 형의 영향이 컸다. 여징의 형인 여봉자呂鳳子는 당시 유명한 화가로서 특히 불화佛畵에 능통했고, 일찍이 양문회를 따라 금릉각경처에 상주하며 불교를 배웠다. 이러한 반연은 여징으로 하여금 어려서부터 미술과 불교에 깊은 소양과 흥미를 갖게 해주었다. 여징은 1916년 귀국해 상해미술전문학교에서 교무주임을 맡았다. 1918년, 구양경무가 지나내학원의 설립을 준비하면서 거사를 불렀고, 이로부터 항상 구양경무를 보좌하며 오로지 불교 연구에 전념하였다.

1922년 지나내학원이 개원하고, 1923년부터 학생들을 모집해 강의가 시작되자 여징은 교육업무와 각경처의 업무를 맡았다. 당시 지

왕은양

나내학원의 교수진은 창립자인 구양경무와 미국 하버드대학에서 유학했던 탕용동湯用彤을 비롯해 섭우경聶耦耕, 구희명邱曦明, 경창극景昌極 등 당시 불교학계에 유명한 학자들이 포진했지만, 전체적인 강의와 실무는 바로 구양경무의 애제자들인 여징과 왕은양王恩洋 두 거사가 담당하였다. 이러한 강의진은 불교학에 뜻있는 이들의 열렬한 환영을 받았고, 지나내학원은 태허(太虛, 1890~1947) 법사가 창립한 '무창불학원武昌佛學院'과 함께 당시 중국불교학을 이끌어가는 양두마차로 회자되었다. 중국의 근·현대불교를 논할 때, '지나내학원'과 '무창불학원'은 결코 배제시킬 수 없는 중요한 의의를 가지고 있다.

지나내학원과 무창불학원은 둘 다 1922년에 세워졌고, 또한 설립자인 구양경무와 태허 법사는 금릉각경처의 '기원정사'에서 함께 수학한 동문이다. 그러나 이들은 첨예하게 대립하는 입장을 보였다. 그

태허 법사

것은 구양경무가 재가의 거사이고, 태허 법사는 출가 승려라는 기본적인 입장의 차이와 사상적인 차별에 의한 것이었다. 구양경무는 '법상유식'을 중심으로 연구하였던 반면에 태허 법사는 '여래장'사상을 중심으로 하고 있다. 이러한 입장과 사상적 차별은 1918년으로부터 1927년에 이르는 동안 몇 차례에 걸쳐 '논쟁'을 발생시키는데, 이를 '법의지쟁法義之爭'이라고 칭한다. 이러한 논쟁은 주로 지내내학원의 '구양경무─

여징'과 무창불학원의 '태허-인순印順 법사'가 주축을 이루었다. 이후 당시의 많은 승속의 불교학자들이 참여했다. 이 논쟁을 통해 불교학은 커다란 발전을 이루는 계기가 되었다.

1937년 중일전쟁으로 지나내학원은 사천의 강진으로 이주하게 되는데, 경판과 중요한 자료 등 엄청난 분량의 이삿짐을 여징의 책임하에 무사히 옮겼다. 강진 '촉원'에서는 구양경무가 노약했던 까닭에 그가 거의 모든 원무를 담당하였다. 이 시기에 여징은 바쁜 와중에도 산스크리트와 티벳어 원전을 연구해 『섭대승론』, 『인명정리문론』의 티벳본과 『능가경』 산스크리트본을 출간하였으며, 『인도불학원류략론印度佛學源流略論』, 『중국불학원류략론中國佛學源流略論』, 『잡아함경간행정기雜阿含經刊行定記』 등의 저작과 학술적으로 중요한 몇 편의 논문들을 출간하였다. 또한 화서華西대학의 중국문화연구소와 합작해 중국과 티벳의 사료를 모은 『한장불교관계사료집漢藏佛敎關係史料集』을 출간하였다.

1943년 2월 구양경무가 입적하자 여징은 원우회의 추천으로 지나내학원 원장에 취임하고, 왕은양은 원우회 이사에 취임하였다. 1949년에 지나내학원을 '중국내학원'으로 개명하였고, 1953년 원우회의 결정에 따라 중국내학원은 폐원하였다. 그해 6월 북경에서 '중국불교협회'가 창립되고, 여징은 상무이사에 선출되었다. 이 당시 거사는 정치적으로도 상당히 인정을 받아 강소성 인민대회 대표 및 전국정협 위원 등을 역임하였다. 1956년 여징은 '중국과학원'의 '사회과학부' (후에 '중국사회과학원'으로 독립) 위원과 철학연구소의 연구원으로 임명되었다. 1961년에 그는 사회과학부의 위탁으로 남경에 5년 과정의 '불학반'을 전담하게 되었고, '중국불학'과 '인도불학' 과정을 개설하였다. 후에 강의를 정리해 출판한 것이 바로 유명한 『중국불학원류략강』과 『인도불학원류략강』이다.

1962년부터 여징은 일본의 『대정신수대장경』보다 뛰어난 대장경을 출판하고자 하는 포부를 갖고서 『신편한문대장경록新編漢文大藏經錄』의 편찬에 착수해 3년의 노력 끝에 완성하였다. 이는 거사의 수십 년 동안의 불교 연구를 종합하는 염원이 담긴 것이었지만, 1966년에 '문화대혁명'이 시작되면서 모든 계획이 좌절되었고, 그동안 그가 연구한 자료조차도 모조리 훼손되었다. 71세의 여징은 강소성의 고향 집으로 도피했으며, 후에 다시 북경의 청화원清華院으로 이사해 1989년 7월에 93세의 나이로 입적하였다. 이 말년의 23년 동안에는 불교와 관련된 저작은 전혀 없었다.

여징은 1914년 구양경무를 따라 불교를 연구하기 시작해서 1989년 북경에서 입적하기까지 약 70년간 거의 평생을 불교 연구에 바쳤다. 그에 따라 여징의 저작은 상당히 방대하다. 초년에 『미학개론』, 『현대미학사상』 등의 미술과 관련된 저작 이외에 인도, 중국, 티벳의 불교와 관련된 저술이 몇 십 권에 달해 그 목록을 나열하는 것만으로도 상당한 분량이 된다.

아쉬운 것은 여징이 말년에 꿈꾸었던 완벽한 대장경이 정치적 상황으로 무산된 점이다. 그것은 양문회-구양경무-여징으로 이어지는 삼대의 '대원大願'이었다. 양문회가 본래 '금릉각경처'를 세웠던 본원은 바로 대장경의 출간에 있었다. 특히 양문회는 1905년 『대일본속장경』의 출간에 자극을 받아 전체적인 서목書目을 상정한 『대장집요大藏輯要』를 기획하지만, 그를 완성하지 못하고 『대장집요서례大藏輯要敘例』를 찬술해 유목류목만을 정하고 입적하였다. 양문회의 유지를 계승한 구양경무는 생전에 일본의 『대정신수대장경』의 발간(1934)을 목도했지만, 역시 양문회의 『서례』를 바탕으로 한 『장요藏要』 3집만을 찬술했을 뿐이다. 여징이 『신편한문대장경록』을 찬술했던 것은 바로 이러한 3대에 걸친 숙원을 해결하고자 했던 의도였다고 볼 수 있다. 그러나 금릉각경처에서 철저한 교감을 걸쳐서 발간한 수많은 전적들은 비록 미완이지만 이미 대장경이라고 칭할 정도이니, 이들 3대의 노력은 그들이 처한 시대 상황(청말 외세의 침탈로부터 중화민국 성립과 내전, 중일전쟁, 중화인민공화국 성립, 문화대혁명 등)을 감안한다면 위대한 업적이라고 할 수 있다.

양문회(1837년 출생)로부터 구양경무, 여징(1989년 입적)으로 이어지는 3대의 153년은 중국역사상 유례가 없는 변혁의 시기였다. 이러한 시기에 이들 3대가 중국불교의 부흥에 결정적인 역할을 했음은 누구도 부정할 수 없다. 그런데 이들 3대는 불법에 대한 입장과 풍격에 조금씩 차별이 나타난다. 이들의 차이를 간략하게 비교해보는 것도 의미가 있을 것이다.

양문회는 비교적 일찍 개명된 지식인으로서 중국불교의 쇠락이 극에 달했던 시대에 처해 불경의 출판 및 유통, 그리고 후학의 양성에 뜻을 두고, 금릉각경처·기원정사·불학연구회 등의 활동에 온 힘을 다했고, 그것은 상당히 성공적이었다. 안타까운 것은 그의 주변엔 그를 이끌어줄 고승대덕과 그와 함께 법을 논할 도반들이 극히 적었다는 점이다. 그에 따라 양문회의 불교 연구는 어느 정도 한계를 보였다.

이에 반해 구양경무는 1909년부터 양문회를 따라 금릉각경처에서 본격적으로 불교 연구에 전념했는데, 당시 각경처에는 이미 수십만

권의 경전자료가 구비되어 있었으며, 주변에 많은 연구자들이 존재하고 있었다. 이러한 조건에서 그는 탁월한 능력을 보였고, 대만의 동초東初 법사가 『중국불교근대사』에서 "당대唐代 이후의 참다운 불학佛學 제일인"이라고 극찬을 보낼 정도였다. 그러나 구양경무는 개인적으로 상당히 불행한 삶을 살았다. 6세에 부친을 잃고, 37세에 모친의 죽음을 맞은 이후 주변의 모든 가족과 친우, 아끼던 제자 등이 거사보다 먼저 세상을 떠났다. 특히 그가 매우 사랑했던 딸 '난蘭'은 17세에 그를 따라 금릉각경처에서 불교공부를 하다가 그가 지나내학원 모금을 위해 감숙성甘肅省에 갔다가 오니 이미 병으로 숨져 있었다. 그는 "가슴이 메어지는 통절한 슬픔으로 한밤중까지 어쩔 줄 모르고 있다가 점차 불학을 뒤적였고, 유가瑜伽를 집중적으로 연구하다가 새벽녘에 이르러 유가·유식이 얼음 녹듯이 모두 풀어졌다"고 자술하듯이 항상 주변의 슬픔을 불교 연구로 승화시켰다. 그러나 이러한 개인적인 슬픔은 그로 하여금 여러 가지 측면에서 소극적인 입장을 취하게 했던 것도 사실이다.

　여징은 두 거사와는 달리 비교적 안정적인 조건에서 불교를 연구할 수 있었다. 여징은 천부적으로 타고난 어학능력과 풍부한 자료, 그리고 수많은 선후배 연구자들의 자극과 격려 속에서 묵묵히 수십 년 동안 오로지 불교 연구에 매진할 수 있었다. 비록 말년에 문화대혁명으로 절필한 채로 생을 마감했지만, 이미 생전에 쌓아온 연구 성과는 그가 '일대 불교학의 대가'란 평가를 받기에 충분하다.

38. 『한위양진남북조불교사』의 탕용동

중국 근대에 양문회-구양경무-여징의 3대 거사들을 통해 명·청대에 쇠락했던 불교와 불교학이 다시 본격적으로 부흥하게 되었다. 그 과정에서 해외 유학을 통해 불교학 연구의 새로운 방법론을 직접 받아들이는 이들이 나타났는데, 대표적인 인물이 바로 탕용동(湯用彤, 1893~1964)이다.

탕용동

탕용동은 청의 광서 19년(1892)에 감숙의 위원魏源에서 태어났으며, 자는 석여錫予이다. 본래 집안의 원적原籍은 도신-홍인 선사의 동산법문東山法門으로 유명한 호북湖北의 황매黃梅였지만, 그의 부친이 진사에 합격해 위원의 지현知縣을 제수 받아 그곳에서 태어났다. 그러나 부친은 그가 태어난 지 얼마 지나지 않아 관직을 그만두고 학당을 세워 후학을 지도했다. 이러한 환경은 그로 하여금 어려서부터 경사經史에 매우 능통하게 하는 견실한 토대를 제공했다.

광서 말년에 탕용동의 집안은 북경으로 이주하였고, 그는 1911년에 북경의 순천順天학교에 입학했다가 다음해 청화淸華학당(현 청화대학교 전신)으로 옮겨 근대 학문을 배웠다. 1916년에 졸업하고 학교의 교무원으로 재직하면서 『청화주간淸華周刊』의 편집장을 맡았다.

1917년에 관비로 미국 유학생에 선발되지만, 신병으로 1918년에서 야 미국 유학길에 오른다. 먼저 미네소타의 Hamline대학에서 철학과 심리학 등을 연구하다가 1919년에 하버드대학으로 옮겨 서양철학과 산스크리트, 빨리어를 통해 집중적으로 불교를 공부하였다. 당시 하 버드에서 함께 유학했던 동료로는 청화학당을 함께 졸업한 오복吳宓 과 서북西北대학 출신의 매광적梅光迪이 있었는데, 이들을 '하버드의 삼걸三杰'로 칭하고, 이들은 이후 중국의 근대 인문학 발전에 중요한 역할을 담당하였다.

 1922년 하버드에서 철학 석사학위를 취득하고 귀국해 먼저 동남東 南대학(후에 중앙대학으로 개명, 현 남경대학) 철학과의 교수를 맡았다. 당시 남경에는 구양경무가 '지나내학원'을 설립해 친히 『유식결택담 唯識決擇談』을 강의하고 있었다. 그에 따라 탕용동은 여가 시간을 거 의 구양경무로부터 불교학을 배우는 데 할애했고, 점차로 거사의 중 시를 받게 되어 지나내학원에서 빨리어와 산스크리트의 강의를 맡았 다. 이러한 구양경무와의 반연은 탕용동의 불교학에 굳건한 토대를 갖추게 해주었고, 당시 운집한 수많은 불교학자들, 예컨대 구양경무 의 애제자인 여징과 왕은양으로부터 양계초, 웅십력 등과 깊은 인연 을 맺게 되었다.

 1926년에 천진의 남개南開대학에서 새롭게 근대학문의 틀을 마련 하려는 총장의 초청으로 철학과의 주임교수로 잠시 옮겼다가 1927 년에 다시 중앙대학으로 돌아왔다. 비록 1년여의 기간이지만, 탕용 동의 노력으로 남개대학은 짧은 기간에 중국의 명문대학으로 거듭났 다. 1930년에 다시 북경대학 문학원 원장으로 있던 호적胡適의 초청 으로 철학과 교수로 재직하면서 중국불교사, 인도철학사, 위진현학

魏晋玄學 등을 강의하였고, 특히 중국불교사 연구에 집중하였다. 북경대학 재직 당시인 1933년에 시작해 4년의 노력으로 완성한 것이 바로 유명한 『한위양진남북조불교사漢魏兩晋南北朝佛敎史』이다.

1937년에 중일전쟁이 발발하자 북경대학·남개대학·청화대학이 운남의 곤명昆明으로 피난해 세운 '서남연합대학'에서 강의를 했고, 1945년 일본

호적

의 항복으로 다시 북경으로 돌아와 북경대학에서 계속 교수직을 맡았다. 1947년 미국 캘리포니아 버클리대학의 초청으로 1년간 중국철학사를 강의하였다. 1948년에 귀국해 국립 북평北平연구원의 원사院士로 선임되었는데, 불교학자로는 탕용동이 유일하다. 1951년에는 북경대학 부총장을 역임하였다. 1954년에 뇌일혈로 쓰러져 후유증이 있었지만, 후학의 지도에 힘쓰다가 1964년 72세의 나이로 입적하였다.

탕용동은 전형적인 학자로서 이전에 논술한 양문회-구양경무-여징의 3대와는 전혀 다른 풍격을 지니고 있다. 그의 불교학과 관련된 연구는 중국불교에 있어서 상당히 중요한 의미를 지니고 있다. 그것은 그의 불교학에 대한 연구 과정과 성과를 고찰한다면 충분히 납득할 수 있는 부분이다.

탕용동의 연구 성과는 주로 『인도철학사략印度哲學史略』, 『이학理學·현학玄學·불학佛學』, 『위진현학론고魏晉玄學論稿』, 『한위양진남북조불교사漢魏兩晋南北朝佛敎史』, 『수당불교사고隋唐佛敎史稿』의 대표적인 저술에 나타나 있다. 물론 이 외에 중요한 학술적 가치를 지닌 소논문들을 간과할 수 없겠지만, 이러한 연구 성과로부터 대체적으로 그는

인도불교로부터 중국불교에 이르는 전체적인 사상과 역사를 관통하고 있음을 알 수 있다. 이러한 탕용동의 학풍은 그가 스스로 "어려서 집안의 가르침을 계승해 일찍이 을부(乙部, 역사)를 열람했다(幼承庭訓 早覽乙部)"라고 하듯이 선친의 영향으로부터 형성되었다고 볼 수 있다. 탕용동은 『한위양진남북조불교사』의 '발문'에서

> 돌아가신 부친 우삼雨三공께서는 사람을 가르침에 있어 비록 입신행기立身行己의 대단大端을 순순히 타이르시지만, 어리석음을 깨우쳐줌에 있어서는 항상 이전의 사상과 행적을 설하여 비교함으로써 호되게 가르치셨다. 나는 조금 커서 현원玄遠의 학문을 마음에 두고서 항상 내전(內典, 佛學)을 애독했다. 돌이켜보니, 또한 이전의 옛 사상의 맥락과 종파의 변천을 밝혀 찾음을 좋아했다.

라고 하였다. 탕용동의 학문은 이렇게 어려서부터 부친으로부터 기본적인 경사經史와 불교에 훈습된 소양을 익히고, 미국 유학을 통한 새로운 학문의 연구방법을 융합하여, 다시 구양경무를 통해 본격적인 불교 연구의 장을 열었다고 할 수 있다.

그는 중국불교의 사상은 인도로부터 전래되어 위진·남북조와 수·당대에서 이미 완성되었다고 보고 있다. 송대 이후의 불교는 다만 수·당대에서 완성된 사상적 변용에 지나지 않는다는 것이 그의 관점이다. 그에 따라 그는 집중적으로 동한으로부터 당대에 이르는 불교사의 연구에 온 힘을 쏟았는데, 대표적인 작품인 『한위양진남북조불교사』는 제목에서 짐작하듯이 남북조에서 그치고 있다. 중국불교사 전체에 대한 강의와 연구를 진행했지만, 본격적으로 집필을 하던 시

기에 중일전쟁이 발발하였기 때문이다.

『한위양진남북조불교사』는 2부로 나뉘어 있는데, 1부는 한대의 초전불교를 집중적으로 연구했고, 2부는 위진·남북조의 불교를 논하고 있다. 특히 2부에서는 현학과 불교의 관계로부터 양진의 명사와 명승, 오가칠종의 반야학파, 구마라집과 혜원 및 그 문하, 각 종파의 연원 등에 대해 상세히 고증하고 있다. 남북조 이후의 부분은, 본래 탕용동이 중앙대학과 북경대학에서 강의하면서 '수당불교사'의 강의안을 써서 등판인쇄로 학생들에게 배포한 것을 후인들이 모아 소논문 등을 참고하여 출판하였으니 바로 『수당불교사고』이다. 또한 거사의 아들인 탕일개(湯一介, 현 북경대 교수)는 이 『수당불교사고』를 바탕으로 다시 자신의 『오대송원명불교사』를 추가하여 『수당급오대불교사 隋唐及五代佛教史』(1979년)를 출판하였다.

『한위양진남북조불교사』 출간 시에 교열을 맡았던 호적은 "석여(탕용동)의 훈련은 극히 정밀하고, 자료 또한 뛰어나며, 연구 방법 또한 세밀하니, 그런 까닭에 본서는 최고의 권위를 지닌 작품이다"라고 극찬하였다. 지금도 전 세계적으로 불교사의 신기원을 이룬 저서로 평가를 받고 있다. 아쉽게도 이 뛰어난 저술이 아직 국내에 번역되지 않고 있다.

탕용동 거사는 사실 필자와 결코 무관하지 않다. 그의 유명한 제자가 바로 임계유任繼愈 선생이고, 그의 제자인 뢰영해賴永海 선생은 바로 필자의 박사학위 지도교수이다. 필자는 본래 중국선종사의 연구를 위해 중국 남경대학에 유학을 했다가 중국선종사 연구보다 더욱 중요한 연구가 바로 위진·남북조의 현학과 불교의 관계임을 깨달았다. 따라서 학위논문을 「불학과 현학의 관계 연구」라는 제목으로 초기 중국불교와 유·도 양가의 사상사로 방향을 전환했는데, 이러한 전환은 바로 탕용동 거사로부터 비롯된 학풍의 영향이라고 보아도 될 것이다. 필자가 박사학위 논문을 쓰는 과정에서 거사의 저작과 아들 탕일개 선생의 저서인 『곽상과 위진현학』 등은 큰 도움이 되었다.

● 김진무 金鎭戊

동국대 선학과를 졸업하고, 동대학원에서 「동산법문의 선사상연구」로 석사학위를, 중국 남경대학 철학과에서 「佛學與玄學關係研究」(中文)로 박사학위를 취득하였다. 동국대 불교문화연구원 부교수를 역임하였으며, 현재 중국 절강성 항주의 절강사회과학원 철학연구소에서 겸임교수로 재직하며 한·중 불교교류 연구와 사업에 매진하고 있다. 공저로『나, 버릴 것인가 찾을 것인가』, 『근대 동아시아의 불교학』, 『동아시아 불교, 근대와의 만남』, 『한국불교문화사전』 등이 있고, 번역서로『조선불교통사』(공역), 『불교와 유학』, 『선학과 현학』, 『선과 노장』, 『분등선』, 『조사선』, 『지장』 I-II, 『단경도해』, 『불교명상』, 『선수禪修』 등이 있다. 논문으로는 「도생의 돈오성불론과 그 의의」, 「『단경』의 '三無'와 노장의 '三無' 사상의 비교」, 「선종에 있어서 돈오의 수용과 그 전개」 등 다수가 있다.

kimjinmoo@naver.com

중국불교의 거사들

초판 1쇄 인쇄 2013년 3월 7일 | 초판 1쇄 발행 2013년 3월 14일
지은이 김진무 | 펴낸이 김시열
펴낸곳 도서출판 운주사

(136-034) 서울 성북구 동소문동 4가 270번지 성심빌딩 3층
전화 (02) 926-8361 | 팩스 0505-115-8361
ISBN 978-89-5746-334-5 03220   값 15,000원
http://cafe.daum.net/unjubooks 〈다음카페: 도서출판 운주사〉